川藏公路北线沿线泥石流灾害及风险

陈兴长 陈 慧 刘传正 等 著

科学出版社

北 京

内 容 简 介

本书以川藏公路北线沿线泥石流研究为重点，较为系统地论述了川藏公路北线康定市新都桥镇至昌都市卡若区泥石流的孕灾背景、成灾条件和泥石流的特征等。在此基础上，系统地评价了公路沿线泥石流灾害风险，分析了成灾条件变化情况下川藏公路北线沿线泥石流的发展趋势。同时，以道孚县城为典型区，分析和评价了公路沿线重点城镇泥石流灾害风险。

本书可供从事山地灾害研究和公路勘察设计、工程建设、公路管理和运维相关的技术人员参考，也可作为高等院校防灾减灾、地质工程、地理、交通等专业的教学参考书。

图字：GS京（2025）1199号

图书在版编目（CIP）数据

川藏公路北线沿线泥石流灾害及风险 / 陈兴长等著.-- 北京：科学出版社, 2025. 6. -- ISBN 978-7-03-082591-9

Ⅰ. U418.5

中国国家版本馆CIP数据核字第202536WF20号

责任编辑：刘　超 / 责任校对：樊雅琼
责任印制：徐晓晨 / 封面设计：无极书装

科学出版社 出版
北京东黄城根北街16号
邮政编码：100717
http://www.sciencep.com

北京九州迅驰传媒文化有限公司印刷
科学出版社发行　各地新华书店经销
*

2025年6月第　一　版　开本：787×1092 1/16
2025年10月第二次印刷　印张：16 3/4　插页：8
字数：400 000

定价：200.00元
（如有印装质量问题，我社负责调换）

前　言

青藏高原及周边山地具有高地震烈度、高寒、高陡、高地应力的特殊地质与地理环境，是崩塌、滑坡、泥石流、冰崩、冰湖溃决、山洪等灾害的高发区，是世界范围内自然灾害类型最为多样、活动最为频繁、危害最为严重、损失巨大的地区之一。为此，国家在2019年9月启动了"第二次青藏高原综合科学考察研究"项目。项目共设十大任务，其中任务九为"地质环境与灾害"，下设六个专题；专题二为"重大泥石流灾害及风险"，下设六个子专题；其中，子专题2为"川藏交通廊道泥石流灾害调查与风险"。该子专题重点开展川藏交通廊道泥石流孕灾背景、成灾环境、活动特征和危害方式等的系统调查；查明廊道内泥石流灾害本底，揭示泥石流的区域分布规律与分异特征；弄清区内泥石流的特征与危害方式，预测气候变化与人类活动条件下泥石流活动趋势；开展多尺度泥石流灾害风险分析与评估，支撑民生安全、工程防护、国防安全与区域可持续发展；建立川藏交通廊道泥石流灾害综合数据库。

川藏交通廊道包括在建的川藏铁路、川藏高速公路以及既有的川藏公路南线、川藏公路北线等。本书的研究区主要涉及川藏公路北线。川藏公路北线又有"大北线"和"小北线"之分。"大北线"从成都北上，在汶川与G213国道分路，从刷经寺经马尔康、昌都到达拉萨，是G317国道的重要组成部分。"小北线"从成都出发，经雅安进甘孜后，经道孚、炉霍、甘孜、德格过金沙江大桥入藏，再经江达、昌都抵南北线交会点邦达后，经波密、八一到拉萨，全程为2 413 km。本书研究区集中在川藏公路北线的"小北线"（后文的"川藏公路北线"均指"小北线"）。线路主要穿越四川省西部的川西高原和西藏自治区东部区域，行政区划上涉及四川省甘孜藏族自治州和西藏自治区昌都市，具体包括四川省甘孜藏族自治州的康定市新都桥镇、道孚县、炉霍县、德格县，西藏自治区昌都市的江达县和卡若区。

本书以川藏公路北线沿线泥石流为研究对象，在全面收集、整理现有泥石流灾害资料的基础上，综合利用天、空、地等技术手段，开展公路沿线泥石流科学考察工作。查清了泥石流灾害本底，揭示了其空间分布特征与规律，评价了公路沿线泥石流灾害的风险，预测了泥石流的演变趋势。最后，以道孚县城为例，分析和评价了公路沿线重点城镇泥石流灾害风险。

本书的研究工作主要分四个阶段进行。第一阶段，资料收集和遥感解译：2019 年开展了研究区泥石流形成环境背景资料的收集、整理，以及泥石流遥感解译工作。第二阶段，野外调查和危险性评价：2020 年开展了两次大规模的野外考察工作；完成了泥石流分布规律研究，以及泥石流危险性评价。第三阶段，公路泥石流风险评价与泥石流演化趋势分析：2021 年开展了公路易损性调查，完成了公路易损性（泥石流）评价和公路风险评估与制图；研究了泥石流形成环境背景的变化，分析了不同类型泥石流的发展变化趋势，预测了研究区泥石流的发展趋势。第四阶段，重点城镇（道孚县城）泥石流风险分析：2022 年详细调查了道孚县城及周边泥石流的活动历史、流域发育特征等，探讨了泥石流的形成条件和典型滑坡物源的发育特征；在以上工作的基础上，评价了道孚县城泥石流的风险。

本书是项目组共同研究的成果。全书共 6 章，第 1 章由陈慧、王富东、陈兴长编写，第 2 章由陈兴长、陈慧、孙聿卿编写，第 3 章由陈兴长、刘传正、陈慧、孙聿卿编写，第 4 章由孙聿卿、陈兴长、韩方、唐勤编写，第 5 章由孙聿卿、陈兴长、陈慧、张浩天编写，第 6 章由陈兴长、谢奎林、韩方、刘传正、张刚编写。全书由陈兴长、陈慧统稿、审阅并修改；中国科学院水利部成都山地灾害与环境研究所游勇研究员和谢洪研究员审阅全稿并提出了宝贵的修改意见。

参加本书野外科考的人员有（按姓氏拼音排序）：陈慧、陈兴长、冯鑫、韩方、刘传正、孙聿卿、唐勤、王富东、谢奎林、张浩天、张刚、张菊、张瑶等。

在拙著即将付梓之际，向所有关心、帮助和支持本书研究的单位和个人以及所有作者、项目组成员和野外科考人员的辛勤工作表示衷心感谢！

陈兴长

2024 年 5 月 31 日

目　　录

第1章 自然环境背景条件

川藏公路北线穿越川西高原和藏东高原高山峡谷区，地势高亢，地形起伏大；气候差异显著，立体气候明显；河流众多，水网密布；地质条件复杂，新构造运动活跃，地壳隆升与河流深切作用强烈。公路沿线崩塌、滑坡、泥石流等地质灾害发育，分布广泛，给道路交通和城镇建设造成了较大的影响。本章从地理位置、气象水文、地形地貌、地质条件、土壤植被等方面论述了川藏公路北线的自然地理条件。在此基础上，分析了区内泥石流的形成条件。

1.1 位置与交通

研究区地理位置介于北纬 29°58′~32°13′，东经 96°41′~101°57′；属藏东高原与川西高山高原区，是青藏高原向四川盆地陡降的两大地貌单元过渡地带；行政区划上属于西藏自治区昌都市和四川省甘孜藏族自治州（以下简称甘孜州），具体涉及西藏自治区昌都市的卡若区、江达县，四川省甘孜藏族自治州的德格县、甘孜县、炉霍县、道孚县和康定市（图1-1）。

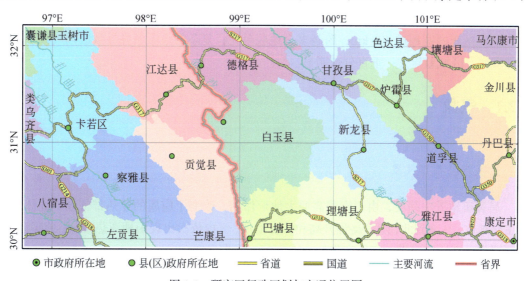

图 1-1 研究区行政区划与交通位置图

昌都市位于西藏自治区东部，东面以金沙江为界与四川省甘孜州隔江相望；东南与云南省迪庆藏族自治州（以下简称迪庆州）接壤；西南、西北分别与西藏自治区林芝市、那曲市毗邻；北与青海省玉树藏族自治州（以下简称玉树州）交界。卡若区位于昌都市中部，东连江达县，西邻类乌齐县，南与八宿县、察雅县接壤，北与青海省玉树州毗邻。江达县地处昌都市东部，东与四川省甘孜州德格县隔江相望，南与贡觉县相邻，西与卡若区相接，北与青海省玉树州玉树市毗邻。

甘孜州位于四川省西部、青藏高原东南缘，东连四川省阿坝藏族羌族自治州（以下简称阿坝州）和雅安市，南与四川省凉山彝族自治州（以下简称凉山州）、云南省迪庆州交界，西隔金沙江与西藏自治区昌都市相望，北与四川省阿坝州、青海省玉树州和果洛藏族自治州相邻。德格县位于甘孜州西北部，地处金沙江和雅砻江上游，西与西藏自治区的江达县隔金沙江相望。甘孜县位于甘孜州北部，雅砻江上游，属康北地区腹心地带。炉霍县位于甘孜州中北部，国道G317线从东南至西北贯通全境，为去藏抵青之要衢和茶马古道之重镇。道孚县位于甘孜州东北部，县城地处青藏高原东南缘的鲜水河断裂带上。康定市位于甘孜州东部，是川藏咽喉、茶马古道重镇、藏汉交会中心。

川藏公路北线从四川省成都市到甘孜州康定市新都桥镇与川藏公路南线共线，从新都桥镇开始沿省道S215向北至甘孜州道孚县八美镇转入国道G350，沿国道G350至炉霍县后转入国道G317线，经四川省甘孜州的甘孜县、德格县，西藏自治区的江达县、卡若区到八宿县的邦达镇再与川藏公路南线G318并线（图1-1）。本书研究区主要从康定市新都桥镇开始至昌都市卡若区，不涉及与川藏公路南线并线路段。考察线路基本上沿国道和省道开展，交通十分便利；但是，泥石流流域内的交通条件普遍较差，很多流域车辆无法通行。

1.2　气象与水文

研究区东西宽超过400 km，跨越多个地貌单元；复杂的地形条件导致区内气候和水文条件多变，区域差异大，垂直分带明显。

1.2.1　气象

1. 藏东昌都市气象

昌都市地处中纬度，由于青藏高原大地形作用，改变了应属的亚热带气候，立体气候居主导地位。从南到北，随着高程升高和纬度增加，区内依次出现山地亚热带、山地暖温带、高原温带、高原寒温带、高原寒带和永冻带等气候带。

气候以寒冷为基本特点，无霜期短，年温差小而日温差大；日照充足，太阳辐射强烈；降水量少，季节分布不均匀，干旱突出；风大雪多，霜冻、冰雹等灾害天气频繁。境内复杂的地形、地势，造成同一时期各地区域差异大的特点。藏东三江（金沙江、澜沧江和怒江）流域复杂的地形地貌，引起地表水热状况的再分配，导致气候的千差万别，呈现出"一山有四季，十里不同天"的立体气候类型。

各地平均年日照时数在 2100~2700h，分布不均匀，但差异不大。各地日照百分率的月际变化与日照时数基本一致，冬半年的日照百分率高，夏半年相对较低。

各地年平均气温为 2.4~10.4 ℃。1 月为最冷月，多年平均气温为 -0.1~ -8.4 ℃；7 月为最热月，多年平均气温为 11.8~19.2 ℃，月平均最高气温为 17.8~25.9 ℃。三江河谷地带年平均气温最高，并由东南向西北逐渐降低。各地月平均气温稳定通过 0 ℃的日期为 1 月30 日~4 月 1 日；日平均气温稳定通过 0 ℃的终日为 10 月 26 日~12 月 20 日，≥0℃的积温为 1696~3766 ℃。日平均气温稳定通过 5 ℃的平均日期为 3 月 18 日~5 月 6 日，平均初日与终日间隔日数为 148~241d，>5 ℃的积温为 1485~3528 ℃。日平均气温稳定通过 10 ℃的平均日期为 4 月 24 日~7 月 5 日，平均初日与终日间隔日数为 49~182d，≥10 ℃的积温为 593~3043 ℃。

降水量各地差异较大，年平均降水量为 249.9~636.4 mm，多集中在夏半年（5~9 月）的雨季，占全年总降水量的 78%~89%。7 月为全年降水量峰值月，多年 7 月平均降水量为52~154 mm。1 月为全年降水量低值月，多年 1 月平均降水量为 0.3~3.3 mm。雨季和干季（10月至次年 4 月）极为明显，雨季降水集中，温和湿润；干季寒冷干燥，降水稀少，湿度小。

各地蒸发量大于降水量，多年平均蒸发量为 1325.5~2615.8 mm，是年降水量的 4 倍多。蒸发量具有明显的季节性特点，最大蒸发量出现在 5 月，为 175.9~312.6 mm；最小蒸发量出现在 12 月，为 50.4~100.5 mm。

由于地形复杂，各地霜期差异很大。平均初霜期在 8 月 6 日~10 月 11 日，平均无霜期在 4 月 27 日~6 月 20 日。各地最大冻土深度为 62~150 cm；结冻时间为 10 月中旬至 12月中旬，解冻时间为 1 月下旬至 3 月下旬。

研究区属于三江上游高原温带半湿润气候区。该区年平均气温为 2~6 ℃，无霜期较短，为 40~110d。≥10 ℃积温为 300~1500 ℃。日平均气温稳定通过 0 ℃的日期为 3 月 15 日~4 月 5 日；稳定通过 10 ℃的日期为 6 月 1 日~7 月 15 日。年降水量为 50~700 mm。年日照时数为 2100~2600h，光辐射强度为 5500~6200 MJ/m²。

2. 川西甘孜州气象

甘孜州属青藏高原气候区，大陆性高原山地季风气候明显，气温低、冬季长、降水少、日照足；四季不分明，干雨季分明，冬半年寒冷、干燥、降水稀少、风大，夏半年气温不高且凉爽，降水集中，且多夜雨和冰雹。

丘状高原和山原区日照时数为 2600~3400h，高山峡谷区为 1200~2000h；日照时数最长的月份在 5 月，最短的月份在 9 月。日照百分率夏季最小，冬季最大；月际差异较大，年最小值多出现在 7 月，最大值基本出现在 12 月。太阳年总辐射在 5500~7000 MJ/m²，高值区集中在高程 3700 m 以上区域。研究区年均日照时数在 1966~2597h。

研究区年平均气温在 5.6~8.0 ℃，年较差小，日较差大；气温日较差一般为 15~ 20 ℃，最大可达 30 ℃；极端高温在 31.2~33.4 ℃，极端低温在 –28.7~ –20.7 ℃（统计数据以 1971~2000 年为准）。地温普遍高于气温，且年平均地温在河谷地区高于丘状高原和山原地区；高山区年平均地温在 10 ℃以下，河谷地区地多在 10 ℃以上。

研究区降水量较少，年总降水量为 618.0~685.1 mm。季节变化大，夏多冬少，有明显的干雨季之分。雨季平均开始日在 5 月 28 日，平均结束日在 9 月 29 日。≥0.1 mm 降水日数在 132~151d，多集中在 5~9 月的雨季；≥10 mm 降水日数在 20~28d，集中在 5~9 月；≥25 mm 降水（暴雨）日数在 1.1~1.6d，集中在 6~8 月。研究区蒸发量较大，远大于降水量。年平均蒸发量一般是年平均降水量的 2~3 倍，在 1500~1700 mm。

研究区年平均降水量分布见图 1-2、年平均气温分布见图 1-3。

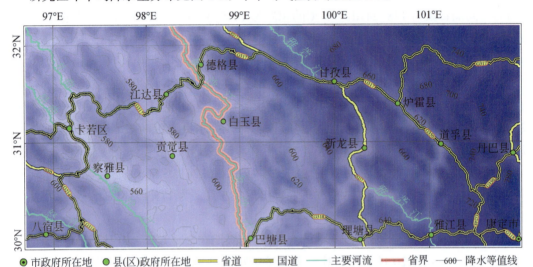

图 1-2　川藏公路北线沿线各地年平均降水量及其等值线图

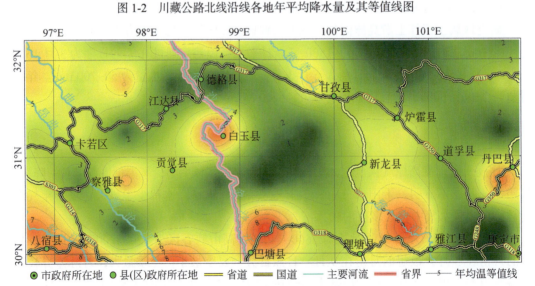

图 1-3　川藏公路北线沿线各地年均气温及其等值线图

1.2.2 水文

1. 藏东昌都市区域水文

昌都市河流众多，水网密布。自东向西主要河流依次为金沙江、澜沧江、怒江，称为藏东"三江"。金沙江为长江上游段，澜沧江为南亚湄公河上游段，怒江流入缅甸后改称萨尔温江。金沙江和澜沧江属太平洋水系，怒江为印度洋水系。"三江"均以降水补给为主，枯水期为融雪和地下水补给；严冬季节，上游水流平缓，上游及其支流上有冰冻出现。

1）金沙江

金沙江是西藏的第四条大河，系长江上游干流；发源于青海省唐古拉山脉中的各拉丹冬雪山，经玉树州进入西藏自治区，而后沿昌都市东部边缘流过，再经芒康县入滇，是西藏自治区与四川省的界河。金沙江在昌都市流长 509 km，流域面积为 23 400 km²，多年平均流量为 986 m³/s，年径流量为 88.1×10⁸ m³。金沙江干流在江达县以北地区，河谷较宽阔，阶地发育，江达县以南基本上属于高山峡谷区。分水岭高程在 5000 m 左右，干流水面高程在 2300~3350 m，相对高度一般在 1000 m 以上。区内干流平均坡降 2.1 ‰，北部河道比降较小，南部较大。金沙江在昌都市境内的支流主要有藏曲、热曲、嘎托河。

（1）藏曲。又名字曲，发源于江达县北部德登乡的西北山岭上，贯穿江达县城，流经江达县同普乡与多曲汇合后经波罗乡汇入金沙江，流长 160 km，流域面积为 4680 km²。该流域高程较低，气候较好，是江达县农牧业生产的重要区域，森林资源也较为丰富。

（2）热曲。热曲发源于江达县青泥洞乡北部的山岭，经江达县青尼洞乡和贡觉县相皮乡，在贡觉县莫洛镇夏日村与马曲、比纳河汇合后流入金沙江，是金沙江的一级支流，流长 147 km，流域面积为 5510 km²。主要支流是马曲，发源于贡觉县阿旺乡东南部牧场流经阿旺乡、拉妥、哈加乡、莫洛镇四个乡（镇），全长为 87 km，流域面积为 1246 km²，河道比降为 0.6 ‰。热曲在阿旺乡以上呈扇形，以下为羽状，上游河谷狭窄，水流湍急，中下游从曲登开始河道开阔，地形平缓，河汊弯道发育。两岸阶地比较完整，流域内植被总体较差，阶地及山坡上分布着近 2000 hm² 耕地，多为草甸土、黑毡土及沙壤土。

（3）嘎托河。嘎托河发源于芒康县洛尼乡，自西北向东南流经嘎托镇、徐中乡、门巴乡等乡（镇），经云南省德钦县东北部汇入金沙江。流长 135 km，平均落差为 6 ‰，常年平均径流量为 2.20 m³/s，是金沙江的一级支流。主要靠降水和高山冰雪融水补给，水质较好。流域内有洛尼乡、嘎托镇、徐中乡、门巴乡三乡一镇，灌溉面积为 800 余公顷，森林面积为 80 660 hm²，草地面积为 109 066 hm²。

2）澜沧江

澜沧江是西藏的第三条大河，正源叫扎曲河，发源于青海省南部唐古拉山脉的夏茸加山麓；支流叫昂曲河，发源于西藏巴青县境内的万马拉山；二者在昌都县城汇合后称为澜沧江。流经卡若区和察雅县、左贡县、芒康县等县，从下盐井入滇，出国境后称湄公河。在昌都市境内流长 509 km，流域面积为 38 300 km²，多年平均流量为 664 m³/s，年径流量 108.5 × 10⁸ m³。澜沧江泥沙含量较多，但水质好。江水基本上由冰雪融水和地下水补给，下游多为雨水补给。地下水、融水、雨水三者的比例分别为 35%、33%、32%。进入雨水季后，河水迅速上涨，流量开始猛增，往往在 7 月上中旬出现一次高峰。澜沧江呈北西—南东向的狭长形，北部河谷较宽，最宽处约为 220 m，南部河谷较窄，最窄处仅为 20 余米；昌都市境内落差为 1263 m，平均坡比降为 2.5‰。澜沧江在昌都市境内的支流主要有扎曲、昂曲、金河、麦曲。

（1）扎曲。系澜沧江正源，昌都市境内长 145 km，流域面积为 6300 km²，平均坡降为 2‰。扎曲沿途森林资源覆盖面积大，植被较好。最大支流为子曲。

（2）昂曲。系澜沧江一级支流，昌都境内流长 216 km，流域面积为 7150 km²，平均坡降为 1.4‰。昂曲沿途森林资源覆盖率高，植被较好。流域面积大于 1000km² 的一级支流有木曲、沙木涌和巴曲。

（3）金河（色曲）。系澜沧江一级支流，发源于西藏东部的他念他翁山脉中段南侧，自西北向东南流经丁青县、类乌齐县（县境内为紫曲河）、卡若区、察雅县（县境内为色曲河）四县（区），于察雅县卡贡乡汇入澜沧江。金河流长 306 km，流域面积为 7080 km²，河道平均比降为 6.97‰。整个流域呈西北—东南向，上游略宽，源头有布托措青和布托措穷等高山淡水湖泊及冰川分布，流域四周分水岭高程多在 5000 m 以上，最高处达 5636 m。金河流域径流主要由降水形成，其次为冰雪融水和地下水补给；平均流量为 79 m³/s，年径流量为 24.9 × 10⁸ m³，年最小流量一般发生在 12 月至次年 2 月，为 7.3 m³/s。金河流域植被良好，呈垂直带状分布，沿河受益耕地面积约 900 hm²。

（4）麦曲。系澜沧江一级支流，发源于宁静山西侧，流经察雅县腹部。麦曲河属山溪性河流，水系呈扇形枝状分布，其中三条河流（麦曲河、史曲河、勇曲河）在察雅县城以上 20 km 处的瓦西村相继汇合形成麦曲主流。流域高程为 3100~5000 m，河道主流全长 138 km，流域面积为 6240 km²，多年平均流量为 35.6 m³/s，年平均径流量为 11.23 × 10⁸ m³，最大洪水流量为 1400 m³/s，最枯流量为 6.4 m³/s。主河道由东南向西北流至河口以上 5 km 处便拐弯向东南注入澜沧江。河床坡降上游陡，下游缓。流域内植被较差，除少量的森林覆盖和高山基岩裸露外，多为风化岩碎石土。

2. 川西甘孜州区域水文

甘孜州江河湖泊众多，流经境内的河流主要有金沙江、雅砻江、大渡河（简称"两江一河"），均为长江上游主要干支流。"两江一河"自西向东，南北向平行排列，汹涌湍急，支流甚多。中等河流有大小金川、折多河、鲜水河、无量河、硕曲河、巴楚河、九龙河、色曲河、泥曲河等。各支流山溪广布，水流急，落差大，水量丰沛。地表出露的热泉有 249 处。

研究区以雀儿山为分水岭，西边的地表水直接汇入金沙江，东边的汇入雅砻江－金沙江的一级支流。区内的鲜水河和力丘河（也称立启河）又是雅砻江的一级支流。

1）雅砻江

雅砻江是金沙江最大的一级支流，发源于青海省称多县巴颜喀拉山南麓。流域涉及青海省、四川省两省，91.5% 的流域面积属四川省。雅砻江自西北向东南流经石渠县尼达坎多后进入四川省，至两河口以下由北向南流，于攀枝花市雅江桥下注入金沙江，是典型的高山峡谷型河流。河流全长为 1571 km，流域面积为 12.84×10^4 km²，河口多年平均流量为 1860 m³/s。研究区穿越雅砻江上游段，以甘孜县城为界，以上河段河宽 50~70 m，平均比降为 1.91 ‰；以下河段河宽 40~60 m，平均比降为 2.74 ‰。据甘孜水文站测量（控制流域面积为 33 119 km²），雅砻江上游多年平均流量为 280 m³/s，水位变幅为 3.7 m，含沙量为 0.17 kg/m³。实测 1970 年 7 月 18 日洪峰流量为 1840 m³/s；调查到 1904 年 7 月洪峰流量为 3530 m³/s。

2）鲜水河

鲜水河，为雅砻江左岸支流，古称鲜水、州江，源于青海省达日县巴颜喀喇山南麓。北源称为泥曲，流入四川省色达县境，在炉霍县与南源达曲汇合后始称鲜水河。鲜水河流经道孚县至雅江县以北 27 km 的两河口处汇入雅砻江。河长 680 km，落差为 1 340 m，流域面积为 1.94×10^4 km²，河口流量为 202 m³/s。据道孚水文站（控制集水面积为 14 465 km²），鲜水河（2003~2009 年）年平均流量为 143 m³/s，年平均最大流量为 208 m³/s（2005 年），年平均最小流量为 99.4 m³/s（2007 年）；最大峰值流量为 753 m³/s（2009 年）。径流年际变化小；年内 5~10 月径流占全年径流的 78.2%，6~9 月径流占全年径流的 62.2%。鲜水河在道孚县以上流经高原，其中炉霍县以上河谷宽阔，阶地发育；炉霍县至道孚县段，河流迂回曲折，多支汊和心滩，河床宽缓，阶地发育；道孚县以下，河流深切，岸坡陡峻，岩崩剧烈，泥石流发育。

3）力丘河

力丘河，又名立曲、立启河，雅砻江一级支流。源头茶垭沟发源于康定市塔公镇西部，流经康定市新都桥镇、瓦泽乡、呷巴乡、甲根坝镇、沙德镇，在康定市普沙绒乡注入雅砻江。流域面积约为 0.59×10^4 km²，全长 174 km，落差为 2078 m，河床平均比降为 10.1 ‰。该流域径流来源主要为降水，以雨水补给为主，融雪水补给为辅；具有年际变化不大，年内分配不均的特点。最小径流多出现在 1~2 月；4~5 月为春汛期，由融雪补给和河冰解冻形成；6~9 月为夏秋洪水期，由大面积降水形成；10 月以后为秋季平水期，以河槽储量及地下水补给为主；12 月至次年 3 月为冬季枯水期，全靠地下水补给。

力丘河上游（瓦泽乡以上河段）流经较为平坦的高原，河道曲折，河床宽阔；中游多为宽谷；下游多峡谷分布。研究区位于力丘河上游段。

研究区主要河流及地表水系分布见图 1-4。

图 1-4 川藏公路北线沿线水系分布图

1.3 地形地貌

研究区基本地貌形态为高山和高原，地形垂直落差大，超过 4000 m。公路穿越多个地貌单元，既有高山峡谷，也有谷地和平坝，尤其是沿活动断裂带还发育有串珠状盆地。冰川地貌是区内地貌景观的一大特色，而且在高山山麓地带往往还发育有丘陵状的冰碛垄。巨大的高差可以为泥石流活动提供充足的动能。

1.3.1 西藏自治区区域地形地貌

研究区总面积为 15 966.95 km²，其中西藏自治区境内约占 40%，面积为 6403.61 km²；西藏自治区区域主要涉及昌都市。昌都市位于横断山西部的三江地区；三条大江与诸列山脉相间排列，南北纵贯。自东向西依次是金沙江、达马拉山 – 宁静山、澜沧江、他念他翁山和怒山、怒江、伯舒拉岭和念青唐古拉山东端（怒江在洛隆县嘉玉桥以上为东西流向）。昌都市总地势为西、北部高，东、南部低，自西北向东南倾斜，谷地自北向南显著加深。西、北部山体较完整，分水岭保存有宽广的高原面，即芒康县、丁青县、类乌齐县、边坝县、洛隆县、江达县等地，高程均在 4000 m 以上。南部岭谷栉比，山势陡峻，河谷深切，支流众多，山体分割较为破碎，分水岭狭窄，仅有零星残存的高原面。横断山区新构造运动活跃，地壳仍在继续上升，三江不断向下侵蚀和切割，造成岭谷高差越来越大，尤其在北纬 30° 以南，形成典型的高山峡谷区，地貌类型为高山与峡谷的简单组合。河谷底高程

2500～3500 m，分水岭高程高达4500~5500 m，相对高差达2000~2500 m。三江之中，怒江最为狭窄，除上游外，河谷一般深切为V形；澜沧江在昌都市以南、金沙江在江达县以南进入峡谷，也呈"V"形河谷。

昌都市的地貌类型复杂多样，既有高山（极高山、中山）又有高原（高山原、高平原、丘状山原及山原），既有谷地平坝又有阶地（台地），但基本地貌形态为高山和高原。昌都市大致可分为三个地貌区："三江"上游高原宽谷区、"三江"中游山地区和"三江"南部高山峡谷区。

研究区位于"三江"上游高原宽谷区。区内高原波状起伏，丘陵之间分布许多"U"形谷，谷地宽展，处于宽阔平坦的山原上，是牧（农）业生产的重要区域。耕地多分布在高程3400~3900 m的河谷平坝、台阶和山坡地上；夏秋牧场分布在高程4000~5000 m的高山草甸带。高于高程5000 m的地区为稀疏甸状植被，森林主要分布在高程3600~4300 m。

西藏自治区境内研究区总体地势较高，高程大于3500 m的面积超过96%（图1-5）。其中，约50%的区域分布在高程4000~4500 m；约四分之一的区域分布在高程4500~5000 m（表1-1）。

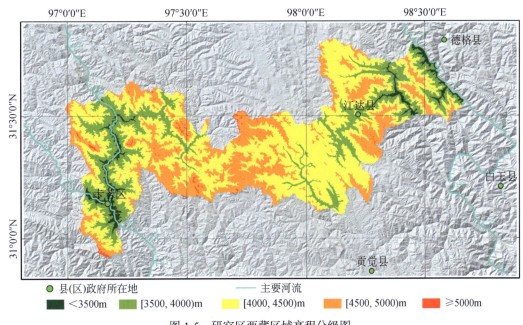

图1-5　研究区西藏区域高程分级图

表1-1　研究区西藏区域高程分级统计表

项目	高程/m				
	<3 500	[3500，4000）	[4000，4500）	[4500，5000）	≥5000
分布面积/km²	239.81	1236.96	3200.31	1682.80	43.72
面积占比/%	3.74	19.32	49.98	26.28	0.68

西藏自治区境内研究区中部地形相对较缓（图 1-6），多以坡地（<25°）为主，地形条件不易发生泥石流。沿线其余地段以陡坡（25°~35°）和急陡坡地（>35°）为主，地形条件较易发泥石流。通过对研究区地表坡度的统计分析（表 1-2），坡地（<25°）面积占 50% 以上，陡坡地和急陡坡地约占 44%。

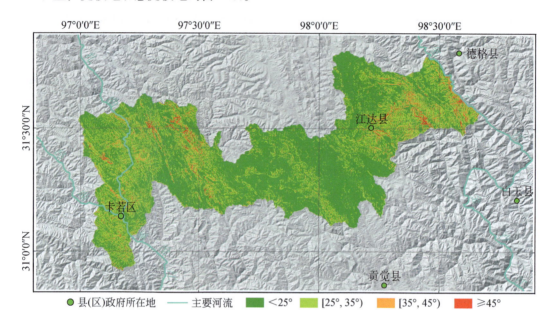

图 1-6　研究区西藏区域地表坡度分级图

表 1-2　研究区西藏区域地表坡度分级统计表

项目	坡度 /（°）			
	<25	[25, 35)	[35, 45)	≥ 45
分布面积 / km²	4200.13	1794.29	366.93	42.26
面积占比 /%	65.59	28.02	5.73	0.66

1.3.2　川西甘孜州地形地貌

研究区在四川省区域的面积约占总面积的 60%，为 9563.34 km²，全部位于甘孜州境内。甘孜州位于青藏高原东部。古近纪 – 新近纪以来，特别是第四纪时期青藏高原剧烈隆升，山脉大幅度抬升，河流下切加快，地形起伏明显。多期次构造活动造就了区内多级夷平面；雅砻江、金沙江、鲜水河等多条大河切割形成多级阶地，造就了区内高山峡谷、层峦叠嶂的壮丽景观。

断层活动对地貌的改造呈线形贯穿全区。区内发育有鲜水河活动断裂（包括甘孜 – 玉树断裂和狭义的鲜水河断裂），断裂走滑分量造成沿线原有地貌被错断，河流改道、阶地错断、冲积扇错断；断裂逆冲分量使地形抬升，形成陡坎、鼓包、反向坎、堰塞塘等独特地貌景观。甘孜县城所在地是甘孜–玉树断裂与狭义鲜水河断裂的交汇处，受两条左旋走滑断裂控制形成典型的拉分盆地。沿北西向的甘孜–玉树断裂，甘孜盆地、马尼干戈盆地、竹庆盆地呈串珠状分布。

冰川地貌是区内地貌景观的一大特色，主要发育在中部公路沿线的高山地区。冰碛物主要堆积在高山山麓地带，呈丘陵状，多道冰碛垄依次排列，表明区域内至少经历过三次冰川活动。多期次冰川作用剥蚀山峰，形成冰斗、角峰等独特的冰川地貌景观。

按高程、切割深度和地貌成因类型，将研究区划分为剥蚀冰蚀极高山区、侵蚀剥蚀高山高原区、侵蚀剥蚀高山峡谷区。①剥蚀冰蚀极高山区，高程在 4500 m 以上，占研究区面积的23.31%，多为无人区；遭受强烈的冰蚀和寒冻风化作用，常年冰雪覆盖，形成冰斗、角峰等地貌；冰川作用清晰，沟谷开阔，为"U"形谷。②侵蚀剥蚀高山高原区，高程在 3500~4500 m，占研究区面积的66.83%；植被覆盖以草地、灌丛为主，从沟口往上游植被逐渐稀疏，基岩出露面积增大。③侵蚀剥蚀高山峡谷区，高程在 3500 m 以下，占研究区面积的9.86%，主要分布于河谷两岸；地形走势受河流下蚀作用控制明显，山脉多与河流近乎平行，顺河绵延最长可达数千米；植被覆盖较差，崩滑类地质灾害发育；局部平缓区为人类聚居地。

研究区在四川省境内总体地势高，中部突起，河谷陡深、河流深切、山坡陡峻，高低悬殊，复杂多变（图1-7）。区内最高峰为雀儿山绒麦峨扎峰，高程为 6168 m，最低谷为道孚县鲜

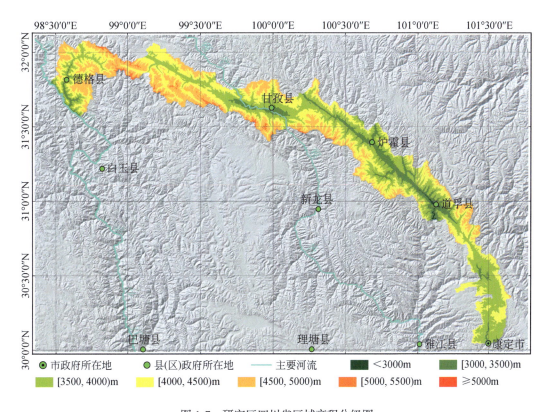

图 1-7　研究区四川省区域高程分级图

水镇附近的鲜水河河面，高程为 2830 m。根据统计，高程大于 4000 m 的区域约占 57.77%
（表 1-3）；90% 以上的区域高程在 3500 m 以上。巨大的高差可以为泥石流活动提供动能。
但是，高高程地区气温普遍较低，一定程度上又会抑制泥石流的活动。

表 1-3 研究区四川省区域高程分级统计表

项目	海拔 /m						
	<3000	[3000, 3500)	[3500, 4000)	[4000, 4500)	[4500, 5000)	[5000, 5500)	≥5500
分布面积 /km²	23.35	878.21	3138.19	3465.26	1901.90	153.48	2.95
面积占比 /%	0.24	9.18	32.81	36.24	19.89	1.61	0.03

图 1-8 为研究区四川省区域坡度分级结果图。南部（八美镇、塔公镇附近，新都桥镇
附近除外）地表坡度较小；甘孜县城周边以及县城到马尼干戈镇一段，公路两边地形也较
缓；较平缓的地形条件不易形成泥石流。德格县城前后以及炉霍县－道孚县段，地形变化大，
地表坡度相对较大，地形条件有利于形成泥石流。

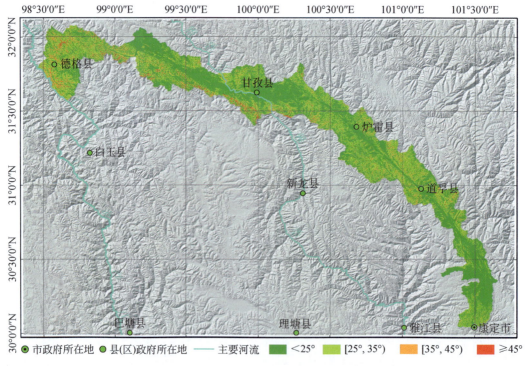

图 1-8 研究区四川省区域地表坡度分级图

根据统计（表 1-4），研究区四川省区域和西藏自治区区域的地表坡度相似，约一
半以上地段为坡地（<25°），不易发生泥石流；陡坡（25°~35°）和急陡坡地（>35°）占
44.36%，地形条件较易发泥石流；大于 45° 的区域，由于地形太陡，松散固体物质很难保
存下来，反而不利于形成泥石流物。

表 1-4 研究区四川省区域地表坡度分级统计表

项目	坡度 /(°)			
	<25	[25，35）	[35，45）	≥45
分布面积 / km²	5202.54	3201.26	1041.23	118.31
面积占比 /%	54.40	33.47	10.89	1.24

研究区地势见图 1-9。

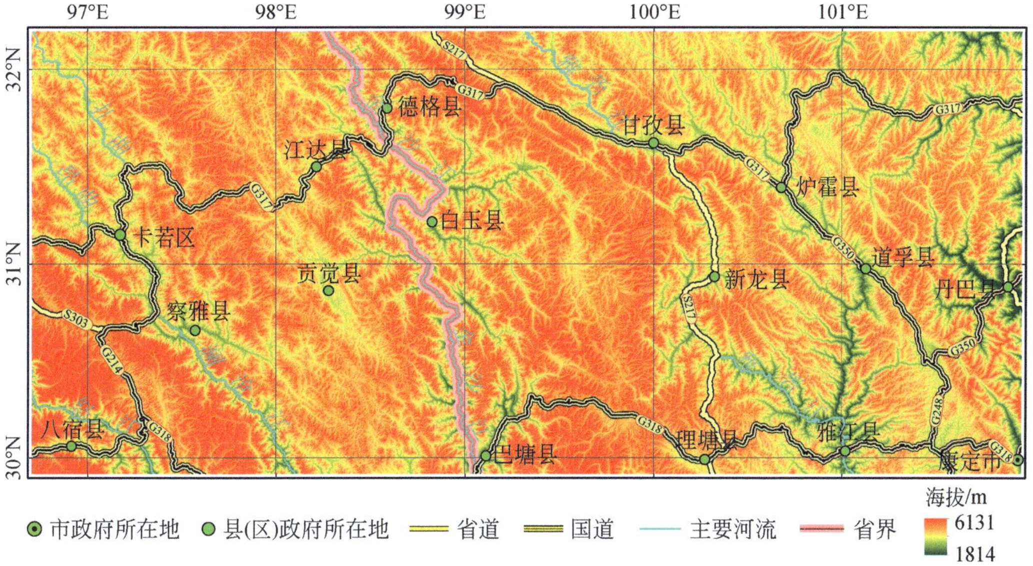

图 1-9 川藏公路北线沿线地势图

1.4 地质条件

研究区位于松潘－甘孜、川滇和昌都三大活动地块交接部位（徐锡伟等，2005；何世平等，2011；唐渊等，2022），发育数条大型活动断裂和一系列次级断裂，强震活动频繁（徐锡伟等，2005）。构造单元复杂，岩浆侵入普遍，变质活动强烈。

1.4.1 研究区构造单元

研究区所在地带壳幔结构复杂，造山带类型多样。综合前人研究成果（Şengör，1979；潘桂堂等，2013；Cawood et al.，2013；Deng et al.，2014；邓军等，2016；许志琴等，2016），可划分出 12 个单体的陆块－弧盆－造山褶皱系（图 1-10）；自东向西依次为：丹巴－汶川弧形构造带、巴颜喀拉－马尔康前陆盆地、雅江残余盆地、炉霍－道孚裂谷盆地、甘孜－

理塘蛇绿混杂带、义敦岛弧、中咱地块、金沙江蛇绿混杂岩带、江达陆缘弧带、昌都地块、澜沧江蛇绿混杂岩带、左贡地块、班公湖–怒江结合带。

1. 丹巴–汶川弧形构造带

南西以丹巴断裂为界，南东以龙门山中央断裂为限，逆冲推覆于龙门山前陆推覆体上。新元古界的变质体由变火山岩组成；古–中元古界、中–上志留统在丹巴地区变质程度加深。泥盆系危关群以白云岩，结晶灰岩为主夹千枚岩；上石炭统西沟组–下二叠统三道桥组为结晶灰岩含硅质条带、板岩、千枚岩；上二叠统大石包组属海相枕状玄武岩夹碳酸盐岩。该弧形构造带具有多层次滑脱、逆冲、韧性剪切和滑移作用。

2. 巴颜喀拉–马尔康前陆盆地

北以玛沁–勉县–略阳对接带之南界断裂为界，南以鲜水河断裂为界，泥曲–玉科断裂错断于该区中部。该构造单元是三叠系被动陆源复理石前陆盆地，为一套半深水–深水环境下的巨厚碎屑复理石或浊积岩系。地层主要有三叠系扎尕山组、杂谷脑组、侏倭组和新都桥组，呈复式褶皱产出，轴线为北西—南东向，略具弧形。基底具有扬子型结晶基底，为古元古界下村岩群、南华系木座组。变质相以区域变质低绿片岩相为主。地层连续性较差，整体破碎易风化。岩浆岩时代为燕山期，属同构造与后构造花岗岩。

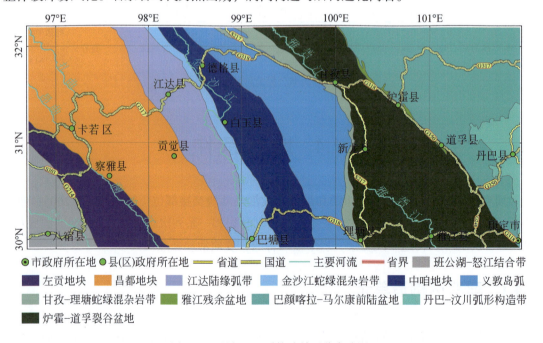

图 1-10　研究区地质构造单元分布略图

3. 雅江残余盆地

由鲜水河断裂和甘孜-理塘断裂围限,下部与巴颜喀拉-马尔康前陆盆地雷同,同属边缘海盆;出露二叠纪玄武岩,三叠系为巨厚碎屑岩复理石建造。三叠纪末,进入褶皱造山阶段。变质相属区域变质低绿片岩相。

4. 炉霍-道孚裂谷盆地

沿鲜水河断裂西侧分布。断裂带强烈构造变形,物质组成复杂,发育蛇绿混杂岩带,系雅江残余盆地沿鲜水河大型左旋走滑出露的洋壳基底。

5. 甘孜-理塘蛇绿混杂带

东界为甘孜-理塘断裂带,西界玛尼干戈-拉波断裂,属早石炭世-晚三叠世洋脊型蛇绿混杂岩带,夹有奥陶纪到三叠纪的沉积岩块体;构造变形强烈,发育大致顺层的韧性剪切糜棱岩带、强烈片理化带,以及一系列顺构造带方向的叠瓦状逆冲推覆褶皱构造。

6. 义敦岛弧

东为玛尼干戈-拉波断裂,西临中咱-中甸地块;以德格-乡城断裂为界分为岛弧和弧后盆地。三叠系地层为碎屑岩夹碳酸盐岩、硅质岩,局部复理石砂板岩夹基性、中基性和酸性火山岩,除此之外是古近系、新近系的山间盆地磨拉石沉积。

7. 中咱地块

西以金沙江缝合带为界,东邻勉戈-青达柔弧后盆地,呈狭长棱状展布,具有典型的基底与盖层二元结构。基底为变质结晶基底,包括元古代-早古生代的变质岩系、碎屑岩夹火山岩;盖层为古生界碎屑岩和碳酸盐岩。构造变形样式从地块中轴向西部,从无劈理、宽缓的等厚褶皱到同斜倒转、紧密劈理褶皱,显示由弱到强的变化,呈现出一种反极性造山作用。

8. 金沙江蛇绿混杂岩带

西界为金沙江河谷与羊拉-鲁甸断裂,东界为盖玉-德荣断裂,属蛇绿混杂岩系,包括半深海-深海相泥灰岩、硅质条带灰岩、放射虫硅质岩、洋脊型基性火山岩等。总体变形特征为三叠系地层强烈片理化,褶皱紧闭,多为同斜倒转褶皱。新生代陆内汇聚构造发育,展现出一系列断块及推覆体叠置于蛇绿混杂岩上;在早期构造行迹上叠加一些走滑韧性剪切。

9. 江达陆缘弧带

东以西金乌兰–金沙江结合带为界，西以车所–热涌–字噶寺–德钦逆冲断裂为界，为一套滨浅海相–浅海相的碎屑岩、碳酸盐岩及中酸性火山岩。晚三叠世以前的岩层构造变形较强，表现为一系列向西倒转的褶皱和冲断，并发育一系列走滑剪切带。前寒武系变质程度较深，达到了角闪岩相；古生界为低绿片岩相，中生界基本未变质。

10. 昌都地块

东以车所–热涌–字噶寺–德钦逆冲断裂与东侧江达火山弧相邻，西与乌兰乌拉山–雁石坪北–尼日阿错改断裂为界，变质基底为中深变质岩系的宁多岩群和浅变质岩系的草曲群，之上为早古生代的青泥洞群、曾子顶组和志留系恰拉卡组，为被动边缘盆地中的一套深水陆棚–斜坡相复理石浊积岩系夹薄层灰岩沉积。

变质–褶皱基底岩石构造变形复杂。古生界盖层大多被断裂肢解为断片，原始层理保持较好。中生界均未变质，以发育宽缓、简单褶皱为主。新生代陆内挤压过程中具有明显的表层脆性变形特征，表现为昌都地块中部为宽缓的褶皱及轴向断裂，向东西两侧则发育一系列紧密线状褶皱和冲断–走滑断裂，飞来峰构造也较发育；总体构成以盆地中轴为对称的两侧对冲构造格局。

11. 左贡地块

界于东侧澜沧江蛇绿混杂岩带与西侧怒江蛇绿混杂岩带之间。变质基底为前泥盆系吉塘岩群变质岩，下部恩达组为一套角闪岩相（局部麻粒岩相）变质岩系，原岩为一套火山岩–沉积岩建造；上部酉西岩组为一套绿片岩相变质岩系，原岩为一套碎屑岩及火山岩建造。泥盆系未见出露，已知石炭系主体为北澜沧江洋盆西侧被动边缘盆地浅海相碎屑岩夹生物灰岩沉积–裂陷–裂谷盆地半深海相的碎屑岩复理石、玄武岩及流纹岩"双峰式"夹灰岩组合。中–上二叠统主体为一套滨浅海相碎屑岩及玄武安山岩、杏仁状或致密块状玄武岩、安山质角砾熔岩及变质凝灰岩夹灰岩组合。缺失下中三叠统沉积，上三叠统甲丕拉组为前陆盆地中的磨拉石堆积，之上的波里拉组为海相碳酸盐岩及阿堵拉组和夺盖拉组的含煤碎屑岩，不整合于下伏地层之上。侏罗系为滨岸相紫红色砂岩、泥岩夹杂色粉砂质泥岩和不稳定灰岩。古–新近系为陆相含煤碎屑岩。区内最为显著的侵入体是晚三叠世东达山巨型花岗岩岩基，岩性复杂多样，包括黑云母花岗闪长岩、花岗闪长岩、黑云母二长花岗岩、二长花岗岩、石英黑云二长岩等；地球化学特征显示为碰撞环境的岛弧型岩体。

12. 班公湖–怒江结合带

分布于索县–巴青–丁青–八宿一带，共有28个超基性岩体，总体呈透镜状、扁豆状、似脉状沿北西、北西西方向断续展布。在丁青岩体南侧，上侏罗统底砾岩中见有超基性岩与硅质岩砾石分布，已知蛇绿岩形成时代为石炭纪－侏罗纪。

1.4.2 西藏区域地质条件

昌都的地质构造称为三江弧形构造。复褶皱带和大型断裂带如同纵贯其间的金沙江、澜沧江和怒江上游流程，北部为北西向，向南作明显北东向突出的弧形转弯，至芒康－察瓦龙一线改作近南北向。构造带断层密集，岩浆侵入活动普遍，变质活动强烈。

1. 地层岩性

研究区地层自元古宇至第四系均有出露（图1-11）。老地层产出于结晶/褶皱基底中，以微陆块形式展现；盖层以中生代最为发育，以复理石和磨拉石形式展布于各弧前或弧后盆地中；新生代地层以冰碛物、洪积物形式发育于走滑拉分盆地和山前裂谷中。

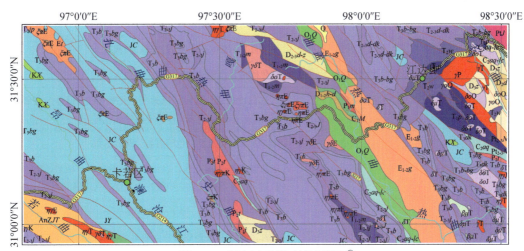

图1-11 研究区西藏区域地质图 [①]

研究区地层岩性见表1-5。

表1-5 研究区西藏区域及周边地层岩性简表

界	系	统	组	符号	岩性描述
新生界	第四系	全新统		Qh	近代河流冲积、洪积，泥、砂、砾石，组成澜沧江、金沙江一级阶段，沿江沟谷呈泥石流堆积扇
		更新统		Qp	阶地砾石、砂土、黏土层呈冲积砂砾和土状堆积，冰川（雀儿山冰碛）、湖河沉积，时夹泥煤，组成昌都二、三级阶地

---

① 根据1：50万区域地质图绘制；地质图图例详见附图1"地质图统一图例"。

界	系	统	组	符号	岩性描述
新生界	古近系	古－始新统	贡觉组	$E_{1-2}g$	红、紫红、杂色含盐碎屑岩、砾岩、泥砾岩、砂岩、砂砾岩、泥岩
			沱沱河组	Et	砖红、紫红、黄褐色复成分砾岩、含砾砂岩、砂岩、粉砂岩，局部夹泥质岩、灰岩
中生界	白垩系		香堆群	KX	紫红、灰紫色粉砂岩、石英砂岩、含砾砂岩、砾岩
	侏罗系		察雅群	JC	紫红色为主（局部为杂色）的泥岩、页岩夹粉砂岩、细砂岩或为互层，韵律发育，部分地区夹泥灰岩、生物介壳灰岩、泥晶白云岩及砾岩
			雁石坪群	JY	碎屑岩、碳酸盐岩为主，夹少量火山岩和石膏层
	三叠系	上统	波里拉组	T_3b	灰色、黑灰色中厚层灰岩、泥灰岩、致密石灰岩夹几层生物碎屑灰岩
			巴贡组	T_3bg	黑色、灰色页岩、炭质页岩、长石砂岩、粉砂岩夹煤层、煤线
			公也弄组	T_3g	生物碎屑灰岩、微晶灰岩、白云质灰岩
			甲丕拉组	T_3j	红色碎屑岩，局部夹安山岩、石灰岩
		中－上统	东独－洞卡组	$T_{2-3}d\text{-}dk$	紫红色砂砾岩、砂岩、粉灰岩，夹凝灰岩凸镜体，底部以厚层砾岩，石英砾岩为主，夹中基性火山岩
			结扎群	$T_{2-3}J$	浅海及海陆交互相杂色碎屑岩、灰岩沉积
			瓦拉寺组	T_2w	灰色复理石碎屑沉积，以细砂岩、粉砂岩、板岩、砾岩、硅质岩之韵律沉积为主夹中酸性火山岩、火山碎屑岩
		下－中统	马拉松多组	$T_{1-2}m$	中酸性火山碎屑岩，火山岩夹碎屑岩
			普水桥组	T_1p	紫红，灰绿等杂色细砂岩，粉砂岩不等厚互层为主，夹中酸性火山岩，火山碎屑岩，石灰岩
	三叠系－二叠系		金沙江蛇绿岩群	PTJ	不完整的蛇绿岩套，内混杂有 S、D、C 及 P 灰岩的外来岩块
古生界	二叠系	中统	妥坝组	P_2t	含煤碎屑岩，夹少量灰岩
		下统	莽错组	P_1m	浅灰色灰岩为主，夹基性火山岩
			交嘎组	P_1j	细碎屑岩、灰岩夹少量凝灰岩
	石炭系	上统	鹜曲组	C_2aq	灰色生物碎屑灰岩含燧石结核，顶部夹砾状灰岩
			里查组	C_2lc	灰－灰黑色厚层－块状灰岩，底部泥质、炭质增加，并夹少量炭质页岩
		下统	马查拉组	C_1M	石英砂岩，长石石英砂岩，粉砂岩，砂质页岩，夹可采煤层（无烟煤）及菱铁矿结核

界	系	统	组	符号	岩性描述
古生界	泥盆系	上统	卓戈洞组	D_3z	灰色浅灰色白云质灰岩、泥质灰岩、白云岩，底部页岩增加，与灰岩互层
		中统	丁宗隆组	D_2d	灰色、灰黑色灰岩与泥灰岩互层，灰岩与泥灰岩中常见燧石条带及生物礁夹层，偶见泥黄色页岩，局部夹石膏状泥灰岩扁豆体
			海通组	D_2h	灰黑色灰色千枚岩夹石英砂岩、泥质灰岩，顶部为白云岩
	志留系	上统	然西组	Sr	浅变质碎屑岩、泥质岩、中基性－碱性火山岩、火山角砾岩、碳酸盐岩组合
			雍忍组	S_3y	结晶灰岩、大理岩、白云质灰岩、白云岩杂色泥灰岩，夹礁灰岩
		下统	格扎底组	S_1g	结晶灰岩、白云质结晶灰岩、泥质灰岩、泥灰岩，底部有杂色角砾状灰岩、黄褐色细砂岩、白云质砾岩等
	奥陶系	下统	青泥洞群	O_1Q	深灰色厚层石英砂岩夹黑色板岩、黑色薄层结晶灰岩与灰黑、灰绿、紫红色板岩、石英砂岩、长石石英砂岩互层；下部为黑、灰绿、紫红色板岩夹灰色厚层状石英砂岩
中－新元古界			宁多群	$Pt_{2-3}N$	大理岩夹角闪斜长片麻岩和片状石英岩、糜棱岩、黑云斜长角闪质糜棱岩夹云母斜长片麻岩

2. 变质特征

根据西藏变质地层单元分区图（图1-12）（西藏自治区地质矿产局，1993），研究区位于昌都变质地带（Ⅲ₄）和金沙江变质地带（Ⅳ₂）内，可进一步细分为金沙江蛇绿混杂岩变质带、昌都绿片岩－角闪岩相变质带、左贡－碧罗雪山－临沧变质亚带、班－怒变质带等；展现出一系列断块及推覆体叠于老地层之上，在早期构造行迹上叠加了一系列走滑韧性剪切。各时代岩层遭受了强烈的构造变形和变质，使地层的原始层序和相互关系遭受严重破坏，带内挤压破碎，局部片理化及糜棱岩化极为发育，岩体完整性差。

华力西期变质作用在研究区属于低压相系或中压相系的区域动力热流变质作用，表现为绿片岩相分布很广，而角闪岩相范围很小的递增变质带。燕山期和喜马拉雅期变质作用表现为由低压相系的区域动力热流变质作用和高压相系的深埋变质作用特征，以及绿片岩相型的区域低温变质作用。

3. 活动构造

第四纪以来，研究区处于统一的脆性陆壳状态，受新构造运动影响和统一的应力作用，构造活动主要是陆壳的"断块"活动，表现为区内板块和板块、板块和陆块之间前第四纪老断裂不同程度的复活。区内主要的金沙江、澜沧江、怒江等老断裂带形成于喜马拉

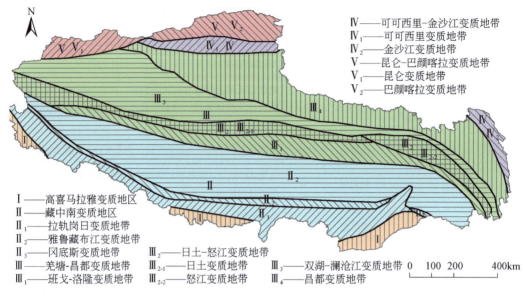

图 1-12　西藏变质地层单元分区略图

雅期以前。喜马拉雅期，特别是喜马拉雅期Ⅲ、Ⅳ幕以来受印度板块、西太平洋板块的强烈挤压与推覆作用，原有断裂构造沿袭先存断裂轨迹复活，表现出十分明显的继承性活动特点。如玉树－甘孜断裂带，形成于华力西期，发育于华力西期末与印支期；第四纪以来，受新构造活动的影响，断裂带的差异活动（断裂带左旋走滑运动）较强烈，继承性活动特征明显。在地貌上主要表现为沿断裂带形成一系列第四纪或古近纪－新近纪玉树、甘孜、邓柯、青泥洞－贡觉拉分盆地和马尼干戈、竹庆断陷盆地，且地震活动较为强烈（闻学泽等，2003；彭华等，2006；石峰等，2013）。

1.4.3　川西区域地质条件

研究区在川西区域总体上沿狭义的鲜水河断裂西北段和甘孜－玉树断裂东南段展布，两者在甘孜附近呈左阶羽状斜列，在区域上共同构成中国西南川滇活动地块的北边界和松潘－甘孜地块的西南边界（张培震等，2003；张国民等，2005）。

1. 地层岩性

研究区的地层从元古宇至第四系均有出露（图 1-13）。其中，三叠系的地层分布最为广泛，以上三叠统为主。在各级河流、谷底、山麓及其边缘分布有第四系松散堆积物。研究区出露的岩性以浅变质的砂板岩为主，其次为中酸－基性火山岩，火山碎屑岩等（表1-6）。

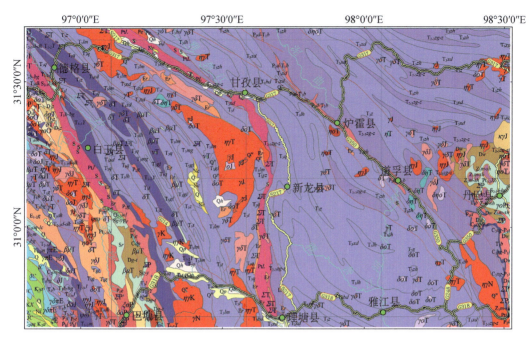

图 1-13　研究区川西区域地质图 [①]

表 1-6　研究区川西地区及周边地层岩性简表

界	系	统	组	符号	岩性描述
新生界	第四系	全新统		Qh	近代河流冲积、洪积，泥、砂、砾岩，常夹泥煤
		更新统		Qp	阶地砾石、砂土、黏土层，冰川、湖河沉积，时夹泥煤
	古近系	古－始新统	贡觉组	$E_{1-2}g$	红、紫红、杂色含盐碎屑岩、砾岩、泥砾岩、砂岩、砂砾岩、泥岩
			热鲁组	Er	紫红色含砾砂岩，上部夹泥岩
中生界	白垩系	上统	阿布山组	K_2a	红色砂岩、砾岩，夹砂砾岩及泥灰岩
			香堆群	KX	紫红、灰紫色粉砂岩、石英砂岩、含砾砂岩、砾岩
	侏罗系		察雅群	JC	紫红色为主（局部为杂色）的泥岩、页岩夹粉砂岩、细砂岩或为互层，韵律发育，部分地区夹泥灰岩、生物介壳灰岩、泥晶白云岩及砾岩
	三叠系	上统	英珠娘阿组	T_3yz	深灰色硬砂岩、硬砂质细砂岩与黑色炭质板岩呈互层、底部常见中－基性凝灰质岩屑砂岩及透镜状砾岩
			喇嘛垭组	T_3lm	深灰色硬砂岩石英砂岩、长石石英砂岩与黑色炭质板岩、粉砂质板岩互层，局部夹煤线或煤层
			宝顶组	T_3bd	灰白－黄绿色砂、砾岩及粉砂岩、泥岩互层，夹煤

① 根据 1∶50 万区域地质图绘制；地质图图例详见附录的"统一图例"。

界	系	统	组	符号	岩性描述
中生界	三叠系	上统	拉纳山组	T_3l	上部为灰黑色板岩夹变质长石石英砂岩，下部为灰色中–厚层中粗粒长石石英砂岩、石英砂岩夹板岩
			结扎群	$T_{2-3}J$	浅海及海陆交互相杂色碎屑岩、灰岩沉积
			巴贡组	T_3bg	黑色、灰色页岩、炭质页岩、长石砂岩、粉砂岩夹煤层、煤线
			波里拉组	T_3b	灰色、黑灰色中厚层灰岩、泥质灰岩、致密石灰岩夹几层生物碎屑灰岩
			洞卡组	T_3dk	以中基性及中酸性火山岩为主，夹变质砂岩及薄层结晶灰岩
			公也弄组	T_3g	生物碎屑灰岩、微晶灰岩、白云质灰岩
			图姆沟组	T_3t	深灰色、灰白色变质石英质砾岩、砂板岩及灰岩夹中酸性火山岩，在雀儿山岩带西侧本组火山岩最为发育
			勉戈组	T_3mg	中性、中酸性、酸性火山岩及火山角砾岩，火山凝灰岩及含碱性火山岩，夹变质复成分砾岩、礁灰岩、硅质岩
			根隆组	T_3gl	暗绿–灰绿色玄武岩、玄武安山岩、安山岩及中基性火山角砾岩、凝灰岩，夹变质砂板岩、生物礁灰岩、角砾灰岩
			甲丕拉组	T_3j	类复理石碎屑岩建造，为深灰色块状变质长石石英砂岩、石英砂岩夹少量板岩，在断裂带近侧，含较多的凝灰质、硅质
			曲嘎寺组	T_3q	浅色结晶灰岩、介壳灰岩夹砂板岩、基性火山岩，底部含砾岩。在断裂带处火山岩及混杂岩发育，厚度增大，远离即变为正常的沉积岩
			两河口组	T_3lh	灰、深灰色变质石英砂岩、长石石英砂岩与粉砂质板岩、炭质板岩间互层，上、下部砂岩较多，属类复理石建造；炉霍一带可见灰色砂砾岩，为粗–巨砾岩、含砾砂岩、变质砂岩、深灰色粉砂质板岩
			新都桥组	T_3xd	灰黑色炭质板岩、粉砂质板岩夹灰色变质石英细砂岩、粉砂岩，中、上部可见砂泥质灰岩透镜体
			侏倭组	T_3zh	灰–深灰色薄–厚层变质长石石英砂岩、粉砂岩与板岩、千枚岩不等厚韵律式互层，偶见泥砂质灰岩薄层或透镜体
			杂谷脑组	T_3z	上段为灰色中层–块状变质石英砂岩、岩屑长石石英砂岩夹砂质钙质板岩、透镜状泥质灰岩；下段为灰色中厚层变质长石石英砂岩与深灰色板岩间互，夹不稳定泥晶灰岩、竹叶状灰岩和生物碎屑灰岩
			扎尕山组	T_3zg	灰色中厚层致密石灰岩，灰色钙质石英砂岩、板岩与薄层或透镜状结晶灰岩组成的复杂韵律层
			巴塘群	T_3Bt	一套复杂的火山–沉积岩系：下部为长石石英砂，顶部为灰白色中厚层状碎屑岩夹少量砂岩、板岩；中部由下向上依次为砂岩夹酸性火山熔岩、火山碎屑岩，局部以火山岩为主；灰岩夹少量砂岩，及火山岩夹火山碎屑岩；深灰色中细粒石英砂岩，泥钙质、炭质页岩

界	系	统	组	符号	岩性描述
中生界	三叠系	中统	雷口坡组	T_2l	灰岩、白云岩夹盐溶角砾岩和砂泥岩,含石膏、岩盐
			瓦拉寺组	T_2w	灰色复理石碎屑岩沉积,以细砂岩、粉砂岩、板岩、砾岩、硅质岩之韵律沉积为主夹中酸性火山岩、火山碎屑岩
		中–下统	马拉松多组	$T_{1-2}m$	一套中酸性火山碎屑岩,火山岩夹碎屑岩
			义墩群	$T_{1-2}Y$	千枚岩、变质砂岩,夹灰岩、中酸–基性火山岩
		下统	普水桥组	T_1p	紫红,灰绿等杂色细砂岩,粉砂岩不等厚互层为主,夹中酸性火山岩,火山碎屑岩,石灰岩
			菠茨沟组	T_1b	灰色板岩、粉砂质板岩夹灰岩和变质砂岩,底部可见细砾岩
			领麦沟组	T_1l	理塘出露紫红色、绿灰色板岩、硅质板岩、硅质岩;巴塘出露灰、灰白色白云质灰岩、白云岩、灰岩、角砾状灰岩、泥灰岩、鲕状灰岩
	三叠系–二叠系		金沙江蛇绿岩群	PTJ	不完整的蛇绿岩套,内混杂有S、D、C及P灰岩的外来岩块
			理塘蛇绿岩群	PTL	两套不完整的蛇绿岩,内混杂有O、S、P等灰岩的外来岩块
古生界	二叠系	上统	冈达概组	P_2g	下段为玄武岩、火山角砾岩夹少量灰岩,上段为灰岩夹硅质岩
			卡翁沟组	P_2k	浅变质碳酸盐岩、砾屑及砂屑碳酸盐岩、泥砂质岩夹硅质岩,偶夹中基性凝灰质板岩
			大石包组	P_2d	灰黄色、灰色灰岩、板状灰岩、竹叶状灰岩夹千枚岩、片岩、灰绿色凝灰质板岩,为典型的深海沉积
			妥坝组	P_2t	复理石碎屑岩、火山碎屑岩夹中酸性火山熔岩、碳酸盐岩;东部巴塘基里为灰色中厚大理岩,灰色含砾绢云片岩和岩屑石英质砾岩
			峨眉山玄武岩	Pe	致密、斑状、杏仁状碱性和钙碱性玄武岩、碱性玄武岩;夹玄武质凝灰岩、紫红色火山角砾岩及灰岩透镜体组成多个喷发韵律
		下统	三道桥组	P_1s	灰、黑灰色粉砂质板岩、含绢云千枚岩、板岩、微晶灰岩、生物碎屑灰岩、角砾状灰岩
			交嘎组	P_1j	灰白色、浅灰色厚层块状灰岩为主,夹有少量钙质页岩和灰绿色砂岩
			莽错组	P_1m	浅灰色灰岩为主夹基性火山岩
			东坝组	P_1d	浅变质碎屑岩、结晶灰岩和白云质灰岩等
			额阿钦组	P_1e	中基性火山岩、大理岩夹碎屑岩;下段大理岩多火山岩少,上段相反
			梁山组	P_1l	为海陆交互相炭质页岩,夹砂岩、粉砂岩、灰岩透镜体、透镜状赤铁矿、铝土矿及煤线

界	系	统	组	符号	岩性描述
古生界	石炭系	上统	顶坡组	C_2d	灰－深灰色薄－中厚层大理岩与千枚岩、变质砂岩不等厚互层
			里查组	C_2lc	灰－灰黑色厚层－块状灰岩、底部泥质、炭质增加，并夹少量炭质页岩
			鳌曲组	C_2aq	灰色生物碎屑灰岩含燧石结核，顶部夹砾状灰岩
		下统	马查拉组	C_1m	上为灰岩段；下为含煤碎屑岩段，深灰色灰黑色黄色页岩、砂岩夹少量泥灰岩、灰岩等
	泥盆系	上统	卓戈洞组	D_3z	灰色浅灰色白云质灰岩、泥质灰岩、白云岩，底部页岩增加，与灰岩互层
		中统	丁宗隆组	D_2d	灰色、灰黑色灰岩与泥灰岩互层，灰岩与泥灰岩中常见燧石条带和生物礁夹层，偶见有泥黄色页岩，局部夹有石膏状泥质灰岩扁豆体
		下统	格绒组	D_1g	下部为灰白色厚层石英砂岩与钙质砂岩互层，上部为灰白色中厚层细晶白云岩夹白云质灰岩及礁灰岩和石英砂岩
			危关群	Dw	灰－灰黑色区域浅变质泥质、石英砂质、碳质、硅质岩夹少量碳酸盐岩
	志留系		然西组	Sr	浅变质碎屑岩、泥质岩、中基性－碱性火山岩、火山角砾岩、碳酸盐岩组合，各种岩性比例变化较大
		上统	雍忍组	S_3y	大理岩、白云质灰岩、杂色泥灰岩，夹礁灰岩
			回星哨组	S_3hx	紫红色、灰绿色钙质泥岩夹细砂岩、灰岩，中、上部为灰、深灰色泥岩与条带状、团块状泥质灰岩、白云岩不等厚互层夹石英砂岩
		中统	罗惹坪组	S_2l	页岩为主夹少量灰岩条带
		下统	格扎底组	S_1g	浅海相灰泥质沉积，岩性稳定
	奥陶系	中－上统	物洛吃普组	$O_{2-3}wl$	浅海碎屑岩、碳酸盐岩；下部为变质砂岩，上部为浅灰、深灰色灰岩夹紫红色圪塔状、条带状泥质灰岩
	寒武系	上统	颂达沟组	€_3s	上部为变质中至粗粒石英砂岩、含砾石英砂岩与钙质千枚岩、绢云石英千枚岩互层，夹大理岩；下部为含绢云石英钙质片岩
		中－上统	小坝冲组	$\text{€}_{2-3}x$	上部为碎屑岩、火山岩夹少许碳酸盐岩，碎屑岩由白云母、绢云母片岩及石英片岩组成，碳酸盐岩为结晶灰岩、泥质大理岩，呈夹层出现；火山岩为变质基性火山熔岩；下部为灰、灰绿色绿泥片岩、白云母片岩、白云石英片岩夹少量钠长石英片岩
	震旦系	上统	查马贡群	ZC	大理岩、结晶灰岩、白云质含硅质结晶灰岩和绿片岩（变质中基性火山岩、火山角砾岩）组成，夹少量白云石英片岩、绢云石英千枚岩、含炭质绢云钙质片岩
			水晶组	Z_2s	灰白色结晶白云岩夹白云质灰岩
		下统	木座组	Z_1m	厚层块状含砾变质砂岩及变质凝灰质砂岩

续表

界	系	统	组	符号	岩性描述
中－新元古界			宁多群	$Pt_{2-3}N$	大理岩夹角闪斜长片麻岩和片状石英岩，糜棱岩、黑云斜长角闪质糜棱岩夹云母斜长片麻岩
古－中元古界			下村岩群	$Pt_{1-2}XC$	云母石英片岩、钠长石英岩夹绿泥片岩、变粒岩及大理岩（包括乘山岩组、吴家沟组、小荒田组、核桃湾组）
古元古界			康定岩群	Pt_1K	斜长角闪岩、混合片麻岩、变粒岩、浅粒岩时夹大理岩（包括咱里组、冷竹关组）

2. 变质特征

研究区变质岩普遍出露，在四川境内主要涉及川西变质地区（Ⅰ）的松潘－甘孜变质地带（Ⅰ₂）和金沙江变质地带（Ⅰ₃）（图1-14）（四川省地质矿产局，1991）。松潘－甘孜变质地带广泛分布的三叠系变质岩是印支期区域低温动力变质作用的产物。金沙江变质地带的变质岩分上下两套，其中下变质岩系由震旦系－下二叠统组成，受华力西期低压型区域动力热流变质作用；上变质岩系由上二叠统和三叠系组成，受印支期区域低温动力变质作用。

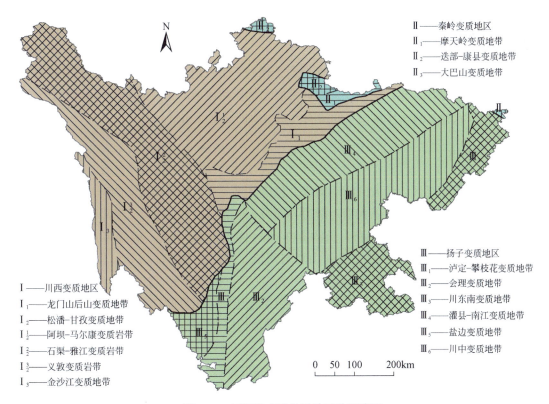

图1-14　四川省变质地层单元分区略图

松潘－甘孜变质地带（I₂）又进一步划分为三个三级变质单元：阿坝－马尔康变质岩带（I_2^1）、石渠－雅江变质岩带（I_2^2）和义敦变质岩带（I_2^3）。研究区主要位于石渠－雅江变质岩带（I_2^2）和义敦变质岩带（I_2^3）。

石渠－雅江变质岩带北东以色达－玉科断裂为界，南西以甘孜－理塘深大断裂为界，呈北西－南东向长条带状展布。受变质地层为三叠系西康群岩石。上三叠统未见上部层位，中部雅江组（T_3y）和两河口组（T_3lh）以变质长石石英砂岩为主夹板岩，下部瓦多组（T_3w）和侏倭组（T_3zh）以炭泥质、粉砂质板岩为主夹变质砂岩；杂谷脑组（T_3z）和菠茨沟组（T_1b）以长石石英砂岩为主夹粉砂质板岩。

义敦变质岩带北东以甘孜－理塘深大断裂为界，西以玉树－欧巴纳－定曲河－中甸断裂为界，呈近南北向带状展布。受变质地层为三叠系义敦群（$T_{1-2}Y$）及上二叠统。义敦群（$T_{1-2}Y$）以变质砂板岩、千枚岩为主，夹少量灰岩，中、酸性火山岩和基性岩。上二叠统以浅变质碳酸盐岩、千枚岩、片岩、板岩等为主。

金沙江变质地带东以欧巴纳－定曲河－中甸深断裂为界，西以玉树－羊拉弧形断裂为界，北起白玉县，向南延入云南省德钦奔子栏至中甸一带，近南北向展布。金沙江变质地带至少经历了两期区域变质事件，主期变质作用发生在早二叠世额阿钦组沉积之末，结束于晚二叠世沉积之前，形成下变质岩系；叠加的印支期区域低温动力变质作用发生在三叠纪末，形成上变质岩系。下变质岩系为火山岩－碳酸盐岩－碎屑岩建造，火山岩主要出现在顶、底层位，中部以碳酸盐岩为主；上变质岩系主要以磨拉石－火山岩建造为主，属褶皱后期夷平阶段的产物。其中，下变质岩系主要有各种板岩、片岩、千枚岩、变质砂岩，结晶灰岩、变质火山岩、大理岩等。

变质作用类型：松潘－甘孜变质地带属于板岩—千枚岩型区域低温动力变质作用，变质程度仅达到低绿片岩相；金沙江变质地带属于低压型区域动力热流变质作用类型，发育良好的低绿片岩相－高绿片岩相－低角闪岩相组成的递增变质带。

3. 活动构造

鲜水河断裂带是区内最大的活动构造，包括甘孜－玉树断裂和狭义的鲜水河断裂。

甘孜－玉树断裂带是一条大型走滑边界断裂，东南起始于甘孜县，经邓柯乡、巴塘县、玉树县、治多县；呈北西向展布，长约 270 km，倾角为 60°~85°，破碎带宽 50~100 m。新生代晚期以来，该断裂错断一系列山脊与河流，左旋走滑特征明显，具有（12 ± 2）~（14 ± 3）mm/a 的左旋走滑速率（闻学泽等，2003；徐锡伟等，2003）。甘孜－玉树断裂东南段出露古生界的志留系、石炭系和二叠系地层，中生界的三叠系地层，以及新生界的古近系和第四系地层；以三叠系地层分布范围最为广泛。甘孜－下扎科地区印支期基性－酸性喷发岩和少量燕山期中酸性侵入岩零星分布，规模较小；玉隆－赠科地区岩浆活动频繁，燕山期、印支期岩浆侵入、喷发活动强烈，以侵入为主，基性－超基性岩、酸性岩都有发育。

狭义的鲜水河断裂带是中国大陆地震活动最强的断裂带之一，起始于甘孜县北面的卡苏村附近，经朱楼、旦都乡、雅德乡和炉霍县城南侧延伸至道孚县，止于康定市以南；走向北偏西40°~50°，总体略呈向北东微凸的弧形，长约400 km。全新世以来，该断裂的滑动速率应该在8~11 mm/a 或（9.5 ± 1.5）mm/a（Zhang，2013）。鲜水河断裂成形于印支早期，定型于印支晚期，受燕山运动的影响区内出露地层以三叠系浅变质砂板岩为主，有少量花岗岩及石灰岩分布。在鲜水河与雅砻江交汇区，出露地层主要为古生代碳酸盐岩类、浅变质岩类以及玄武岩、砂页岩、砾岩等。

1.5 新构造运动与地震

受印度板块挤压和青藏高原物质的侧东向挤出作用共同影响，研究区成为上新世以来青藏高原大幅隆起的重要延伸区和影响区（王庆良等，2008），区内构造线以北西向为主，发育大量高速滑动的活动断层，破坏性地震频发（徐锡伟等，2005；Bai et al.，2018）。

1.5.1 西藏自治区区域新构造运动与地震

根据新构造运动强弱、地貌特征差异等，西藏自治区可划分为五个断块隆起区或翘起带；研究区位于"藏东缓倾斜断块隆起区"。区内地势由西北向东南倾斜，显示倾斜断隆特征。活动构造以走滑断裂为主。区内以高山深谷地貌为显著特征，夷平面受到强烈的切割。河谷谷肩、裂点、阶地和洪积扇及第四纪断裂较为常见。新构造运动表现出隆升的整体性和阶段性特征。从夷平面的情况来看，隆起前形成的夷平面形态基本完整，没有明显的差异运动；区内上新世和第四纪的地层，倾角平缓，甚至保持水平，没有显著的水平挤压迹象。这些均表明研究区地壳的隆升具有整体性。青藏高原隆起过程中存在三次急剧隆升阶段，在时间上具有明显的阶段性特征。

昌都市地处横断山区，地质构造极不稳定，属中强地震带，地震主要分布在东经96°以东的范围内。1128~2000 年，昌都市有文献记载的4.0 级以上地震有116 次，到2000 年，地震活动有增强趋势。地震主要分布在卡若区、芒康县、察雅县、洛隆县、八宿县等地。昌都市几起大地震如下。

（1）1668 年9 月27 日早饭后，在今洛隆县西北的硕督镇、俄西乡等地，发生了7.0 级地震，震中烈度达Ⅸ度，宗府大部分被毁，宗堆迁至柳林。附近各地亦有震感。

（2）清乾隆五十六年（1791 年）的7 月17 日傍晚，在达尔宗（今边坝县）发生6.75 级地震，震中区烈度达Ⅸ度。边坝寺中心殿宇东部，前殿顶棚、门拱十柱被震塌，柱梁、椽子等木料严重折坏。地震后清廷于乾隆六十年（1795 年）拨库银4 万两，赈济灾民。

（3）民国九年（1920 年）12 月22 日5 时33 分，芒康县盐井一带（29.02°N，98.26°E）发生6.0 级强烈地震。震后，盐井地区除关帝庙、盐务局（二、三层木结构房）外，沿澜沧江两岸的盐井、温泉、格拉、家达、敦徐等周围 360 多户房屋倒塌，曲登楼、江东村被毁，山石滚落砸死盐工甚众。村落墙壁部分倒塌或严重开裂，盐池、盐地及庄稼严重损坏。地震时山崩石坠，地面开裂，尘土飞扬，烟雾弥漫，民众惊恐不安。

（4）1999 年 6 月 1 日 3 时 59 分，芒康县盐井一带（29.00°N，98.24°E）发生有感地震 13 次，其中震级较大的 3 次，分别为 5.0 级、3.2 级和 3.0 级。地震涉及 5 个乡、12 个村。地震使一些民房、乡机关办公和住宅楼、中小学学生宿舍、教学楼和办公楼、酒厂、信用社、粮站及有关设施受到不同程度的破坏；毁坏农田 0.2 hm²，砸死牲畜 5 头，直接经济损失达 2957.7 万余元。

1.5.2　川西区域新构造运动与地震

研究区地壳处于阶段性上升，河流的深切和侧蚀作用加剧，高原面遭到破坏，部分河谷深切，呈"V"字形，河谷两岸发育多级阶地。德格境内色曲两侧的侵蚀堆积台地，高于侵蚀基准面数米至 30 余米。鲜水河两侧发育四至五级阶地，在道孚县东南急转南流后，河谷形成深切曲流的"V"型峡谷。资料显示，鲜水河断裂带道孚段在中更新世到晚更新世之间有一次大幅度的垂直活动，全新世以来也在持续活动。

鲜水河断裂带是地震最多、活动性最强的一条地震带。1700 年至今，共发生 $M_S \geqslant 5.0$ 级地震 49 次。根据其地震活动性可划分为 2 个活跃期和 1 个平静期。第一活跃期为 1700 年康定 $M_S > 6.0$ 级地震到 1816 年炉霍俄米 7.5 级地震，历时 116 年，发生 6.0 级以上地震 14 次。第二活跃期从 1893 年乾宁 7¼ 级地震至今，发生 6.0 级以上地震 13 次。

资料统计显示，1932 年至今，在鲜水河断裂上发生过 19 次 6.0 级以上地震。其中，$M_S \geqslant 7.5$ 地震有 5 次，$7.0 \leqslant M_S < 7.5$ 地震有 4 次，$6.5 \leqslant M_S < 7.0$ 地震有 7 次，$6.0 \leqslant M_S < 6.5$ 地震有 3 次。鲜水河断裂以道孚为界，道孚以北发生过 $M_S \geqslant 7.5$ 地震，道孚 – 乾宁段多发生中强地震，南段多发生 $M_S \geqslant 7.5$ 以上地震，进一步证明了鲜水河断裂地震活动的分段性。鲜水河断裂带部分历史地震情况见表 1-7。

表 1-7　鲜水河断裂 $M_S > 6.0$ 级地震（部分）破裂位置与延伸

地震事件编号	发生时间	震级 M_S	破裂长度 /km	中心纬度 /（°）	
				东经	北纬
1	1327 年 9 月	≥ 7.5	≥ 75	102.08	29.73
2	1700 年	≥ 6.5	35	101.79	30.36
3	1748 年 8 月 4 日	7.0	50	101.83	30.16
4	1747 年 3 月	6.75	≥ 30	100.85	31.23
5	1748 年 8 月 30 日	6.50	35	101.62	30.33
6	1786 年 6 月 1 日	7.75	90	102.04	29.87

地震事件编号	发生时间	震级 M_S	破裂长度 /km	中心纬度 /(°)	
				东经	北纬
7	1792 年 9 月 7 日	6.75	> 25	101.00	31.06
8	1793 年 5 月 15 日	> 6.0	有限	101.33	30.75
9	1811 年 9 月 27 日	> 6.75	15	100.15	31.61
10	1816 年 12 月 8 日	> 7.5	≥ 60	100.75	31.29
11	1893 年 8 月 29 日	7.0	70	101.37	30.70
12	1904 年 8 月 30 日	7.0	55	101.00	31.06
13	1919 年 5 月 29 日	6.25	有限	101.07	31.00
14	1923 年 3 月 24 日	7.3	60	100.90	31.17
15	1955 年 4 月 14 日	7.5	35	101.84	30.03
16	1967 年 8 月 30 日	6.8	18	100.20	31.62
17	1973 年 2 月 6 日	7.6	90	100.52	31.50
18	1981 年 1 月 24 日	6.9	45	101.15	30.95
19	2014 年 11 月 22 日	6.3	22	101.70	30.30

研究区及其附近自 1963~2020 年，发生大于 5.0 级地震有 15 次，震中位置见图 1-15。

根据《中国地震动参数区划图》（GB18306—2015），川藏公路北线沿线基本地震动峰值加速度为 0.10~0.30 g（图 1-16）。妥坝乡 – 青泥洞乡一段为 0.10 g，卡若区和江达县城周边为 0.15 g，岗托镇 – 甘孜县、八美镇 – 新都桥镇段为 0.20 g，甘孜县 – 道孚县八美镇段为 0.30 g。

图 1-15 研究区 1963~2020 年大于 5.0 级地震震中位置分布图

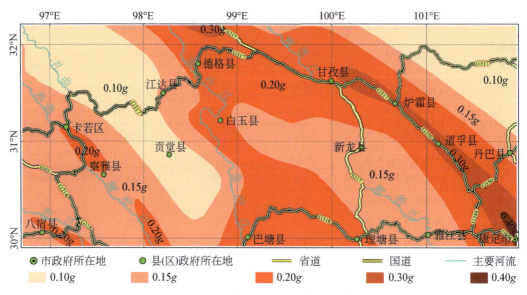

图 1-16　研究区地震动峰值加速度图

川藏公路北线沿线基本地震动加速度反应谱特征周期为 0.40~0.45 s（图 1-17）。卡若区 – 德格县、甘孜县 – 新都桥镇地震动加速度反应谱特征周期为 0.40 s，卡若区、德格县 – 甘孜县地震动加速度反应谱特征周期为 0.45 s。

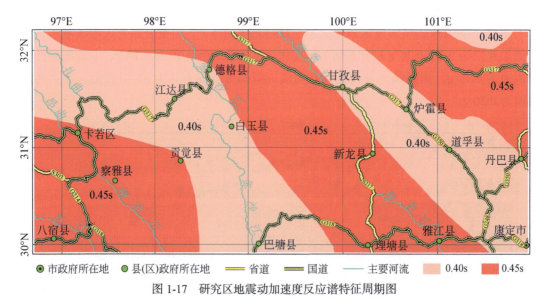

图 1-17　研究区地震动加速度反应谱特征周期图

1.6　水文地质条件

复杂的地质条件加上强烈的新构造运动，导致研究区的岩石类型多变，岩体裂隙发育，地下水类型复杂多样。根据富水程度和含水岩石类型，区内可划分出 11 个含水岩组（图 1-18）。这些含水岩组的地下水类型大致可归纳为松散岩类孔隙水、基岩裂隙水和碳酸盐岩类岩溶水三大类。地下水的分布受地形地貌、地质构造和地层岩性控制，以大江大河为排泄终点。

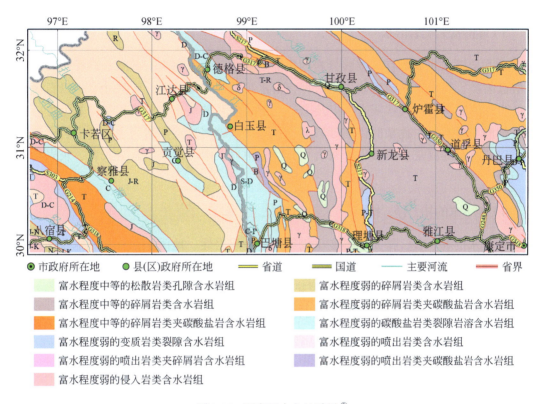

图 1-18　研究区水文地质图 [①]

1）松散岩类孔隙水

松散岩类孔隙水的富水程度中等，主要埋藏于河谷阶地沙砾卵石层和冲洪积扇中，沿河床及阶地分布。含水层为第四系冲积卵石、漂石、砾石等，土体结构松散、颗粒粗大，质地纯净，孔隙率高，透水性好，是地下良好的含水层。此外，在较高高程分布的冰碛物及高位洪积扇内的孔隙水，含水层主要为泥夹石，地下水赋存条件差，水量少。水质类型为重碳酸钙型及重碳酸钙镁型。

2）基岩裂隙水

基岩裂隙水主要赋存于变质岩、碎屑岩和岩浆岩裂隙中，以碎屑岩裂隙中的地下水最

---

① 根据西藏自治区水文地质图（1∶4 500 000）和四川省水文地质图（1∶3 000 000）综合绘制。

为丰富，变质岩次之，岩浆岩最少。含水岩组主要有碎屑岩类、变质岩类、喷出岩类、喷出岩夹碎屑岩类和侵入岩类五种，富水程度为中等－弱。从地下水赋存特征来看，可分为构造裂隙水和风化带网状水两个亚类。主要含水层为三叠系的碎屑岩、变质岩，以及玄武岩和流纹岩等火山喷出岩，二叠系、侏罗系、白垩系和古近系的碎屑岩富水程度较弱，泥盆系、石炭系和二叠系的变质岩富水程度也较弱。

3）碳酸盐岩类岩溶水

此类地下水主要赋存于碳酸盐岩的裂隙溶洞中。含水岩组有碳酸盐岩类、碎屑岩夹碳酸盐岩类、喷出岩夹碳酸盐岩类三种，富水程度为中等、弱。碳酸盐岩类以石炭系上统的生物碎屑灰岩、块状灰岩，以及志留系和泥盆系的灰岩和白云质灰岩等为主；碎屑岩夹碳酸盐岩类以三叠系的粉细砂岩夹灰岩、杂色碎屑岩夹灰岩为主；喷出岩夹碳酸盐岩类以二叠系的凝灰岩夹灰岩、灰岩夹基性火山岩、中酸性火山岩夹灰岩、灰岩透镜体等为主。

4）地下水的补、径、排

地下水的补、径、排及动态变化规律，受地层岩性、地质构造和地形地貌制约，又与降水量和地表水关系密切。地下水补给既有降水补给也有冰川融水补给，部分高山区（>5000m）主要由冰川融水补给。区内起伏较大的高山峡谷区，地势高、切割深，高差大，地下径流条件好，有明显的补给、径流和排泄三带，径流途径短、速度快。山原区径流和排泄由相对高度和地形切割程度而定，尤其是平缓地区地下径流迟缓，排泄不畅。

一般情况下，孔隙水动态变化较大，径流途径短、排水条件良好，属季节性含水层，在雨季，特别是大雨、暴雨之后，地下水水位大幅度增高，动水压增大，可促进滑坡、泥石流等地质灾害的发生。

1.7 土壤植被

高亢的地势和深切割的河流导致区内地形起伏大，水热状况区域差异明显，垂直变化大，立体气候显著。这种气候造成了区内的植被和土壤具有明显的水平地带性和垂直分异特征。

1.7.1 土壤

研究区地貌类型复杂，地形起伏大，立体地貌明显，加上垂直变异的气候和植被，以及土壤母质差异等的影响，土壤垂直分布规律明显。从高高程到低高程依次分布寒漠土（高山寒漠土）、山地草甸土（高山草甸土、亚高山草甸土）、暗棕壤、棕壤、灰褐土、褐土、潮土等^①（图 1-19）。因山体坡向不同，各类型土壤往往呈现犬牙交错镶嵌分布。

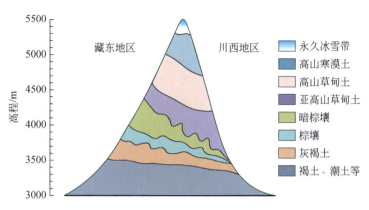

图 1-19　川藏公路北线沿线土壤垂直分带示意图

（1）寒漠土：处在区内气候严寒的高山、极高山上部或者峰顶。基岩在寒冻风化作用下形成石河、石海或流石滩，成为高山寒漠土的母质。高山寒漠土上接永久冰雪带，下接高山草甸土，西藏区域主要分布在高程 5000~5200 m 以上区域，川西区域主要分布在高程 4700~5100 m 的区域。

（2）山地草甸土：分布在高山、亚高山森林线以内，平缓山地顶部；分别称为高山草甸土、亚高山草甸土。高山草甸土上接高山寒漠土，下接亚高山草甸土，西藏区域主要分布在高程 4600 m 以上区域，川西区域主要分布在高程 4200~4700 m 区域，阳坡上界较阴坡稍高，包括原始高山草甸土、高山草甸土和高山灌丛草甸土。土体多为残坡积物，冻融风化特点突出，土体中多砾石碎片，粗骨性强，发育浅，土层一般为 30~50 cm，富含有机质。

亚高山草甸土上接高山草甸土，下接暗棕壤，主要分布在高山地带，尤以开阔平缓的高原面分布最广，西藏区域主要分布在高程 4000~4600 m 区域；川西区域主要分布在高程 3500~4200 m 区域。亚高山草甸土的有机质积累过程强，成土母岩以物理风化为主，化学风化弱；土层薄，层次分化简单，土壤条件有利于牧草生长；研究区有亚高山草甸土、亚高山灌丛草甸土和亚高山草原草甸土三个亚类。

（3）暗棕壤：具有暗色腐殖质层和棕色至暗棕色非黏化淀积层的弱酸性土壤，与棕壤、亚高山草甸土呈犬牙交错；西藏区域集中分布在高程 4000~4500 m 的山地阴坡；川西区域集中在高程 3500~4200 m 区域，主要分布在雀儿山和道孚县八美镇。暗棕壤的有机质积累过程与棕壤和灰褐土比较强，表土有机质含量一般在 10%~15%，粗骨性强；研究区有暗棕壤和灰化暗棕壤两个亚类。

（4）棕壤：是山地温带暖温带湿润森林土壤，具有黏化特征的棕色土壤，其成土母质多为残坡积物，因成土过程中生物活动较强，有机质和腐殖质层较厚，有机质含量高，

---

①　土壤类型名称参考"第三次全国土壤普查土壤类型名称校准技术规范（修订版）（2023 年）"。

有利于林木生长，主要分布在阴坡和半阴坡。其中，西藏区域集中分布在高程 3500~3950 m 的区域；川西区域主要集中在高程 3500~3700 m 区域。

（5）灰褐土：是区内农耕地的主要土壤；西藏区域分布下限在高程 3500~3700 m，上限在 4400~4500 m 的河谷地带的阳坡和半阴半阳坡；川西区域主要集中在高程 3500~3700 m 的河谷地带。有灰褐土、淋溶灰褐土和灰褐土性土三个亚类。

（6）褐土：发育于排水良好、具有弱腐殖质表层、黏化层、土体中有一定数量碳酸盐淋溶与淀积的褐色土壤；是研究区干暖河谷的代表性土壤，形成于金沙江干支流河谷的谷坡、洪积扇和冲积阶地。

（7）潮土：是河流沉积物上受地下水周期性升降影响、长期旱耕形成的半水成土壤；主要分布在川西区域沿河两岸的河漫滩及一级阶地，成土母质为河流冲积物。

此外，在研究区高原古河道形成的现代河谷、湖底洼地、谷地、碟形地等，还发育有沼泽土类。

1.7.2 植被

研究区植物种类繁多，从河谷到山顶植被呈垂直交织分布，主要有草甸、灌丛、森林等。

（1）稀疏垫状植被：主要为高山稀疏垫状植被，分布在现代冰川冰缘地带，植被稀疏、不连续，种类稀少，并呈垫状，多为以营养生殖为主的特殊植被。

（2）草甸植被：包括高山草甸和亚高山草甸，分布在林线以上的高原和高山地带，向上过渡为高山稀疏垫状植被，亚高山草甸向下常与亚高山针叶林呈相间分布。草地植株生长矮小，结构简单，分层不明显，地下部分生长大于地上部分的生长，根系密集，形成坚实的草垫层。草甸植物品种较少，以高山薹草、蒿草、毛茛科、早熟禾、珠芽蓼、黄总花最常见，外貌以绿色为主，植被作密层状、垫状、座状。

（3）灌丛植被：包括高山灌丛草甸植被和旱生河谷灌丛植被两种。高山灌丛植被分布在森林线以上高山地带的阴坡和沟凹处，以杜鹃灌丛为主，此外还有金露梅、银露梅、窄叶鲜卑花、小檗等灌丛，灌丛内生长嵩草、薹草、禾草等杂草类。在丘状高原地貌区高程 3900~4800 m 地段和山体 4200 m 以上地段，常见耐寒灌木有各种杜鹃、高山柳、金露梅、锦鸡儿等，常与高山草甸杂生。

旱生河谷灌丛植被分布于半湿润、半干旱河谷，常呈带状展布，形成耐旱灌木、多刺灌林，以狼牙刺、白刺花、黄荆、对节木等为主，伴生有角柱花、莸、野丁香、枸子、小檗等灌木。

（4）森林植被：主要为山地针叶林，分布于干旱河谷灌丛带之上，阴坡以川西云杉林为主，阳坡主要为大果圆柏疏林。

1.8 泥石流的形成条件

泥石流的形成有三个基本条件，即松散固体物源、水源和地形条件。研究区的松散固体物源主要有冰碛物物源、崩滑物源和风化物源（坡面及冲沟物源）三大类。水源条件包括降水和冰雪融水两大类，以降水为主，冰雪融水次之。研究区地形既有波状起伏的高原，也有深切的高山峡谷，后者十分有利于形成泥石流。

1.8.1 松散固体物源

研究区属特提斯构造演化域，复杂的洋陆演化和多期造山与增生为泥石流的固体物质来源定下格局。岩层经历了华力西 – 喜山期不同类型变质作用，岩体完整性较差。晚白垩世以来的印度板块 – 亚欧板块碰撞造山与青藏高原的隆升，使研究区岩石处于剥蚀状态中；晚新生代以来的青藏高原腹地物质向东逃逸，复活了之前老断层，促成了一系列挤压、剪切和走滑运动。上述这些作用导致区内岩体结构破碎，强度大大降低，不良地质作用发育。

对研究区有显著影响的断裂为班公 – 怒江断裂、甲桑卡 – 赤布张错断裂、字嘎寺 – 羊拉断裂、金沙江 – 红河断裂、甘孜 – 玉树断裂、鲜水河断裂等，大多数活动性都较强；与之交汇的次级断裂肢解了岩石与地层，断裂交汇处岩石更加破碎。各断层之间相互影响，使得区内岩体破碎，稳定性变差，崩滑、落石现象发育。

具体来看，泥石流的松散固体物源类型主要有冰碛物物源、崩滑物源、坡面及冲沟物源和沟道物源四大类。

1. 冰碛物物源

冰碛物主要位于流域上游，在高程 3500 m 以上的部位普遍分布，物源量很大。这些冰碛物大多是现代冰川作用形成的，由无分选的大漂砾、砾石、碎石块组成，大多呈冻土状，表面半环状构造明显，冰川作用清晰。部分流域上游分布有冰湖。

冰碛物可能参与泥石流活动的方式主要是在暴雨洪水或冰雪融水的冲刷下被带至下游沟道，参与或直接形成泥石流。主要有两种情形：一种是在常规的冰雪融水或山洪冲刷作用下，冰碛物被冲刷带走，进入下游沟道，参与形成泥石流；另一种是持续高温，冰雪消融，甚至冰湖溃决，加上山洪冲刷，冰碛物前缘失稳垮塌，被洪水冲走，产生溯源侵蚀，大量进入下游沟道形成泥石流。后一种方式往往形成大规模泥石流。

图 1-20 为雀儿山新路海附近一条冰川泥石流上游的冰碛物源分布影像图。图 1-20 中冰碛物是现代冰川退缩后释放的大量松散固体物质，部分已经参与形成泥石流。图 1-20 中冰湖均为冰碛物堵塞形成，冰碛坝稳定性较差；一旦湖水位快速上涨，溃坝风险较大，极有可能诱发形成泥石流。

图 1-20　新路海附近泥石流沟上游的现代冰川及冰碛物源遥感影像图

2. 崩滑物源

崩滑物源主要位于流域中下游及其支沟。断层经过地带岩体稳定性差，坡面物质破碎，可形成大量物源。受鲜水河断裂（包括甘孜 – 玉树断裂和狭义的鲜水河断裂）的影响，公路沿线崩塌滑坡呈线性分布。崩滑体主要以浅表层土质滑坡和局部垮塌为主，规模为中小型，偶见大型滑坡。

崩滑物源可能参与泥石流活动的方式主要有两种：一种是已经垮塌并堆积于沟道内的物质在暴雨洪水或泥石流的冲刷下，被裹挟参与泥石流；另一种是残余在坡体上处于临界状态的崩塌堆积物在暴雨的冲刷下进入沟道，甚至发生再次失稳下滑，被洪水或泥石流裹挟带走。

图 1-21（a）为道孚县亚拖沟支沟滑坡转化为泥石流的遥感影像图。滑坡位于亚拖沟中游右岸的支沟右岸。滑坡发生后直接转化为泥石流，并堵断亚拖沟主沟，形成泥石流堰塞湖。此后，每年均有泥石流发生。泥石流堵塞坝沿主沟长约为 700 m，湖水从坝体前缘泄流。该滑坡位于鲜水河断层和坡西断层之间，受断层活动影响岩体破碎，稳定性较差。图 1-21（b）为道孚县城附近孜龙沟下游右岸滑坡群的低空正射影像图。孜龙滑坡为一土质滑坡，滑坡体主要是冰水堆积物，以角砾为主混杂块石和粉质黏土等。滑坡一旦整体下滑，将堵塞孜龙沟主沟道，进而转化成泥石流或溃决洪水，形成滑坡 – 泥石流（或山洪）灾害链。

3. 坡面及冲沟物源

坡面及冲沟物源主要位于流域中上游及支沟。该地段基岩裸露，寒冻风化强烈，加上

(a)道孚县亚拖沟内滑坡转化为泥石流影像　　　　(b)道孚县孜龙沟岸滑坡物源正射影像

图1-21　典型崩滑物源影像图

坡面普遍较陡，冲沟发育，寒冻风化物通过坡面侵蚀，由坡面冲沟输送至下方沟道。

部分流域由于冰川侵蚀作用，上游沟道谷底通常较为宽阔，松散物质不易被冰雪融水带走。此类物源参与泥石流活动的方式主要是局地暴雨形成的山洪或大量冰雪融水冲刷导致倒石锥前缘被带走，后面部分随之垮塌被冲刷带走，参与形成泥石流。

图1-22是扎曲（澜沧江上游）左岸两条泥石流沟沟源的松散物源遥感影像图。除坡面侵蚀和冲沟侵蚀形成了大量的松散固体物源外，坡面上还堆积有丰富的寒冻风化物。在地表流水冲刷下，这些物源会被带至坡脚沟道内，最终参与形成泥石流。这两个流域的沟源松散固体物源丰富，导致泥石流灾害频发，成为该区域两条高频泥石流沟。

图1-22　扎曲（澜沧江）左岸两条高频泥石流沟上游的物源分布影像图

4.沟道物源

沟道物源是指流域主、支沟沟道内堆积的松散固体物质。中上游沟道物源主要以进入沟道的冰碛物、崩滑物和坡面风化物为主，下游主要以泥石流堆积物和工程弃渣等为主。图1-23（a）为图1-22左边流域下游堆积的沟道物源照片。考察期间该流域新近暴发了一场泥石流，下游沟道被淤满。图1-23（b）是新路海对面泥石流群物源遥感影像图。从图1-23（b）中可看出，中上游沟道内堆积了丰富的物源。这些物源均由沟源和沟道两岸寒冻风化作用而形成，尤其是两岸坡脚普遍堆积有坡积物。这些物源均处在高程4600 m以上，气温低，呈冻土状。通常情况下，在降水和冰雪融水侵蚀下可被带至下游沟道，甚至形成泥石流。如果气温大幅度升高，遭遇暖湿天气，冻土大规模解冻，可能会暴发大规模冰水泥石流，严重威胁沟口公路的安全。

 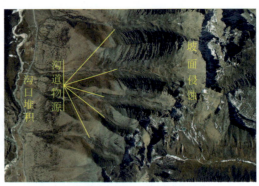

(a)扎曲左岸一高频泥石流下游沟道物源   (b)新路海附近泥石流物源遥感影像

图1-23 典型沟道物源图

1.8.2 水源

研究区降水量的总体变化趋势是从西北向东南逐渐增多（图1-2），主要表现出以下三个特征。

（1）降水主峰在7月，全年降水几乎以7月为中心呈对称分布，降水次峰在6月、9月。年内降水量变化较大，5~9月为雨季，降水时段、降水量集中。该时段降水量约占全年降水的83%。

（2）降水量在地域上分布不均匀。整体来看，川西区域降水量较西藏区域要大，最多的是四川省新都桥镇、塔公镇和龙灯乡，最少的是西藏自治区昌都市卡若区。

（3）垂直气候特征显著影响降水量，高程越高降水（降雪）越多。高程3500~4000 m一线年降水量约为600~650 mm；4000~4500 m一线年降水量约为650~750 mm；4500 m往上，常见降雪，年降水量最大可达780 mm。

泥石流的激发条件主要是局地强降水，短历时强降水，或气温异常导致的大量冰雪融水。研究区雨季降水量集中，易暴发局地强降水，尤其是在全球气候变暖条件下，极端降水事件增多；气温升高，导致冰川冻土融化。这些因素都可能诱发形成泥石流。研究区降水量较小，但仍然具备形成泥石流的水源条件。研究区主要县乡（镇）月平均降水列于表1-8。

表1-8　研究区各主要乡（镇）、县府所在地月平均降水量统计表　　（单位：mm）

地点	1月	2月	3月	4月	5月	6月	7月	8月	9月	10月	11月	12月	全年
卡若区	3.2	4.8	11.7	26.9	45.1	96.3	111.9	90.3	91.7	34.7	5.0	4.4	526.0
日通乡	3.6	4.8	12.0	27.1	46.9	99.0	114.7	91.6	94.9	35.4	5.4	3.9	539.2
妥坝乡	4.7	6.0	14.9	30.7	51.2	104.4	125.0	98.8	99.8	38.2	6.3	4.8	584.8
青泥洞乡	4.2	5.3	15.0	29.9	50.4	102.6	118.3	92.9	97.4	36.9	6.0	4.3	563.3
江达县	4.3	5.8	15.1	30.4	53.3	105.0	120.7	93.8	100.6	37.0	6.2	4.1	576.3
岗托镇	4.3	5.6	15.3	30.4	54.1	110.0	120.1	93.8	103.0	36.8	6.2	3.9	583.6
德格县	4.4	5.8	15.7	30.8	54.8	108.9	119.0	92.9	104.1	36.9	6.1	3.8	583.1
柯洛洞乡	4.7	6.1	16.4	31.0	56.9	112.3	122.9	94.0	107.9	38.9	6.4	3.9	601.4
马尼干戈镇	5.3	6.2	17.2	33.4	60.2	117.9	122.4	92.6	111.1	40.0	7.0	3.7	617.1
甘孜县	4.0	5.4	19.1	33.4	65.3	126.6	120.7	88.4	119.3	39.1	7.0	3.6	631.7
炉霍县	1.9	3.7	15.6	31.7	64.4	130.6	120.3	88.7	118.7	40.0	5.7	2.6	623.7
道孚县	1.9	3.4	12.0	29.2	62.2	133.4	117.3	92.2	113.7	39.6	4.8	1.7	611.4
龙灯乡	1.9	3.8	14.0	34.3	70.3	148.2	134.6	103.8	121.8	44.4	6.6	2.2	685.9
塔公镇	1.1	3.3	13.4	36.4	71.7	152.7	135.3	107.3	124.8	43.7	5.9	2.0	697.7
新都桥镇	0.9	3.0	13.0	36.7	70.3	158.1	141.3	111.0	125.1	42.1	5.4	1.7	708.7

1.8.3　地形

研究区位于青藏高原东南缘，横断山系北段的高山高原区。其中，西藏区域地貌类型属三江上游高原宽谷区，区内高原波状起伏，丘陵间分布许多"U"形槽谷；澜沧江和金沙江干流区多峡谷。区内总体地势较高，高程大于3500 m的区域超过96%（图1-5）。其中，约50%的区域分布在高程4000~4500 m；约25%的区域分布在高程4500~5000 m（表1-1）。中部位于两江（澜沧江和金沙江）之间，地形相对平缓，以坡地（<25°）为主（图1-6），面积约占54.19%（表1-2），地形条件不利于形成泥石流；沿线其余地段以陡坡（25°~35°）和急陡坡地（35°~45°）为主，面积约占44.54%，地形条件有利于形成泥石流。

四川省境内地貌类型为川西高山高原区，地势高，中部突起，河谷深切、山坡陡峻，高低悬殊，复杂多变。区内最高峰为雀儿山，高程为6053 m，最低谷为鲜水镇附近的鲜水河河面，高程为2830 m。根据统计，四川省境内高程大于4000 m的区域约占57.77%，大于 3500 m 的区域占 90% 以上（表 1-3），仅鲜水河谷部分地段高程低于 3000 m（图 1-7）。坡度分级结果显示（图 1-8），南部和中北部（甘孜县城周边及县城至马尼干戈镇），公路沿线地形较缓；德格县城前后，以及炉霍县 – 道孚县段，地形变化大，地表坡度相对较陡，地形条件有利于形成泥石流。统计表明（表 1-4），约 54.40% 的区域为坡地（<25°），不易发生泥石流；约 44.36% 的区域为陡坡（25°~35°）和急陡坡地（35°~45°），地形条件有利于形成泥石流。地面坡度大于 45° 的区域，地形太陡，很难保存松散固体物质，反而不利于泥石流物源的积累和储存。此外，高高程区域普遍气温较低，一定程度上也会抑制泥石流活动。

总体来看，研究区地形既有波状起伏的高原，也有深切的高山峡谷。前者地形相对和缓，不易形成泥石流；后者地形起伏大，河谷深切、山坡陡峻，地形条件十分有利于形成泥石流。

1.9 小 结

研究区气候条件差，地势高，地形变化大，地质条件复杂，新构造运动活跃。

研究区日照充足，日温差大，灾害天气频繁，立体气候明显；降水量小，蒸发量大；降水量自南东向北西（西）逐渐减少；气候寒冷，气温普遍较低。

研究区地势较高，90% 以上的区域在高程 3500 m 以上。地貌类型复杂多样，分布有高原、高平原、丘状山原、山原，以及谷地平坝和山坡阶地（台地）等；基本地貌形态类型为高山和高原，包括丘状高原地貌、高 – 中山盆谷地貌以及山原地貌。研究区约 41% 的区域为陡坡（25°~35°）和急陡坡地（>35°），有利于松散物质的形成和聚集。

研究区地跨九个单体的陆块 – 弧盆 – 造山褶皱系构造域，地质条件复杂多变。西藏自治区昌都市地层自元古宇至第四系均有所出露。老地层产出于结晶 / 褶皱基底中，以微陆块形式得以展现；盖层以中生代最为发育，复理石和磨拉石形式展布于各弧前或弧后盆地中；新生代地层以冰碛物、洪积物等形式发育于走滑拉分盆地及山前裂谷中。主要分布古生界志留系、二叠系地层以及中生界三叠系的地层；在各级河流、谷底、山麓及其边缘分布有第四系松散堆积物；出露的地层岩性以浅变质的砂板岩为主，其次为中酸 – 基性火山岩，火山碎屑岩等。

新构造运动活跃，以抬升作用为主。昌都地处横断山脉，地质构造极不稳定，属中强地震带，地震主要分布在东经 96° 以东的范围内。川西地区地壳处于阶段性上升，河流的深切和侧蚀作用明显，高原面被破坏；部分河谷深切，呈 "V" 字形，河谷两岸发育有多级阶地。鲜水河断裂（广义的包含甘孜 – 玉树断裂）是区内地震最多、活动最强的一条地震带。根据《中国地震动参数区划图》（GB18306-2015），川藏公路北线沿线基本地震动峰值加速度为 0.1~0.3 g，地震动加速度反应谱特征周期为 0.40~ 0.45 s。

参 考 文 献

邓军，李文昌，莫宣学，等 . 2016. 三江特提斯复合造山与成矿作用 . 北京：科学出版社 .

何世平，李荣社，王超，等 . 2011. 青藏高原北羌塘昌都地块发现 ~4.0 Ga 碎屑锆石 . 科学通报，56（8）：573-582.

潘桂堂，王立全，张万平，等 . 2013. 青藏高原及邻区大地构造图及说明书（1：1 500 000）. 北京：地质出版社 .

彭华，马秀敏，白嘉启，等 . 2006. 甘孜玉树断裂带第四纪活动特征 . 地质力学学报，12（3）：295-304.

石峰，李安，杨晓平，等 . 2013. 甘孜 – 玉树断裂带东南段晚第四纪活动性研究 . 地震地质，35（1）：50-63.

四川省地质矿产局 . 1991. 四川省区域地质志 . 北京：地质出版社 .

唐渊，秦雅东，王冬兵，等 . 2022. 藏东昌都地块东南缘贡觉地区中深变质岩系的岩石学和年代学特征 . 岩石学报，38（11）：3302-3320.

王庆良，崔笃信，王文萍，等 . 2008. 川西地区现今垂直地壳运动研究 . 中国科学（D）辑：地球科学，38（5）：598-610.

闻学泽，徐锡伟，郑荣章，等 . 2003. 甘孜 – 玉树断裂的平均滑动速率与近代大地震破裂 . 中国科学（D 辑），33（增刊）：199-208.

西藏昌都地区地方志编纂委员会 . 2005. 昌都地区志 . 北京：方志出版社 .

西藏自治区地质矿产局 . 1993. 西藏自治区区域地质志 . 北京：地质出版社 .

徐锡伟，闻学泽，郑荣章，等 . 2003. 川滇地区活动块体最近构造变动样式及其动力来源 . 中国科学（D）辑，33（增刊）：151-162.

徐锡伟，张培震，闻学泽，等 . 2005. 川西及其邻近地区活动构造基本特征与强震复发模型 . 地震地质，27（3）：446-461.

许志琴，王勤，李忠海，等 . 2016. 印度 – 亚洲碰撞：从挤压到走滑的构造转换 . 地质学报，90（1）：1-23.

张国民，马宏生，王辉，等 . 2005. 中国大陆活动地块边界带与强震活动 . 地球物理学报，48（3）：602-610.

张培震，邓起东，张国民，等 . 2003. 中国大陆的强震活动与活动地块 . 中国科学 (D 辑)，33（增刊）：12-20.

Bai M K, Chevalier M L, Pan J W, et al. 2018. Southeastward increase of the late Quaternary slip-rate of the Xianshuihe fault, eastern Tibet. Geodynamic and seismic hazard implications. Earth and Planetary Science letters, 485：19-31.

Cawood P A, Wang Y, Xu Y, et al. 2013. Locating South China in Rodinia and Gondwana: a fragment of greater India lithosphere?. Geology，41（8）：903-906.

Deng J，Wang Q，Li G，et al. 2014. Cenozoic tectono-magmatic and metallogenic processes in the Sanjiang region, southwestern China. Earth-Science Reviews，138：268-299.

Şengör A M C. 1979. Mid-Mesozoic closure of Permo–Triassic Tethys and its implication. Nature，279（5714）：590-593.

Zhang P Z. 2013. A review on active tectonics and deep crustal processes of the Western Sichuan region, eastern margin of the Tibetan Plateau. Tectonophysics，584：7-22.

第2章 泥石流灾害及调查

川藏公路北线泥石流发育广泛，沿线均有分布。泥石流类型多样，危害严重，主要威胁城镇和道路交通等的安全。本章首先基于野外调查，分析了研究区泥石流的危害，然后详细介绍了本书构建的泥石流遥感解译方法，以及野外调查方法，归纳了遥感解译和野外调查的成果。

2.1　泥石流危害

泥石流因其运动速度快，动能大，一旦暴发就会对沿途和沟口堆积区造成危害。泥石流的危害往往具有重复成灾，类型多样，危害差别大的特点。研究区泥石流的危害主要有以下几种。

1. 危害城镇

研究区多发育中－低频泥石流，低频泥石流易让人们忽略其潜在危险性。研究区泥石流堆积扇和河流阶地是人类生产、生活的主要场所。一旦暴发泥石流，将会对堆积区的城镇、村庄造成威胁。据调查，炉霍县俄日沟为一条老泥石流沟，1984年初次发生泥石流后，每年雨季均发生不同规模的山洪或泥石流。据不完全统计，该沟1984年发生的泥石流损毁房屋4间，农田0.7 hm²。秋日河泥石流沟从炉霍县城通过，曾于1996年发生灾害性泥石流，淤埋部分县城，造成29人死亡，直接经济损失达397.92万元。

2011年，"7·23"道孚沟泥石流冲毁沟口农田，淤埋道孚县水厂取水口，导致县城停水2 d；道路受损约2 km，县城滨河路被泥石流淤埋，深度约为1 m；沟口20余户房屋墙体被泥沙淤积，厚度约为30 cm；冲毁草场（农田）约7 hm²；直接经济损失达900余万元。

昌都市卫校东沟分别于1987年和1998年两次暴发泥石流。1987年暴发的泥石流将卫生学校食堂摧毁；1998年暴发的泥石流将正在施工的妇幼保健站基坑淤埋，淹没民航售票处昌都南路，堆积物厚约为0.5 m。

2. 淤埋公路

泥石流淤埋是最常见的一种危害方式。公路、铁路这种线性工程更容易遭遇泥石流的淤埋危害，轻者造成道路中断，严重的会破坏路面，危及车辆和行人安全。图2-1为澜沧江右岸的一条高频过渡性泥石流沟，泥石流直接冲入主河，把沟口的公路淤埋、断道。原设计的跨沟小桥桥墩被淤埋，设计的桥下净空几乎全部被挤占。

图2-1　澜沧江右岸（编号319DR）2020年发生的泥石流淤埋道路

在国道G350线上也时常发生泥石流冲上路面，造成路面被毁和断道的情况。图2-2（a）为G350旁一条小沟暴发的泥石流直接冲上路面，造成淤积。图2-2（b）也是国道G350柳日河左岸一条小沟暴发泥石流，造成公路断道，路面被破坏（考察时道路已被抢通）。

(a)G350旁小沟泥石流直冲路面　　　　　　　(b)柳日河左岸的小沟泥石流淤积道路

图2-2　典型的泥石流淤埋道路情况

3. 淤积桥涵

通常情况下，道路在跨沟处均会设置桥、涵。如果桥涵设置不合理，如桥下净空不够，或桥址上下游过流不畅，涵洞断面过小等，均会导致泥石流淤积，甚至堵塞。图2-3（a）是泥石流堵塞国道G317公路涵洞的例子。该泥石流沟（125DR）为达曲右岸一条面积约为 8 km² 的流域。涵洞基本被完全堵塞，一旦再次暴发泥石流，将会冲上路面，造成危害。图 2-3（b）为岗托镇至江达方向约 6 km 处的一条高频黏性泥石流沟（219DL），泥石流淤积在桥洞下面。长期的淤积影响桥下过流空间，堵塞桥洞。

(a)达曲右岸的泥石流(125DR)
堵塞国道G317公路涵洞

(b)岗托镇至江达方向一条高频黏性泥石流沟
(219DL)淤积桥洞

图 2-3　典型的泥石流淤积桥涵情况

4. 挤压主河

如果发生大规模泥石流，可能会发生堵河事件。如果堵断或严重堵塞主河形成堰塞湖，会导致上游农田、村庄、道路等基础设施被淹没；溃决后，形成的洪水对下游造成更加严重的灾难。更普遍的是，较大规模的泥石流挤压主河，导致主流偏向对岸；河水严重冲刷对岸，造成岸坡失稳。图 2-4（a）为泥石流挤占主河，导致河水冲刷对岸的示例。该流域是热曲左岸一条高频泥石流沟（302DL）。泥石流直接冲入并严重挤占主河，主流被迫偏向公路一岸，河水冲刷路基。长期的冲刷可能会影响国道 G317 路基的安全。图 2-4（b）

(a)热曲左岸高频泥石流(302DL)挤占主河冲刷路基

(b)月亮湾小桥双沟泥石流诱发的灾害链

图 2-4　典型的泥石流挤压现象

为炉霍县城附近月亮湾小桥双沟泥石流挤占主河的情况。主流被迫偏向对岸，并严重冲刷岸坡导致失稳，诱发滑坡灾害；形成了"泥石流挤压主河—主河冲刷岸坡—岸坡失稳—形成滑坡"的灾害链。一旦该滑坡整体下滑，可能会堵断主河，造成更加严重的"滑坡堰塞湖灾害链"。

2.2 泥石流调查方法

研究区地形条件复杂，部分区域交通不便，甚至无法通行。泥石流的调查方法主要采用遥感解译和现场调查两种。遥感解译适用于无法到达区域的泥石流调查。为了提高解译的准确性，构建了一套泥石流遥感解译标志，并建立了初步解译、野外验证和正式解译的解译流程。

2.2.1 遥感解译

1. 解译步骤

泥石流沟遥感解译主要是通过对引起或诱发泥石流发生的环境背景条件（流域坡度、松散物质、集中物源、植被覆盖、人类活动等）和泥石流活动痕迹等的解译和综合分析，从泥石流沟的总体形态、色调识别等方面予以确定。此次泥石流遥感解译工作采用以目视解译为主、人机交互式解译为辅，初步解译与详细解译相结合、室内解译与野外验证相结合的综合解译方法。根据工作顺序，遥感解译包括初步解译、野外验证和正式解译三个阶段（图2-5）。

第一阶段：初步解译，在开展野外考察工作之前，利用地形数据结合遥感影像圈定流域，然后根据流域内是否有泥石流活动痕迹来判断该流域的性质。初步解译的关键是寻找流域内泥石流的活动痕迹，如沟口堆积、沟道物源、明显的松散物源等。初步解译的结果有泥石流沟、非泥石流沟和无法确定其属性这三种可能。

第二阶段：野外验证，通过现场调查和详细考察，确认和修正初步解译结果。结合遥感影像，确认影像上的各种流域特征，建立泥石流沟和非泥石流沟的遥感解译标志。重点对初步解译无法定性的流域，通过现场调查，确定其属性后，建立其遥感解译标志。野外验证的关键是确认泥石流形成条件的影像特征。

第三阶段：正式解译，在建立研究区泥石流遥感解译标志的基础上，对区内人力无法到达区域的泥石流沟进行正式解译，补充野外调查成果，为建立泥石流数据库奠定基础。

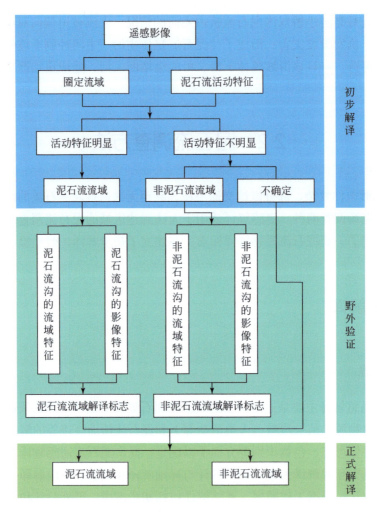

图 2-5　遥感解译步骤和方法示意图

2. 解译方法

1）解译工具和数据源

此次遥感解译工作是在北京元生华网软件有限公司开发的奥维互动地图浏览器上进行的。该平台综合了不同来源的数据和不同时段的影像资料，包括 OpenCycleMap 等高线地图（可用于圈定流域）、Bing 卫星图、Google 地形图、Google 卫星混合图、Google 卫星图、四维地球卫星影像图、世纪空间卫星影像图、天地图影像、天地图等。同时，该平台上所有资源均可在 2D 和 3D 之间自由切换，便于建立流域和解译对象的立体印象，有助于更好地进行判识和解译。

2）解译标志

通过影像分析和现场调查，结合泥石流的发育特点，此次遥感解译主要建立了以下六个方面的解译标志（图2-6）。

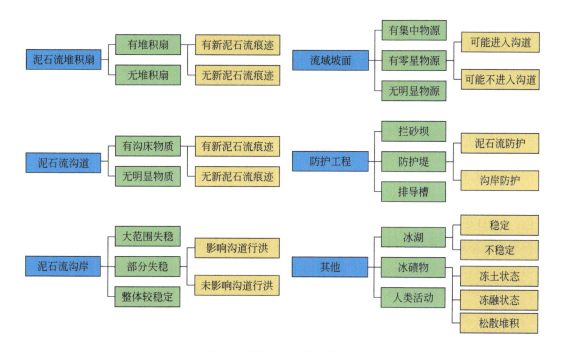

图2-6 泥石流遥感解译标志

（1）泥石流堆积扇。通过影像判断沟口是否有泥石流堆积扇；如果有，则需进一步判断堆积扇上有无新近泥石流活动痕迹。泥石流活动痕迹主要从堆积扇上沟道内泥石流冲刷、堆积情况，以及扇面上植被发育情况来综合分析。新近泥石流活动痕迹是解译泥石流活动频率的重要参考指标。

（2）泥石流沟道。主要解译沟道内是否有明显的沟床物质；如果有，则需进一步判断这些沟道内是否有新近泥石流活动痕迹。沟道内新近泥石流活动痕迹主要从沟道物质的新鲜程度和泥石流冲刷痕迹来判断。通常来讲，新鲜的沟道物质在影像上往往色调较其他地方更浅，纹路更粗糙、凌乱。

（3）泥石流沟岸。主要解译泥石流沟道两岸是否有岸坡失稳的情况；如果有，则需进一步解译失稳破坏的规模和范围。大范围的失稳一般会堵塞沟道，容易造成堵溃，形成泥石流。如果是部分岸坡零星失稳，则需要根据情况判断其是否会影响沟道的畅通，如果影响沟道行洪能力，则有可能发生堵塞，进而可以参与形成泥石流。如果不影响沟道的行洪能力，则可能只参与，形成高含沙水流。

（4）流域坡面。主要解译坡面物源情况；如果发育集中物源，如较大规模的崩塌、滑坡等，则较容易成为泥石流的固体物源；如果发育有零星、不成规模的松散物质，则需要进一步判断这些物质进入沟道的可能性。通常来讲，新鲜的坡面物质，更容易进入沟道参与形成泥石流；老的、粗颗粒的坡面物质，往往不一定能够进入沟道参与形成泥石流。新鲜的坡面物源在影像上往往表现出更浅的色调，而老的坡面松散堆积物往往表现出更深的色调，尤其是深色、纹理粗大的坡面堆积，形成时间比较久，且透水性好，一般不易起动。

（5）防护工程。泥石流防护工程是泥石流沟解译的最直接标志。通常来讲，只有那些泥石流活动频繁、有明显威胁对象，或潜在威胁较大的泥石流沟才会实施工程治理。拦沙坝和排导槽是最常用的泥石流治理工程。但需要注意的是，防护堤有可能是防止洪水冲刷沟岸，也可能是防止泥石流造成危害，需要结合其他标志综合判断，尤其是布置在流域中部有道路或房屋等需保护对象的区域；通常在堆积区修建的防护堤一般是防治泥石流的。

（6）其他。研究区高程较高，尤其是在高程4 000 m左右的流域上游往往会残存有冰湖，或储存有较多的寒冻风化物和冰碛物。冰湖的解译比较简单，水体在影像上多呈深蓝色，在3D影像上明显处于低洼处。冰湖的稳定性重点从出水口处坝体的稳定性来判断。基岩坝体最稳定，冰碛体稳定性相对较差。基岩出水口处的影像一般纹理较细腻，且和周围山体的纹理接近或相同；冰碛物纹理相对较粗糙，且和周围山体的纹理差别明显。研究区虽然整体高程较高，但现代冰川不发育，初步遥感解译发现基本上不存在冰川跃动导致的冰湖溃决，或大面积冰川融化导致冰湖溃决的情况。研究区的冰湖大多是残存的冰湖，稳定性相对较好。

在部分高高程区域，流域上游储存有冰碛物和寒冻风化物。根据其状态，这些松散物质基本上可分为三大类：冻土状态、冻融状态和松散堆积。冻土状态指常年性的冻土，往往表现出固态整体向前移（流）动的特征，在影像上可见因差异性移动形成的环形、弧形和近似平行状的粗大纹理。这部分物质基本上不会大规模参与泥石流活动，只有前缘部分融化后随融化的冰水被带至下游，参与形成泥石流或储存在那里成为泥石流的物源。冻融状态一般指那些季节性冻土，在温度较高时表面融化，在冰雪融水带动下向下游移动，或直接参与形成泥石流。解译时，可结合高程和影像特征综合确定。一般来讲，这部分物质多位于冻土下游不远处，表面有明显的流水冲刷痕迹，没有固态移动的特征。松散堆积主要指位于高程相对较低位置的物源。解译这部分物源时，除考虑高程因素外，影像上表现出明显的堆积物的特征，纹理粗糙，颗粒感强。

3）泥石流的解译标准

泥石流的解译涉及两个层次：泥石流沟的判识和泥石流活动性的判断。

泥石流沟的判识，通常以泥石流是否到达沟口为依据。如果一个流域只是支沟暴发了泥石流，而主沟并无泥石流活动，通常不定为泥石流沟。这种情况主要发生在面积较大的流域，而一般小流域的支沟泥石流往往是主沟泥石流的有机组成部分。另外，泥石流活动基本上都不会是全流域的事件（除非流域面积很小），往往是流域局部物源起动形成泥石流，或者是一条或几条支沟发生了泥石流。从沟口来看，就是该流域暴发了泥石流。基于上述原因，泥石流沟的解译只需满足泥石流活动痕迹的任一条件，即可确定；而非泥石流沟的解译则需要排除所有泥石流活动痕迹和有利于泥石流形成的条件，才可确定为非泥石流沟。

根据以上原则，泥石流沟的解译只需符合下述任一条件即可确认：①沟口有明显的泥石流堆积扇；②主沟中下游有明显的沟道物源；③沟道内有明显的泥石流冲刷痕迹；④流域内有明显的物源，或有崩塌、滑坡等集中物源；⑤修建有泥石流治理工程；⑥其他泥石流存在的证据。

非泥石流沟的解译至少符合以下几个方面才可确定：①沟口无泥石流堆积扇；②沟道内较干净，未发现明显的沟道物源；③流域内植被普遍较发育，或裸露的基岩完整性较好，表面无明显的风化堆积物；④流域内无明显的松散物源；⑤流域内和沟口均无泥石流活动痕迹；⑥沟口高程在 4000 m 以上的流域，通常不确定为泥石流沟。

对于解译为泥石流沟的流域，可根据以下原则确定泥石流的活动性：①低频泥石流沟，沟口有明显堆积扇，但扇上无新近泥石流堆积；沟道内无新近泥石流活动痕迹；流域内未发现明显的物源，或有物源但不易进入沟道。②高频泥石流沟，沟口有明显的新近泥石流堆积，或主沟道内有明显的新泥石活动痕迹，或流域内有集中物源，如崩塌和滑坡等，或有明显的其他物源，或者流域内修建有泥石流治理工程。③中频泥石流沟，解译为泥石流沟，但未归为上述任何一类的；通常是流域内有形成泥石流的物源条件（不包含集中物源发育的情况），但没有明显泥石流活动痕迹的流域。

泥石流性质的解译，通常需要结合其他资料进行。具体来讲，分以下两种情况处理：①影像解译，若影像上能解译出黏性或稀性泥石流的特征，则可以直接确定其性质。②如果影像上无法解译，则需要结合打分法和地质条件综合评判。打分法是根据泥石流沟易发程度数量化评分表打分，然后通过查表确定泥石流的密度，最后结合地质条件综合确定泥石流的性质。泥石流易发程度数量化评分表参见《泥石流灾害防治工程勘查规范（试行）》（T/CAGHP 006—2018）附录 I。

2. 解译成果

根据野外调查和遥感解译，研究区发育各类泥石流沟共 339 条（流域面积大于 2.0 km²），其中经过现场调查确认的有 321 条，遥感解译的有 18 条（图 2-7）。在这 18 条泥石流沟中，黏性泥石流沟为 4 条，稀性泥石流沟为 10 条，过渡性泥石流沟为 4 条；高频泥石流沟为 3 条，中频泥石流沟为 7 条，低频泥石流沟为 8 条。遥感解译的 18 条泥石流沟基本信息列于表 2-1。

图 2-7　研究区泥石流流域分布及遥感解译结果图

表 2-1　遥感解译的泥石流沟基本信息表

序号	最高高程/m	最低高程/m	平均高程/m	平均山坡坡度/(°)	主沟长度/km	沟床比降/‰	流域面积/km²	性质	活动频率
1	5372	3207	4280.46	28.08	18.80	115.14	115.97	稀性	中频
2	4092	3251	3683.21	29.51	4.26	197.27	4.12	稀性	低频
3	4680	3595	4238.61	24.41	4.13	262.69	4.63	过渡性	高频
4	4525	3603	4175.84	24.59	2.83	325.39	2.33	过渡性	高频
5	4334	3509	3978.60	28.69	2.51	328.26	2.24	黏性	中频
6	4546	3271	3985.09	23.76	6.50	196.08	10.07	黏性	高频
7	4469	3211	3890.27	28.02	5.12	245.75	4.32	过渡性	中频
8	4412	2959	3737.54	28.18	5.77	252.02	10.89	稀性	低频
9	3939	2939	3312.18	24.68	4.71	212.24	6.72	稀性	低频
10	4104	2905	3576.55	22.26	4.24	282.86	11.40	稀性	低频
11	4245	2880	3592.32	26.11	6.59	207.24	14.17	稀性	低频
12	3869	3437	3607.82	17.64	9.87	43.75	14.39	稀性	低频
13	4701	3687	4148.83	20.30	8.61	117.76	37.88	稀性	中频
14	4052	3453	3673.91	15.84	5.51	108.64	5.23	稀性	低频
15	4417	3449	3800.44	15.99	7.80	124.09	9.09	稀性	低频
16	4007	3473	3715.95	27.23	8.09	66.00	17.97	过渡性	中频
17	4175	3520	3783.60	26.87	4.01	163.21	6.76	黏性	中频
18	4065	3541	3832.52	26.43	2.90	180.55	3.50	黏性	中频

2.2.2　野外调查

野外调查是在资料收集和遥感解译基础上进行的。针对解译的不同类型流域，野外工作的内容和重点有所差异。对于泥石流沟，首先确认泥石流发生的事实，结合遥感影像分析其影像特征，总结和完善泥石流解译标志。同时，进行详细调查，填写调查表，必要时采取泥石流样品。对于非泥石流沟，从流域全貌、植被、沟道和沟口现状等方面确认不具备泥石流形成的条件，并确认没有泥石流活动的痕迹；同时，分析非泥石流沟的遥感影像特征，建立和完善非泥石流沟的解译标志。对于遥感解译无法确定其性质的流域需重点调查，不仅要确定流域性质，更要分析和建立相应的遥感影像解译标志。

1.调查方法

1）资料收集

（1）地形图，收集和购置研究区不同分辨率的数字高程模型（DEM）数据，主要包括 90.0 m、30.0 m 和 12.5 m 三种。利用高分辨率的 DEM 数据可生成大比例尺的野外作业用地形图。

（2）航片和卫片，收集不同时段不同分辨率的遥感影像数据；结合奥维互动地图浏览器，可获得高分辨率的在线遥感影像数据。

（3）地质图，收集研究区全区 1∶50 万和四川 1∶20 万地质图、研究区的地震烈度区划图和地震动参数区划图等；购置重点区段和重点流域 1∶5 万地质图。

（4）气象水文资料，收集研究区近 30~50 年的气象资料，包括气温（最高温、最低温和平均气温）、降水、蒸发量、风速等数据；国外资料精度为月平均数据，国内降水数据最高精度为日平均降水（近十年）。收集研究区 1∶25 万的地表水（系）分布图，以及主要水系的水文数据等。

（5）土壤植被资料，收集研究区不同分辨率的地表植被类型图，分辨率分别为 10 m和 30 m 的栅格图。

（6）人类经济活动资料，收集研究区各县市地质灾害调查与区划研究报告，以及泥石流调查研究和防治资料等。

2）野外调查

野外调查分两个阶段进行：第一阶段（2020 年 8 月底至 9 月初），全面调查研究区泥石流本底情况；第二阶段（2020 年 9 月底至 10 月初），补充调查，同时对公路沿线病害进行详细调查，为后续川藏公路北线泥石流灾害风险分析奠定基础。

调查路线以川藏公路北线为主，主要涉国道 G248、国道 G350 和 G317；具体路线为康定市新都桥镇—道孚县八美镇—道孚县城—炉霍县城—甘孜县城—德格县城—德格县马尼干戈镇—江达县岗托镇—江达县城—卡若区。

野外调查除验证遥感解译结果，建立遥感解译标志外，对确定的泥石流沟需进行详细的调查和必要的勘测，并填写调查表。泥石流野外调查记录表以专题组提供的调查表为依据，根据研究区的特点进行了必要的补充，增加了泥石流对公路易损性的调查内容。调查表见附表 2。

2. 调查结果

根据现场调查和遥感解译，研究区共发育各类泥石流沟 339 条；其中，现场调查 321 条，遥感解译 18 条（图 2-7）。

根据统计，现场调查的 321 条泥石流沟中，黏性泥石流沟有 30 条，占 9.3%；稀性泥石流沟 156 条，占 48.6%；过渡性泥石流沟 135 条，占 42.1%[图 2-8（a）]。高频泥石流沟 82 条，占 25.5%；中频泥石流沟 83 条，占 25.9%；低频泥石流沟 156 条，占 48.6%[图 2-8（b）]。

研究区所有泥石流沟基本信息和流域特征信息见附表 3。

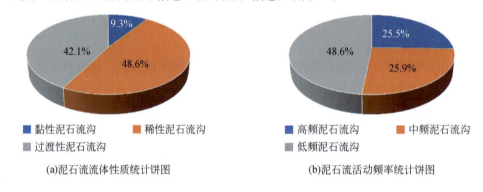

(a)泥石流流体性质统计饼图　　　　(b)泥石流活动频率统计饼图

图 2-8　泥石流流体性质和活动频率统计图

2.3　小　　结

研究区泥石流灾害发育，危害严重，危害方式多样。为了查明研究区泥石流本底情况，本书建立了泥石流遥感解译标志，确定了泥石流遥感解译的步骤和方法。根据野外调查和遥感解译，研究区共发育各类小流域 656 个（面积不小于 2 km²），非泥石流流域为 317 个，泥石流流域为 339 个。其中，黏性泥石流沟有 34 条，稀性泥石流沟 166 条，过渡性泥石流沟 139 条；高频泥石流沟 85 条，中频泥石流沟 90 条，低频泥石流沟 164 条。

研究区泥石流的危害主要有危害城镇、淤埋公路、淤积桥涵、挤压主河等。

第3章 泥石流特征

川藏公路北线沿线泥石流类型全，分布广，对道路工程造成了严重的危害。本章首先总结了研究区泥石流的性质和类型，然后详细地分析了泥石流的分布特征、发育特征和活动特征，探讨了公路泥石流致灾机理与特征。

3.1 泥石流性质和类型

研究区地势总体较高，但因地处内陆，除了雀儿山隧道附近山顶有常年性冰雪外，其余未发现现代冰川。该区域历史上的冰川活动痕迹明显，普遍发育冰川、冰蚀地貌，残存的冰碛物较丰富，部分流域内还发育有冰湖。冰湖的补给主要靠降水和冰雪融水，而且形成时间长。初步的遥感解译发现，大部分冰湖都较稳定，冰湖溃决的可能性比较小。研究区泥石流形成的激发条件主要还是以降水为主，少部分流域可能会在降水和冰雪融水共同作用下暴发泥石流。因此，从泥石流的激发条件来看，研究区泥石流主要以暴雨型为主，极少量的暴雨和冰雪融水混合型。

综合野外调查和遥感解译结果，研究区发育的泥石流性质以稀性和过渡性为主，黏性泥石流较少，仅占10%左右；泥石流活动性以低频为主，约占半数，中频和高频泥石流数量相当，各占25%左右（图3-1和表3-1）。

表3-1 川藏公路北线沿线泥石流统计表

项目	泥石流流体性质/条			泥石流活动频率/条		
	黏性	过渡性	稀性	高频	中频	低频
数量/条	34	139	166	85	90	164
占比/%	10.03	41.00	48.97	25.07	26.55	48.38

根据项目组的要求，此次考察只调查流域面积大于 2 km² 的泥石流沟。因此，从泥石流发育的地形条件来看，均属于沟谷型泥石流沟。

综上，研究区泥石流的类型主要是暴雨型、稀性、低频、沟谷泥石流。

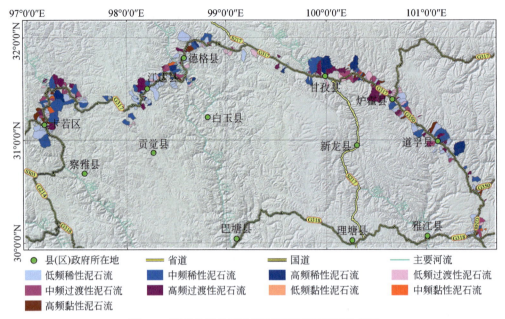

图 3-1　川藏公路北线沿线不同类型泥石流分布图

3.2　泥石流的分布特征

根据野外调查和遥感解译，研究区发育各类小流域 656 条[①]，其中泥石流沟 339 条，

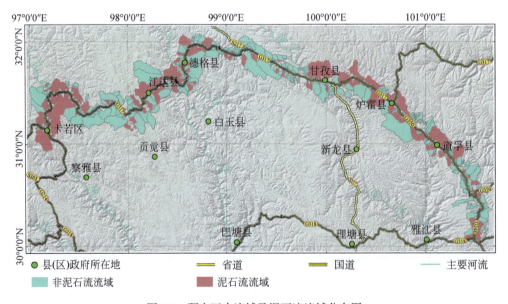

图 3-2　研究区小流域及泥石流流域分布图

---

①　根据项目组的要求，只统计流域面积大于 2km² 的流域。

非泥石流沟 317 条（图 3-2）。全线均有泥石流沟分布，但不同区段分布密度有所差异。

3.2.1 不同路段的分布特征

本书的川藏公路北线主要指四川省康定市新都桥镇至西藏昌都市卡若区之间的线路，涉及国道 G248、G350 和 G317。根据统计，三条国道沿线泥石流的分布密度相差不大，除 G350（八美镇到炉霍县城段）沿线的分布密度稍大外，其余两条线路的分布密度基本相当（图 3-2 和表 3-2）。

表 3-2 川藏公路北线 G248、G350 和 G317 沿线泥石流分布统计表

公路编号	泥石流流体性质 / 条			泥石流活动频率 / 条			公路长度 /km	分布密度 /（条 /km）
	黏性	过渡性	稀性	高频	中频	低频		
G248	5	6	12	3	8	12	60.8	0.38
G350	5	27	32	17	19	28	149.4	0.43
G317	24	106	122	65	63	124	640.5	0.39

虽然各条线路的泥石流分布密度接近但是，同一线路不同路段的泥石流分布密度差异显著。为了进一步分析这种差异性，按泥石流分布疏密，把研究区划分为七段（图 3-3），各段泥石流分布情况列于表 3-3。

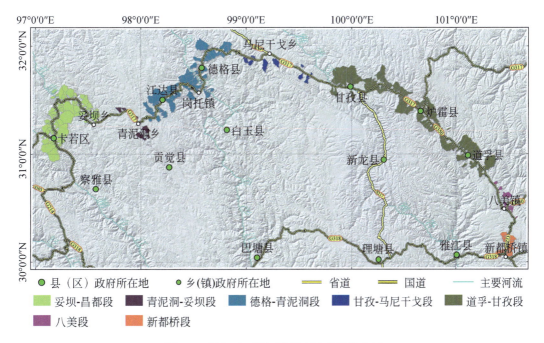

图 3-3 研究区不同区段泥石流流域分布图

表 3-3　川藏公路北线不同区段泥石流分布统计表

区段	泥石流流体性质 /条			泥石流活动频率 /条			公路长度 /km	分布密度 /（条 /km）
	黏性	过渡性	稀性	高频	中频	低频		
新都桥段	3	5	11	2	6	11	23.1	0.82
八美段	3	5	3	3	5	3	86.4	0.13
道孚 – 甘孜段	12	65	47	37	36	51	219.8	0.56
甘孜 – 马尼干戈段	0	9	5	4	1	9	129.0	0.11
德格 – 青泥洞段	7	22	63	18	18	56	203.3	0.45
青泥洞 – 妥坝段	0	6	5	1	4	6	68.6	0.16
妥坝 – 昌都段	9	27	32	20	20	28	120.5	0.56

新都桥段泥石流分布最为密集，达到 0.82 条 /km，主要以低频和稀性泥石流为主。其次是道孚 – 甘孜段和妥坝 – 昌都段，泥石流分布密度均达到 0.56 条 /km。德格 – 青泥洞段泥石流分布也较密集，分布密度为 0.45 条 /km。甘孜 – 马尼干戈段泥石流分布最少，以低频、稀性和过渡性为主。八美附近和青泥洞 – 妥坝段泥石流分布也较少，分布密度分别为 0.13 条 /km 和 0.16 条 /km。

为了分析泥石流分布密度变化的原因，绘制了公路地形剖面图（图 3-4）。高程 4000 m 以上地段泥石流普遍分布较少，如马尼干戈附近和青泥洞 – 妥坝地段（表 3-3）。高高程地段虽然寒冻风化作用强烈，风化物源丰富，部分地段还有大量的冰碛物，但整体温度较低，松散物质大都以冻土形式存在，不易起动形成泥石流，只有在冰雪融水冲刷作用下才有可能被带至沟口。冰雪融水季节性强，日内变化大，流路不稳定；少量多次持续的冲积，可形成规模较大的堆积扇，如图 3-5 所示。寒冻风化物主要以矿物成熟度较低的粒状碎屑物为主，细颗粒（黏粒）普遍缺失。这也是这两个区域缺少黏性泥石流的主要原因（表 3-3）。

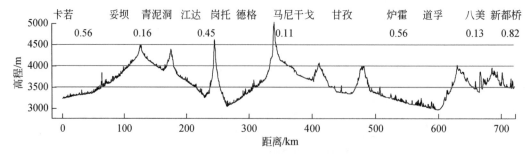

图 3-4　研究区泥石流分布密度与线路高程关系图

注：图中剖面基本沿公路走线，并对公路进行了取直

图 3-5　新路海附近典型泥石流堆积扇遥感影像图

八美附近高程普遍在 3 500 m 以上，地形和缓，分布有龙灯草原和塔公草原，大部分地段不具备形成泥石流的地形条件。但由于鲜水河断层从该区域通过，岩体较破碎，地形切割稍微强烈地段也会暴发泥石流。

综合图 3-3 和图 3-4 可以看出，高程 3 500 m[①] 以下，泥石流分布密度均较大。高程3500 m 以上地段，整个流域均处于高海拔区域，气温普遍较低，尤其是流域上游松散物质常年处于冻土状态，不易大规模向下游输移。高程 4000 m 以上区域，只能发育少量小规模稀性和过渡性泥石流。因此，排除高高程低气温的影响，研究区泥石流总体较发育。

3.2.2　不同行政区内的分布特征

行政区的划分通常会考虑历史、人文和地理等因素，其边界往往以某一地理要素，如大江大河，或分水岭等为依据。一个行政区通常会分属一定的地理环境，不同行政区内泥石流的分布也会有所不同。研究区涉及四川省西部的甘孜州和西藏自治区东部的昌都市。线路主要穿过甘孜州康定市新都桥镇、道孚县、炉霍县、甘孜县和德格县，以及昌都市的江达县（其中有四个流域处于贡觉县境内）和卡若区（图 3-6）。

---

　① 　此处的高程是指流域堆积区前缘或沟口的高程，是泥石流流域最低点。

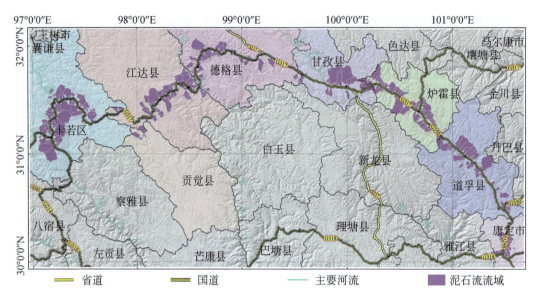

图 3-6　研究区各县（市、区）泥石流分布图

四川省甘孜州境内沿线共发育各类泥石流沟 202 条，以稀性和过渡性泥石流为主，黏性石流占比不足 10.00%。西藏自治区昌都市共发育各类泥石流沟 137 条，以稀性泥石流为主，其次为过渡性泥石流，黏性泥石流仅占 10.22%（图 3-7）。总体来看，两个区域都以稀性和过渡性泥石流为主，约占 90%，黏性泥石流仅占 10% 左右。

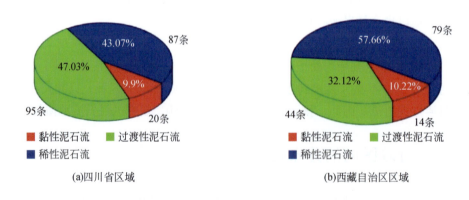

图 3-7　研究区泥石流流体性质统计饼图

表 3-4 为各县（市、区）境内泥石流分布统计数据。炉霍县境内泥石流分布密度最高，达 0.78 条 /km，其次是卡若区附近为 0.50 条 /km。康定市只涉及新都桥镇附近，泥石流分布密度约为 0.41 条 /km。道孚县和江达县泥石流分布密度相当，分别为 0.34 条 /km 和 0.38 条 /km。甘孜县和德格县境内泥石流分布相对较少，分别为 0.22 条 /km 和 0.25 条 /km。

公路在炉霍县境内主要沿鲜水河断层展布。断层对公路两岸的岩体结构和稳定性影响很大，加上断层持续活动诱发不同级别的地震，对地表破坏（和隐性破坏）严重。炉霍县境内有尼曲、达曲、鲜水河等主要河流，水源丰富且集中，地形切割强烈，有利于泥石流的发育。道孚县和江达县沿线地形变化也比较大（图3-4），有利于形成泥石流；但相当一部分地段处于高程3500 m以上，草地和草原分布较多，一定程度上抑制了泥石流活动。甘孜县处于鲜水河断层和甘孜－玉树断裂交汇处，形成了多处拉分盆地，盆地地形明显，公路沿线地形相对开阔、平坦。除县城附近发育有多处泥石流外，县城北西方向地势相对较高（多位于3500 m以上），地形圆润，以草地和灌丛为主，不利于形成大规模泥石流。德格县地形变化大，但大部分地段位于高程3500 m以上，部分地段在高程4000 m以上，不利于泥石流活动；泥石流主要分布雀儿山以西至金沙江一带；雀儿山以东地势高亢，泥石流稀少。

表3-4　川藏公路北线不同行政区域泥石流分布统计表

县（市、区）	泥石流流体性质/条			泥石流活动频率/条			公路长度/km	分布密度/（条/km）
	黏性	过渡性	稀性	高频	中频	低频		
康定市	3	5	11	2	6	11	46.0	0.41
道孚县	4	15	24	13	11	19	127.3	0.34
炉霍县	10	47	20	23	23	31	98.8	0.78
甘孜县	1	7	10	5	7	6	81.6	0.22
德格县	2	21	22	10	7	28	179.8	0.25
江达县*	5	16	48	12	16	41	180.0	0.38
卡若区	9	28	31	20	20	28	137.1	0.50

注：* 江达县数据含贡觉县境内四条泥石流沟。

3.2.3　不同地质构造单元内分布特征

川藏公路北线地跨巴颜喀拉－马尔康前陆盆地、雅江残余盆地、炉霍－道孚裂谷盆地、甘孜－理塘蛇绿混杂带、义敦岛弧、中咱地块、金沙江蛇绿混杂岩带、江达陆缘弧带、昌都地块等大地构造单元。各构造单元内泥石流分布情况如图3-8所示。

泥石流的形成是流域内事件，沟口堆积只是泥石流活动的结果。因此，对于跨构造单元的流域，主要以流域主体所在单元划分其归属。例如，沟口在炉霍－道孚裂谷盆地，而流域大部分在巴颜喀拉－马尔康前陆盆地内的流域，划归后者；如果两个单元内流域面积相当，则划归中下游所在单元（上游通常为清水区）。

1. 不同性质泥石流的分布特征

表3-5为不同构造单元泥石流分布统计结果。根据统计结果，绘制了各构造单元内不同性质泥石流的占比分布图（图3-9）。其中，甘孜－理塘蛇绿混杂岩带（G-LSGHZ）和义敦岛弧（YDIA）两个构造单元内没有黏性泥石流。这两个构造单元内岩性以蛇绿混杂岩、

碳酸盐岩、硅质岩和火山岩等为主；加上所处位置普遍较高，寒冻风化强烈，多形成岩石碎屑，化学风化弱，不易形成大量细粒（黏土）物质。江达陆缘弧带（JDCMAB）黏性泥石流占比也较小。该火山弧由一套滨浅海相－浅海相碎屑岩、碳酸盐岩及大量中酸性火山岩构成。前寒武系变质程度达到了角闪岩相；古生界为低绿片岩相，中生界基本未受到变质。中生代以前形成的岩石普遍变质程度较深，强度较高，风化后多形成岩屑；只有未变质（或变质程度浅）的碎屑岩风化后产生丰富的细粒（黏土）物质，可形成黏度较高的泥石流。其余构造单元内黏性泥石流占比相对稍高，但仍以过渡性和稀性泥石流为主。

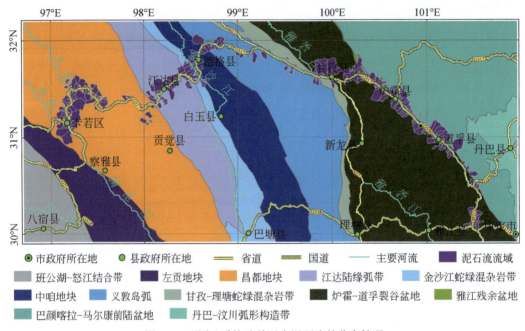

图 3-8　不同地质构造单元内泥石流的分布情况

表 3-5　川藏公路北线不同构造单元内泥石流分布统计表

构造单元	泥石流流体性质/条			泥石流活动频率/条		
	黏性	过渡性	稀性	高频	中频	低频
B-MFB	3	11	24	10	12	16
YJRB	3	8	12	7	6	10
L-DRB	12	41	37	25	27	38
G-LSGHZ	0	3	1	2	0	2
YDIA	0	13	14	3	8	16
ZZLM	2	8	15	6	3	16
JSROME	3	2	7	4	3	5
JDCMAB	2	6	32	7	7	26
CDLM	9	34	37	21	24	35

注：B-MFB——巴颜喀拉－马尔康前陆盆地；YJRB——雅江残余盆地；L-DRB——炉霍－道孚裂谷盆地；G-LSGHZ——甘孜－理塘蛇绿混杂带；YDIA——义敦岛弧；ZZLM——中咱地块；JSROME——金沙江蛇绿混杂带；JDCMAB——江达陆缘弧带；CDLM——昌都地块。

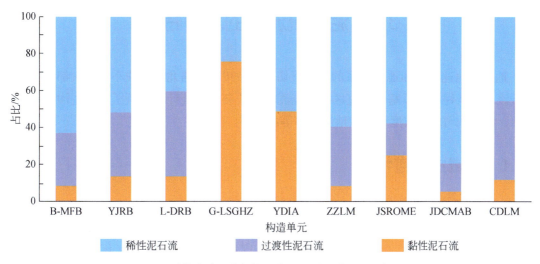

图 3-9　川藏公路北线各构造单元不同性质泥石流占比图

2. 不同活动性泥石流的分布特征

根据表 3-5 的统计结果，绘制了各构造单元内不同活动性泥石流的占比图（图 3-10）。甘孜 - 理塘蛇绿混杂带（G-LSGHZ）处于甘孜 - 马尼干戈段，整体较窄，仅有四条泥石流沟，其中两条属高频泥石流，两条属低频泥石流，不具备统计意义。雀儿山主峰发育在义敦岛弧（YDIA）中间，高程高，气温低，泥石流整体不活跃，尤其是高频泥石流少。此外，除江达陆缘弧带（JDCMAB）区域外，高频泥石流占比相差不多。总体来看，研究区泥石流活动性相对较低，以中、低频为主。

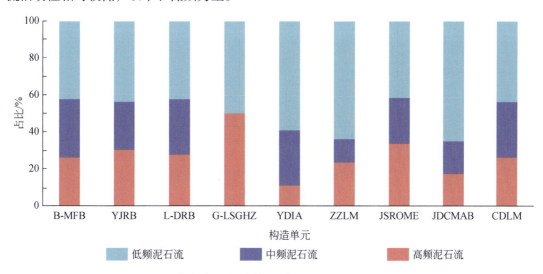

图 3-10　川藏公路北线不同构造单元不同活动性泥石流占比图

3.3 泥石流流域的发育特征

地壳的急速隆升和地表水系的快速下切,导致川藏公路北线沿线小流域大都具备形成泥石流地形条件。本节基于研究区泥石流流域特征参数的统计,分析了流域主沟道、流域面积、流域平均山坡坡度和流域地势发育等的特征。

3.3.1 流域主沟道特征

1. 主沟长度发育特征

研究区泥石流流域主沟长度集中在 10 km 以内,且呈指数分布(图 3-11)。根据统计,最短的主沟长度为 2.03 km,最长达 23.70 km;平均值约为 6.52 km,中位数约为 5.14 km,标准差为 3.95 km。主沟长度平均值明显大于中位数,表明主沟偏长的流域较多。分别去掉前后各 5% 和各 10% 后,主沟长度平均值分别变为 6.10 km 和 5.87 km,明显变小。这表明,偏长的主沟数量较分散。不同分位上的数据统计(表 3-6)也表明,主沟长度越长,数据越分散;90% 分位以下的数据与平均数的差值大都在一个标准差之内,超过一个标准差的主沟长度分布在 10.50~23.70 km,仅占 10% 左右。

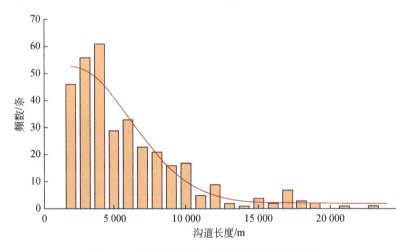

图 3-11 研究区泥石流沟主沟道长度统计图

表 3-6 研究区主沟长度统计分位数计算结果 (单位:km)

项目	10% 分位数	30% 分位数	50% 分位数	60% 分位数	80% 分位数	90% 分位数
长度	2.87	4.00	5.14	6.48	9.08	11.33

注:10% 分位数指主沟长度按小到大顺序排列后,处在 10% 位置的数据;其余类推。

以上分析表明,研究区泥石流主沟长度主要集中在 10 km 以内。统计意义上来讲,主沟偏长的流域较多且较分散，这也说明泥石流更倾向于发生在主沟相对较短的流域。

为了进一步分析不同区段泥石流主沟长度的差异，对各区段的主沟长度进行了统计（表3-7）。结果表明，其分布与研究区总体分布特征基本一致。其中，八美段、甘孜–马尼干戈段、青泥洞–妥坝段泥石流，在去掉10%（均值*）和20%（均值**）后，主沟长度平均值没变化表明泥石流主沟长度分布较集中。从泥石流分布图可以看出，这三段泥石流分布密度最小，流域大小较均匀。

表 3-7　研究区各区段主沟长度统计结果　　　　　　　（单位：km）

区段	平均值	最小值	最大值	中位数	标准差	分位数*	分位数**	均值*	均值**
新都桥段	5.09	2.40	10.81	4.41	2.23	2.878	8.00	4.91	4.84
八美段	5.63	2.33	9.87	5.51	2.54	2.54	9.12	5.53	5.53
道孚–甘孜段	6.80	2.30	23.70	5.10	4.48	2.82	12.79	6.34	6.05
甘孜–马尼干戈段	6.36	2.83	15.39	5.03	3.74	2.98	12.01	5.90	5.90
德格–青泥洞段	5.96	2.03	19.38	4.83	3.40	2.67	10.20	5.61	5.50
青泥洞–妥坝段	4.71	2.15	8.53	3.65	2.47	2.46	8.52	4.57	4.57
妥坝–昌都段	7.64	2.38	18.80	6.47	4.16	3.53	14.60	7.36	6.97

注：分位数*指10%分位数，分位数**指90%分位数；均值*指去掉前后（最小和最大）各5%后的平均值，均值**指去掉前后各10%的平均值。

2. 主沟床纵比降发育特征

沟床纵比降是泥石流流体由位能转变为动能的底床条件，是影响泥石流形成和运动的重要因素。一般来说，沟床纵比降越大，越有利于泥石流的发生。统计表明（图3-12），研究区泥石流流域的主沟床纵比降集中在80‰~330‰，占总数的90.9%；纵比降最小为43.75‰，最大为630.87‰；平均值为219.26‰，中位数为212.24‰，标准差为87.68‰平均值和中位数接近。去掉前后各5%和10%后，纵比降平均值分别为214.34‰和212.89‰，略小于整体平均值；不同分位上的统计结果也表明沟床纵比降分布较集中（表3-8），基本符合正态分布。

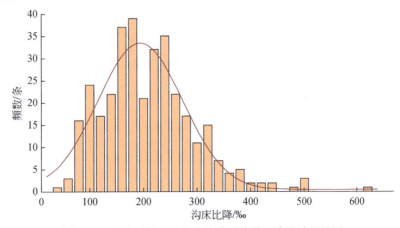

图 3-12　研究区泥石流主沟沟床平均纵比降统计柱状图

表3-8　研究区主沟沟床平均纵比降分位数统计结果　　　　　　　（单位：‰）

项目	10%分位数	30%分位数	50%分位数	60%分位数	80%分位数	90%分位数
沟床比降	112.52	169.23	212.24	234.97	282.20	326.49

注：10%分位数指主沟床纵比降按从小到大顺序排列后，处在10%位置的数据；其余类推。

沟床比降最小（43.75‰）的流域位于道孚县八美镇，该流域的室内编号为025JL，沟口地理坐标为101.483°E，30.485°N。该流域支沟沟蚀和面蚀比较明显，中下游两岸滑坡形成的堆积也较明显；但主沟沟床较平缓，通常情况下很难形成泥石流；若遭遇极端降水，不排除形成泥石流的可能性。

为了分析不同区段泥石流沟床纵比降的差异，把各段的统计结果列于表3-9。从表3-9中可以看出，各段沟床纵比降与研究区总体分布特征一致。从均值和中位数的关系来看，新都桥段、道孚－甘孜段、甘孜－马尼干戈段、青泥洞－妥坝段中位数相对较大，表明这些区段主沟平均比降偏小数相对较多，其余各段则相反。

表3-9　研究区各区段主沟平均纵比降统计结果表　　　　　　　（单位：‰）

区段	平均值	最小值	最大值	中位数	标准差	分位数*	分位数**	均值*	均值**
新都桥段	144.46	66.00	222.16	155.93	45.748	87.17	198.30	144.50	144.89
八美段	134.97	43.75	196.82	129.02	40.978	82.68	191.38	138.23	138.23
道孚－甘孜段	212.85	69.74	367.00	217.50	67.504	120.02	310.24	212.38	211.74
甘孜－马尼干戈段	229.73	83.77	408.01	253.60	97.938	109.87	342.29	227.03	227.03
德格－青泥洞段	264.74	82.29	630.87	248.07	109.566	147.28	403.41	259.23	256.73
青泥洞－妥坝段	193.73	84.41	282.72	211.52	64.223	99.36	263.24	195.99	195.99
妥坝－卡若段	205.94	88.26	427.76	197.49	69.602	113.29	296.08	203.49	203.26

注：分位数*指10%分位数，分位数**指90%分位数；均值*指去掉前后（最小和最大）各5%后的平均值，均值**指去掉前后各10%的平均值。

为了进一步分析各区段间的差异，对各段沟床纵比降作了单因素方差分析。结果表明（表3-10和图3-13），新都桥段与道孚－甘孜段、德格－青泥洞段、妥坝－卡若段这三段差异显著；八美段与道孚－甘孜段、德格－青泥洞段两段差异显著；道孚－甘孜段与德格－青泥洞段差异显著；德格－青泥洞段仅与甘孜－马尼干戈段、青泥洞－妥坝段两段没有明显差异，与其他各段均差异显著；甘孜－马尼干戈段和青泥洞—妥坝两段与其他各段没有明显差异。

表3-10　方差分析表

项目	平方和（SS）	自由度（df）	均方（MS）	F	$P(F)$
区段	400 645.1	6	66 774.2	10.09	3.018×10^{-10}
误差	2 197 900.1	332	6 620.2		
总和	2 598 545.2	338			

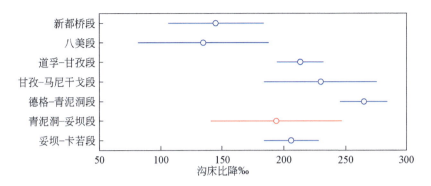

图 3-13　主沟床平均纵比降方差分析多重比较结果图

3.3.2　流域面积发育特征

研究区泥石流流域面积分布在 2.01~146.75 km²；平均值为 16.46 km²，中位数为 7.60 km²，标准差为 23.00 km²。统计表明，约 90% 的流域面积小于 40 km²，约 76% 的面积小于 20 km²，约 56% 的面积小于 10 km²，小于 5 km² 的占三成（34%）以上，流域面积分位数统计结果见表 3-11。流域面积的分布呈指数形式（图 3-14）。通常情况下，泥石流大多形成于集水区面积较小的流域；较小的集水区更易于泥石流的形成和运动。

表 3-11　研究区泥石流流域面积分位数统计结果表　　　　　（单位：km²）

位置	10% 分位数	30% 分位数	50% 分位数	60% 分位数	80% 分位数	90% 分位数
流域面积	2.64	4.49	7.60	11.14	23.03	39.21

注：10% 分位数指流域面积按从小到大顺序排列后，处在 10% 位置的数据；其余类推。

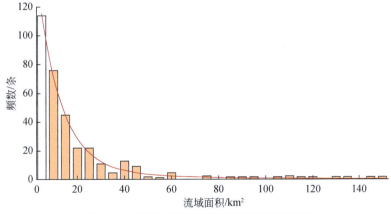

图 3-14　研究区泥石流流域面积分布统计图

流域面积分段统计结果列于表 3-12。从表 3-12 中可以看出，泥石流分布较密集段，如道孚－甘孜段、德格－青泥洞段和妥坝－昌都段，流域面积平均值相对稍大，但其中位数相差不大。这也说明，研究区泥石流主要集中于面积较小的流域。

表 3-12　研究区各区段泥石流流域面积统计结果表　　（单位：km²）

区段	平均值	最小值	最大值	中位数	标准差	分位数*	分位数**	均值*	均值**
新都桥段	10.82	2.01	43.32	6.63	10.393	2.73	24.93	9.42	8.76
八美段	9.83	2.12	37.88	9.09	10.197	2.17	23.78	7.57	7.57
道孚－甘孜段	18.00	2.04	146.75	7.24	26.661	2.65	44.57	13.67	11.88
甘孜－马尼干戈段	13.39	2.33	47.66	6.54	13.876	2.40	38.06	11.45	11.45
德格－青泥洞段	14.09	2.12	111.28	7.48	18.119	2.58	27.09	11.19	10.52
青泥洞－妥坝段	10.31	2.34	33.05	4.58	11.408	2.49	30.37	8.67	8.67
妥坝－卡若段	21.12	2.57	130.57	9.94	27.518	3.67	45.83	17.30	14.53

注：分位数*指10%分位数，分位数**指90%分位数；均值*指去掉前后（最小和最大）各5%后的平均值，均值**指去掉前后各10%的平均值。

3.3.3　流域平均山坡坡度特征

流域山坡坡度影响泥石流物源的形成速度，以及固体物质的补给方式和数量，进而影响泥石流的规模和暴发频率。本书采用面积加权法，分别统计了各个流域的山坡平均坡度。结果表明，流域山坡坡度平均值为25.25°，中位数为25.65°，最小值为10.28°，最大值为36.07°，标准差4.02°。不同坡度的流域频数统计结果如图3-15所示，其分布形式基本呈正态分布。根据统计，约90%的流域山坡平均坡度大于20°；80%的流域山坡坡度集中在20°~30°。流域平均山坡坡度分位数统计结果见表3-13。

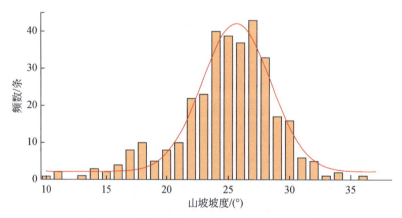

图 3-15　研究区泥石流流域山坡坡度统计图 [①]

---

① 山坡坡度的统计包含了清水区、形成区和流通区，不包含泥石流堆积区。

表 3-13　研究区泥石流流域山坡平均坡度分位数统计结果表　　[单位：（°）]

项目	10% 分位数	30% 分位数	50% 分位数	60% 分位数	80% 分位数	90% 分位数
平均坡度	19.64	24.14	25.65	26.63	28.26	29.73

注：10% 分位数指流域山坡平均坡度按从小到大顺序排列后，处在 10% 位置的数据；其余类推。

　　表 3-14 为研究区各区段流域山坡平均坡度统计结果。除八美段山坡坡度均值稍小外，其余各段均值都超过 22°。八美段泥石流分布密度较小，且有龙灯草原和塔公草原，地形和缓，发育的泥石流流域山坡坡度自然也较小。甘孜 – 马尼干戈段地势较高，泥石流分布密度也较小；其山坡坡度较离散（标准差最大），表明该段泥石流流域地形变化较大。德格 – 青泥洞段和妥坝 – 卡若段流域平均山坡坡度均值和中位数都较大，更有利于泥石流的发生。

表 3-14　研究区各区段泥石流流域山坡平均坡度统计结果表　　[单位：（°）]

区段	平均值	最小值	最大值	中位数	标准差	分位数*	分位数**	均值*	均值**
新都桥段	24.90	11.95	28.25	25.98	3.680	21.50	27.58	25.47	25.64
八美段	20.30	15.84	27.02	20.30	3.986	15.93	26.50	20.05	20.05
道孚 – 甘孜段	23.89	13.46	30.08	24.49	3.425	18.82	27.88	24.06	24.16
甘孜 – 马尼干戈段	24.33	11.95	30.39	25.76	5.248	13.80	28.43	24.86	24.86
德格 – 青泥洞段	27.23	10.28	36.07	27.58	4.030	22.50	31.59	27.49	27.57
青泥洞 – 妥坝段	22.52	15.87	25.80	24.16	3.310	16.67	25.40	22.90	22.90
妥坝 – 卡若段	26.59	16.94	33.67	26.66	2.998	23.56	29.73	26.73	26.74

注：分位数*指 10% 分位数，分位数**指 90% 分位数；均值*指去掉前后（最小和最大）各 5% 后的平均值，均值**指去掉前后各 10% 的平均值。

　　从表 3-14 还可看出，除八美段外，其余各段山坡平均坡度均值都小于其中位数，表明流域山坡平均坡度偏小的数据相对较多，分布范围更宽，较大的数据更集中。这表明研究区泥石流更倾向于发生在山坡坡度较大的流域。

　　为了进一步分析区段间的差异，对各区段的山坡平均坡度进行了单因素方差分析。结果表明（图 3-16 和表 3-15），新都桥段与八美段的山坡平均坡度差异显著，与其他段没有显著差异；八美段与甘孜 – 马尼干戈段、青泥洞 – 妥坝段两段没有明显不同，与其他四段差异显著；道孚 – 甘孜段与八美段、德格 – 青泥洞段、妥坝 – 卡若段这三段差异显著；甘孜 – 马尼干戈段与各段均没有明显不同；德格 – 青泥洞段与八美段、道孚 – 甘孜段、青泥洞 – 妥坝段这三段差异显著；青泥洞 – 妥坝段与德格 – 青泥洞段、妥坝 – 卡若段这两段差异显著；妥坝 – 卡若段与八美段、道孚 – 甘孜段、青泥洞 – 妥坝段这三段差异显著。

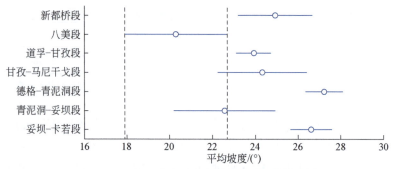

图 3-16　山坡平均坡度方差分析多重比较结果图

表 3-15　方差分析表

项目	平方和（SS）	自由度（df）	均方（MS）	F	$P（F）$
区段	1 074.44	6	179.074	13.53	9.572×10^{-14}
误差	4 392.94	332	13.232		
总和	5 467.38	338			

3.3.4　流域地势发育特征

地形在泥石流形成的三个基本条件中，相对稳定。地势条件是流域整体地形的反映，一定程度上决定着沟床纵比降、山坡坡度和沟谷形态等特征。地势条件可用面积–高程积分值定量地表达；积分值代表流域沟口高程以上的物质总量。同时，面积–高程积分值也能够对流域地貌发育阶段进行定量描述。

为了分析研究区泥石流流域的地势特征，分别计算了各流域的面积–高程积分值（HI）。结果表明，HI 的均值为 0.52，中位数为 0.52，最小值为 0.32，最大值为 0.73，标准差为 0.063。去掉前后各 5% 和 10% 后，HI 的均值分别为 0.517 和 0.518，说明统计数据对称分布。HI 的频数统计结果如图 3-17 所示。从统计数据和统计图可以看出，泥石流流域的 HI 符合正态分布。

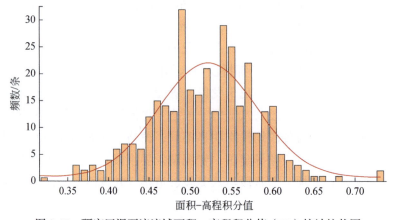

图 3-17　研究区泥石流流域面积–高程积分值（HI）统计柱状图

Strahler认为面积高程曲线的凸形、"S"形和凹形分别对应着地貌演化的幼年期（HI>0.60）、壮年期（0.35<HI≤0.60）和老年期（HI≤0.35）。从表3-16的分位数统计可以看出，研究区泥石流流域的积分值约80%分布在0.40~0.60，表明这些流域大都处于流域演化的壮年期。积分值小于0.35的仅一条（HI=0.32），大于0.60的约占10%。需要说明的是，Strahler设想的是具有单一构造背景的稳定陆块，而研究区地质构造背景复杂，流域演化阶段分期的阈值有待进一步研究。

表 3-16　研究区泥石流流域面积－高程积分值分位数统计结果表

项目	10%分位数	30%分位数	50%分位数	60%分位数	80%分位数	90%分位数
积分值	0.43	0.49	0.52	0.54	0.57	0.59

注：10%分位数指主沟长度按小到大顺序排列后，处在10%位置的数据；其余类推。

流域面积－高程积分值（HI）分段统计结果列于表3-17。从表3-17中可以看出，各区段HI的均值都较大，表明全区流域演化都处于壮年期。新都桥段和八美段HI的均值相对较小，表明流域演化较其他区域更成熟，但也都处于壮年期。野外调查也表明，这两个区域地形相对较和缓，地势高差较其他区段小，流域演化更趋成熟。

表 3-17　研究区各区段泥石流流域面积－高程积分值统计结果表

区段	平均值	最小值	最大值	中位数	标准差	分位数*	分位数**	均值*	均值**
新都桥段	0.46	0.38	0.73	0.44	0.078	0.39	0.53	0.44	0.44
八美段	0.46	0.36	0.60	0.45	0.083	0.37	0.59	0.45	0.45
道孚－甘孜段	0.53	0.37	0.73	0.54	0.057	0.45	0.59	0.53	0.53
甘孜－马尼干戈段	0.51	0.32	0.63	0.50	0.092	0.41	0.62	0.51	0.51
德格－青泥洞段	0.52	0.36	0.63	0.53	0.055	0.46	0.59	0.53	0.53
青泥洞－妥坝段	0.53	0.43	0.65	0.54	0.066	0.45	0.62	0.53	0.53
妥坝－昌都段	0.51	0.36	0.66	0.51	0.054	0.45	0.58	0.51	0.51

注：分位数*指10%分位数，分位数**指90%分位数；均值*指去掉前后（最小和最大）各5%后的平均值，均值**指去掉前后各10%的平均值。

为了进一步分析各区段面积－高程积分值（HI）的差异，对各区段的HI进行了单因素方差分析。结果表明（图3-18和表3-18），新都桥段和八美段的HI没有显著差异；新都桥段与道孚－甘孜段、德格－青泥洞段、青泥洞－妥坝段和妥坝－卡若段这四段的差异均显著；八美段与道孚－甘孜段、德格－青泥洞段这两段差异显著；甘孜－马尼干戈段与各段均没有显著差异；道孚－甘孜段和德格－青泥洞段这两段与新都桥段和八美段差异显著；青泥洞－妥坝段和妥坝－卡若段这两段与新都桥段差异显著。

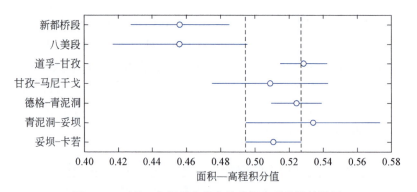

图 3-18　面积－高程积分值方差分析多重比较结果图

表 3-18　方差分析表

项目	平方和（SS）	自由度（df）	均方（MS）	F	$P（F）$
区段	0.139 04	6	0.023 17	6.37	2.313×10^{-6}
误差	1.207 78	332	0.003 64		
总和	1.346 82	338			

3.4　泥石流的活动特征

研究区泥石流具有如下活动特征。

1. 泥石流堆积扇缺失或不完整

泥石流堆积扇是确定泥石流沟的充分条件之一。同时，它也是衡量泥石流沟侵蚀强度、输沙能力、活动历史与规模的一个重要综合指标。但是，发育完全的泥石流堆积扇比较少见，多数扇形地都会受到人为破坏或主河冲刷而失去前缘，甚至完全缺失。

根据现场调查和遥感解译，研究区 339 条泥石流沟中有 228 条沟口堆积扇缺失，占 67.26%；堆积扇发育较完整的共 95 条，约占 28.02%；保存完整的只有 16 条，仅占 4.72%。泥石流堆积扇缺失或不完整的占 95% 以上（图 3-19）。

泥石流堆积扇的缺失，除与泥石流规模有关外，主要与主河冲刷有关。如果泥石流规模小，进入主河后很容易被河水带走，难以在沟口堆积。同样，主河强大的输移能力也是堆积扇难以保存的重要原因。

根据调查，研究区泥石流活动性普遍较低。大部分降水是以冰雪的形式发生，难以快速形成有效的径流。冰雪融水受温度变化影响大，只有在气温快速升高的情况下，才有可能形成大量的冰雪融水。缓慢的气温变化产生的冰雪融水，往往形成一些挟沙水流，或小规模稀性泥石流。在强大的主河输移作用下，堆积物很难保存。

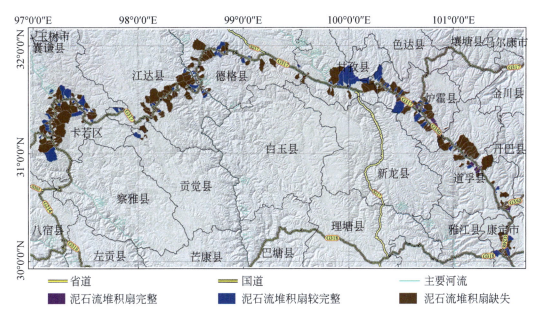

图 3-19　研究区泥石流堆积扇完整程度图

研究区新构造运动以地壳抬升为主，澜沧江、金沙江及其主要支流下切明显。主河的快速下切导致各支沟侵蚀基准面下降，泥石流冲出物质也很难在沟口保存。从这个意义上讲，泥石流堆积扇的普遍缺失，也是区域性地壳抬升的结果。堆积扇的普遍缺失也反证了地壳抬升的事实。

从图 3-19 可以看出，堆积扇保存完整的流域主要集中在鲜水河两岸，而且流域面积普遍较小，最大的为 12.5 km²，大部分在 2~5 km²。这些堆积扇多形成在河流阶地上。

2. 泥石流暴发频率以低频为主，中、高频数量相当

泥石流活动性主要取决于物源特征。松散固体物源动储量丰富，或有明显集中物源（崩塌和滑坡）的流域，比其他流域的泥石流更加活跃。根据泥石流的暴发频率，其活动性划分为三个等级：高频、中频和低频。高频泥石流沟是指最近 2 年内至少暴发过一次泥石流的流域；中频泥石流沟是指最近 3~30 年暴发过一次泥石流的流域；低频泥石流沟是指 30 年以上暴发过一次泥石流的流域。

根据统计，研究区低频泥石流沟占近一半，为 48.38%；中、高频泥石流沟基本相当，各占 25.00% 左右（图 3-20）。从统计数据上看，四川省甘孜州的泥石流较西藏自治区昌都市的稍活跃一些，但活动性差异不明显；前者的高频泥石流沟占 26.24%，共 53 条，后者占 23.36%，有 32 条。西藏自治区昌都市的低频泥石流沟占 50.36%，高于四川省的 47.03%。

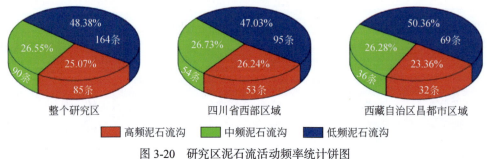

图 3-20　研究区泥石流活动频率统计饼图

3. 泥石流流体性质以过渡性和稀性为主，黏性较少

泥石流流体性质是表征和研究泥石流特征的重要指标。通常分为三大类：稀性泥石流（密度为 1.3~1.6 g/cm³），水沙两相体，呈紊流态；黏性泥石流（密度 ≥ 2.0 g/cm³），泥浆两相体，以层流为主；过渡性泥石流，介于两者之间。

根据统计，稀性泥石流占 48.97%，过渡性泥石流占 41.00%，黏性泥石流仅占约 10.00%；近 90.00% 为稀性和过渡性泥石流（图 3-21）。稀性泥石流在西藏自治区昌都市区域占半数以上，为 57.66%，明显高于四川省西部区域的占比。这两个区域的黏性泥石流沟占比相当，均在 10.00% 左右。

图 3-21　研究区泥石流流体性质分类统计饼图

泥石流流体的水土比直接决定其性质。水土比与物源补给有关。当松散固体物源丰富时，大量松散物质起动形成泥石流，或不断补充到泥石流体中，导致土水比增大，流体的整体性逐渐加强，泥石流体性质更偏向于黏性。泥石流物源中细颗粒含量，尤其是当小于 0.02 mm 的细颗粒（包括黏粒和粉粒）含量较多时，形成的泥石流浆体浓度会变大。浆体具有蜂窝状网格结构，能束缚沙粒和小石块，流体的侵蚀能力增强，有利于形成黏性泥石流。

研究区出露的岩性主要有碎屑岩、碳酸盐岩、浅变质岩和火山岩。这些岩石除部分岩浆岩（如花岗岩类）外，经过化学风化后大都容易产生黏土矿物等，为泥石流活动提供细颗粒物质。但是，该区域高程整体较高（>3000 m），而且除卡若区、金沙江沿岸和炉霍县部分地区外，其余地段高程均高于 3500 m。高高程区地表气温普遍较低，以寒冻风化作用为主，化学风化作用弱。风化后形成的矿物成熟度低，多以块碎石和粗颗粒为主，黏粒含量偏低。当缺乏足够的细颗粒时，地表径流形成的泥石流浆体不易形成网格和格架结构，较粗的砂粒和石块以推移质方式搬运；流体性质也多以稀性和过渡性为主。

3.5 公路泥石流病害特征

川藏公路北线沿线泥石流对道路工程设施危害严重，危害形式多样。本节首先分析了泥石流对公路不同设施危害的空间分布特征，然后对不同设施的泥石流病害现状和病害机理进行了分析。

3.5.1 空间分布特征

1. 公路沿线桥涵等与泥石流危害统计

通过调查，共排查出 163 处公路泥石流灾害点，其中影响涵洞的占 47%，影响桥梁的占 36%，影响路基路面的占 10%。道孚县、炉霍县、德格县、江达县与妥坝乡附近路段的泥石流灾害点较为密集（图 3-22）。

影响涵洞的泥石流灾害点主要分布在道孚 – 炉霍段、江达县附近，其他地段仅有零星分布（图 3-23）。

影响桥梁的泥石流灾害点主要集中在道孚 – 炉霍段，新都桥镇附近和妥坝乡附近也有分布，其余地段仅有零星分布（图 3-24）。

影响路面的泥石流灾害点除甘孜 – 马尼干戈段和青泥洞乡附近没有外，其余地段均有零星分布（图 3-25）。调查发现，这些泥石流沟口通常高于或略低于路面标高。

2. 公路沿线泥石流危害与地形关系统计

在高程 4100 m 以上区域（新都桥 – 昌都方向的 420~460 km、560~580 km、650~680 km 与 710~730 km），基本没有公路泥石流灾害点（图 3-26）。在高程相对较低，空间上起伏较为频繁的 100~160 km 路段，灾害点较为密集。500 km 和 615 km 附近路段，竖向糙度 R 和水平曲率 K 值显著升高，表明附近地形较为复杂，有较多泥石流沟出现。在 740~850 km 路段，高程起伏变化不大，水平曲率 K、曲折度和竖向糙度 R 较大，泥石流发育。

为了进一步分析泥石流与公路空间形态的关系，分别统计了高程、曲折度、竖向糙度 R 与水平曲率 K 的泥石流灾害点数量（图 3-27）。在 3300~3500 m 高程范围内，公路泥石流灾害发育较多。绝大多数泥石流灾害点所处公路的曲折度和竖向糙度 R 都比较小，即接近于直线的区域。公路水平曲率 K 在 0~0.01 范围和 0.02~0.04 范围内数量较多；水平曲率 0~0.01 的公路线形接近于直线，与上述的情况类似；水平曲率 0.02~0.04 基本处于老堆积扇半径相近的曲线曲率，这些灾害点主要影响桥涵。

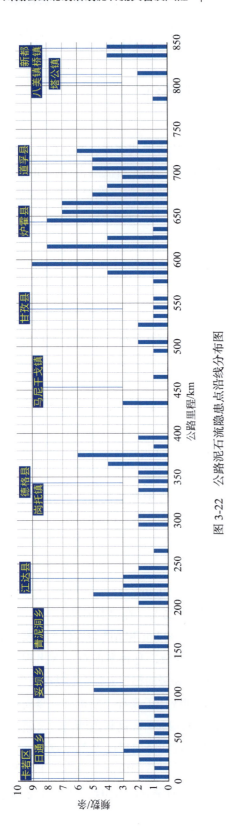

图 3-22 公路泥石流隐患点沿线分布图

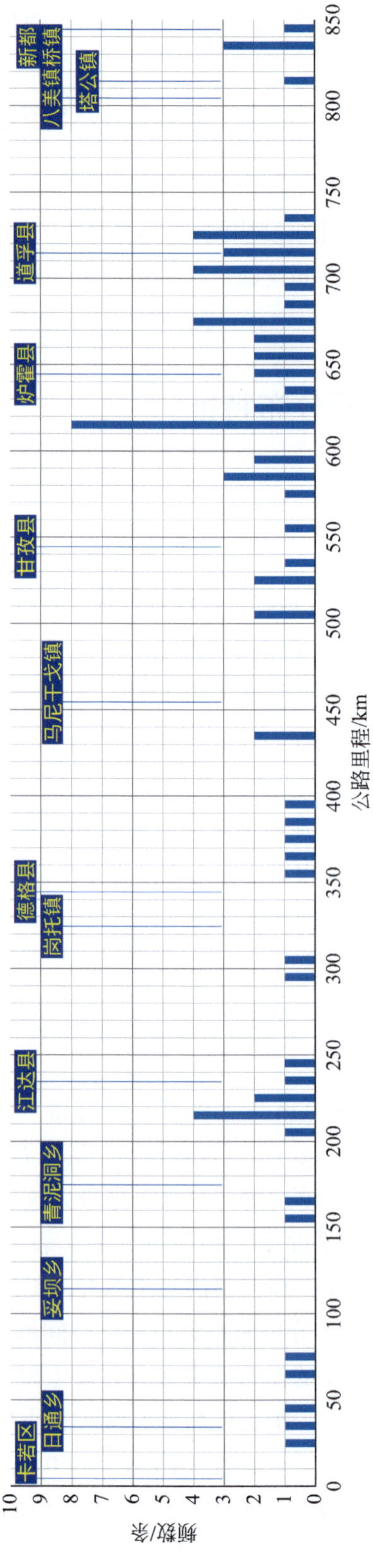

图 3-23 影响涵洞的隐患点沿线分布图

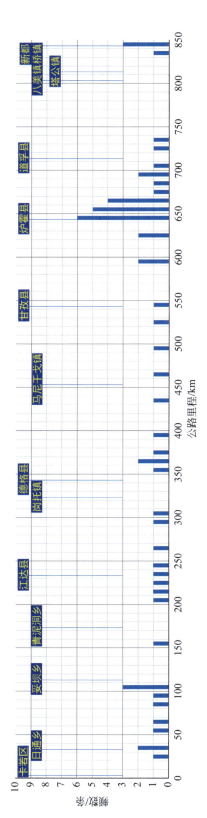

图 3-24　公路泥石流桥梁隐患点沿线分布图

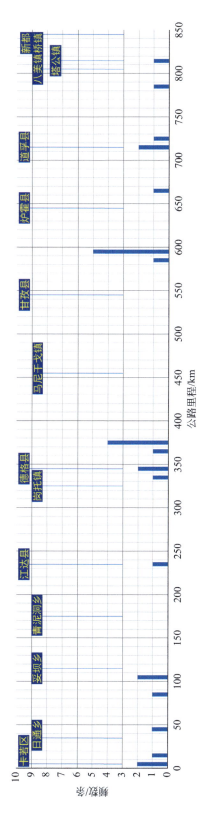

图 3-25　公路泥石流路面隐患点沿线分布图

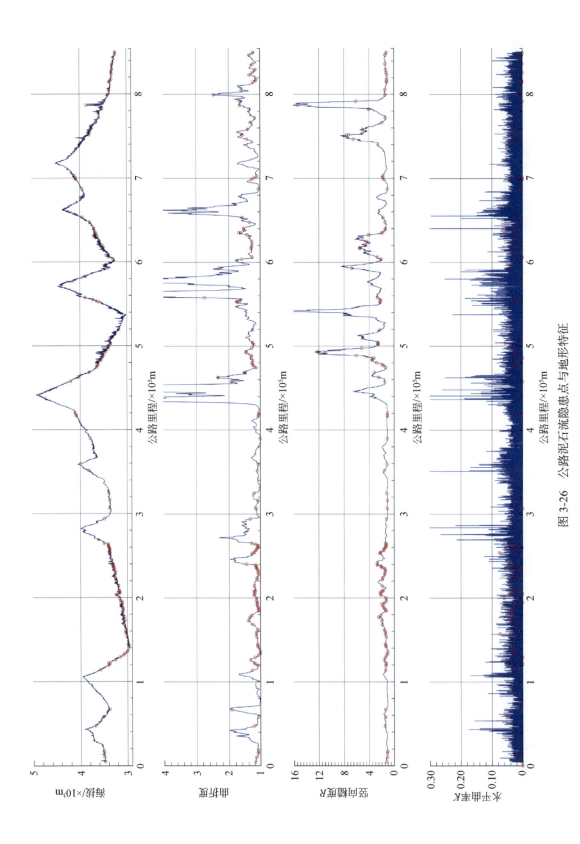

图 3-26 公路泥石流隐患点与地形特征

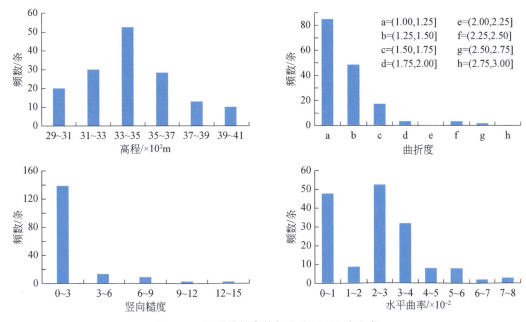

图 3-27   地形特征参数与公路泥石流隐患点

3.5.2   典型公路泥石流病害特征

1. 影响公路涵洞的泥石流灾害

通过调查，共排查出影响公路涵洞的泥石流有 76 处，其中已经造成病害的有 39 处。泥石流的危害方式有淤积（31 处）、磨蚀 / 刻蚀（7 处）和冲击（1 处）3 种。其中，淤积有部分淤积（27 处）和淤满（4 处）两种情况。

涵洞淤积是指涵洞从入口 – 洞身 – 出口段有固体物质发生堆积的现象，是该区域公路泥石流常见病害类型之一。泥石流在涵洞中的堆积物含有大颗粒，且级配很不均匀（图 3-28）。

图 3-28   公路沿线涵洞泥石流淤积现象

涵洞淤积的影响因素较为复杂，归纳起来主要有以下几种情况：①涵洞底部宽度大，纵向坡度较缓，泥石流进入涵洞后减速，部分颗粒发生淤积；②泥石流流量小，在涵洞中逐渐发生沉积停留；③涵洞本身的运动阻力较大，泥石流进入后减速，导致淤积；④涵洞断面尺寸太小，大石块直接挡住涵洞断面；⑤已有淤积的涵洞，在较大水流或山洪冲刷下，部分淤积被清除的残留结果。发生淤积的涵洞往往并不直接构成公路病害，但淤积导致涵洞的效能降低，在后期泥石流来临时发生淤堵。

泥石流的流量大于涵洞过流能力，或者涵洞内泥石流运动阻力过大，都会导致淤堵（图3-29）。涵洞淤堵后，泥石流可能冲上公路，导致路面被淤埋；而泥石流运动产生的冲蚀力也可能导致路面、路基发生破坏。有时泥石流在涵洞淤堵后，还会顺着坡度沿公路边沟向低处流动，在沿路流动过程中冲蚀路基，导致路基受损。

图 3-29　公路涵洞完全淤堵现象

泥石流的冲击和磨蚀会对涵洞结构本身造成破坏（图3-30）。泥石流体中粗颗粒撞击结构物表面时，形成微小的裂纹、坑穴，这些裂纹与坑穴增大了泥石流的运动阻力，使得泥石流对结构冲磨作用力进一步加大，加速结构表面的破坏。大多数泥石流沟具有季节性或常年水流，这些水流虽然冲蚀作用相对较小，但累计作用时间长，且冬季流水进入到结构的孔隙时，会因冻涨而产生冰劈作用，加速涵洞结构的破坏。

图 3-30　涵洞冲磨破坏现象

考察发现，钢筋混凝土构件抵抗泥石流冲磨作用的能力大于素混凝土，素混凝土的抗冲磨能力大于砌体结构，砌体结构抗冲磨能力大于水泥砂浆表层。因此，采用高弹性模量的硬质脆性材料承受泥石流的冲击，从力学机理上来说是不明智的，但由于综合成本低廉常常被采用。如果能够在硬质脆性材料表面使用柔韧材料承受泥石流的冲击作用，应该能起到较好的防护效果。

泥石流发生淤积或淤堵的重要原因之一，是涵洞本身的阻力过大，导致泥石流运动受阻。如图 3-31 所示，部分路基由于在高度上没有足够的空间来修建涵洞进行排水或排导泥石流，选用了跌水井式的洞口。这种纵向上的多次折线点，使得泥石流的运动不连续，跌落后因阻力增大，导致淤积和淤堵。此外，当泥石流流路发生较大变化时，其运动也会受阻。如图 3-32 所示，平面线性不流畅容易导致涵洞淤堵，其堵塞机理如图 3-33 所示。

图 3-31　沟槽 – 涵洞纵向线形不流畅

图 3-32　沟槽 – 涵洞平面线性不流畅

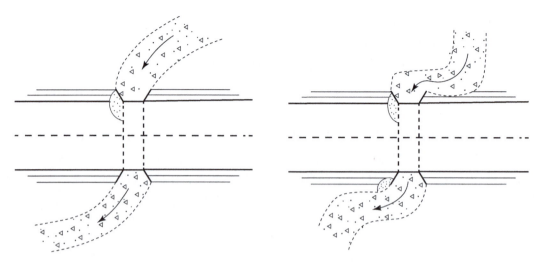

图 3-33 沟槽 – 涵洞平面线性不流畅导致淤积机理示意图

2. 影响公路桥梁的泥石流灾害

桥梁相比涵洞，跨度大，桥下净空也大，桥下淤堵现象较少，也未发现泥石流对桥梁上部结构造成实质性影响的情况。但是，桥梁下部结构，如桥台、桥墩和基础，以及桥梁的附属结构，如锥形护坡、护岸、导流工程等，均可能受到泥石流直接或间接的危害。

图 3-34 是 G317 线 K1009+567 朵那同桥，泥石流冲毁了桥台内侧的浆砌块石护墙。图 3-35 所示，一桥台护坡的浆砌块石锥坡坡脚局部被冲蚀破坏；另外一处桥台混凝土护坡，在冲蚀作用下发生倒塌。

(a)桥台左侧的浆砌块石护墙现状　　　　　　　(b)桥台左侧的浆砌块石护墙现状

图 3-34 朵那同桥桥台被冲蚀破坏

为了让泥石流从桥下快速通过，防止淤积，通常会在桥址上下游修建排导槽。调查发现，泥石流导流防护结构本身也常遭到破坏（图 3-36）。例如，排导槽底在泥石流的冲蚀下出现破损，形成坑洼不平的表面；在泥石流累积作用下，形成局部凹槽，最终导

(a)锥坡坡脚冲蚀   (b)桥台地基掏蚀

图 3-35 桥台护坡冲蚀破坏

(a)导流槽壁被侧蚀

(b)桥基前导流槽底磨蚀   (c)桥护底磨蚀

图 3-36 桥梁导流结构和护底被冲蚀破坏

致槽底被切穿（图3-37）。如果泥石流在护底上的切磨通道接近桥台或桥墩部分，则会危及桥台和桥墩的安全。

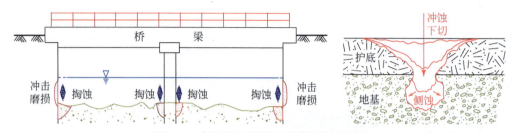

图3-37　桥下槽底被泥石流冲磨破坏机理

桥梁下泥石流明显淤积的现象较少。通常发生在桥下沟槽坡度过缓，或桥下过流不畅的情况下（图3-38）。若不及时清淤，泥石流在桥下不断淤积，最终会威胁桥梁和道路的安全。

图3-38　桥梁下泥石流淤积

3. 影响路基路面的泥石流灾害

调查发现，泥石流淤埋路基路面的情况时有发生。如图3-39所示，该路段的涵洞因被淤堵（图3-39中涵洞已经被清理），导致路面被泥石流淤埋。该公路病害的形成与涵洞排泄泥石流能力不足有关，其成灾机理如图3-40所示。由于泥石流无法及时地从涵洞通过，

(a)泥石流淤埋路面

(b)涵洞出入口被淤积

(c)路基路面被破坏

图 3-39　涵洞淤堵导致泥石流淤积道路

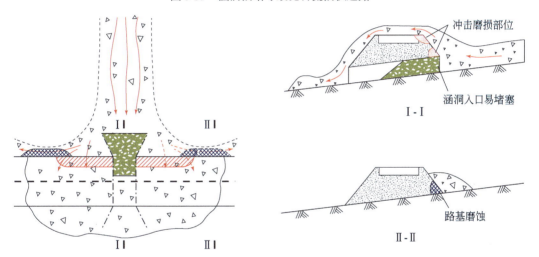

图 3-40　涵洞淤堵造成路基路面损坏模式

在道路一侧迅速聚集，然后越过路基漫过路面，冲向对侧。泥石流对路基和路面形成较大的冲击力与磨蚀力，导致涵洞附近的路基和路面被破坏。

图 3-41 所示为一处因涵洞过流能力不足导致的路基路面破坏灾点。这里的涵洞为盖板涵，宽度较大，且上覆路基较薄。涵洞被堵后，后续泥石流不断冲压涵洞入口，使得涵洞内部流体压力增大，从而在涵洞内部的上表面处形成较大的膨胀压力（图 3-42）。涵洞

(a)影像位置

(b)路面覆盖情况

(c)路面抬升   (d)护栏破坏   (e)涵洞堵塞

图 3-41   公路路基路面抬升变形

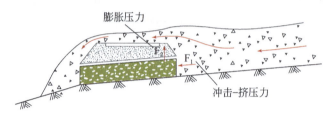

图 3-42   涵洞淤堵造成路基路面抬升破坏机理

顶部路基较薄,路基的重力和材料强度不足以抵挡涵洞向上的膨胀力,最终导致路基和路面被挤胀抬升。抬升后的路面与路基,对泥石流运动形成较大阻碍,泥石流向两侧更宽的范围流动,使得道路被掩埋的范围变大。

图 3-43 所示为一处泥石流改道导致路基被掏蚀破坏的例子。究其原因,还是涵洞被泥石流淤堵所致。该泥石流沟道在平面上与公路斜交,因涵洞坡降较小,易发生淤堵;最终造成两个涵洞被堵,路基被掏蚀,路面被淤埋(已被清理)。此公路病害的形成机理如图 3-44 所示。泥石流将涵洞堵塞后,一部分泥石流越过路面,导致对侧的路基被破坏;另一部分泥石流沿着公路边沟流动。由于边沟为土石裸露边坡,泥石流对路基造成磨蚀。

(a)路面情况   (b)道路对侧

图 3-43   泥石流改道致使路基掏蚀破坏

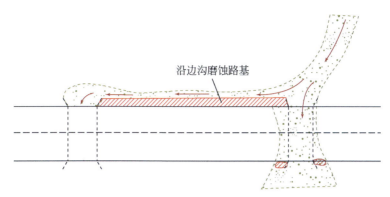

图 3-44　泥石流改道致使路基掏蚀破坏机理

3.6　小　结

（1）研究区全线均有泥石流沟分布，但不同区段分布密度有差异。

从各行政区公路沿线来看，炉霍县泥石流分布密度最高，达 0.78 条 /km，其次是昌都市卡若区附近，分布密度为 0.50 条 /km，新都桥镇附近分布密度相对也较高，约为 0.41 条 /km，道孚县和江达县分别为 0.34 条 /km 和 0.38 条 /km。甘孜县和德格县分布相对较少，分别为 0.22 条 /km 和 0.25 条 /km。

各条国省道泥石流的分布密度相差不大，除 G350（八美镇到炉霍县城段）分布密度为 0.43 条 /km 外，其余两条线路的分布密度分别为 0.38 条 /km 和 0.39 条 /km。

各构造单元内泥石流的分布也有差异。甘孜 – 理塘蛇绿混杂带和义敦岛弧两个构造单元内以稀性和过渡性泥石流为主，没有黏性泥石流；江达陆缘弧带内黏性泥石流占比也较小；其余构造单元黏性泥石流占比相对稍高，但普遍以过渡性和稀性泥石流为主。

（2）研究区泥石流流域面积普遍较小，主沟纵比降大，流域山坡陡，具备发育泥石流的地形条件。

泥石流流域面积分布在 2.01~146.75 km²，平均值为 16.46 km²，中位数 7.60 km²；约 90% 的流域面积小于 40.00 km²，约 76% 的流域面积小于 20.00 km²，约 56% 的流域面积小于 10.00 km²，泥石流更倾向于发育在面积较小的流域。

泥石流主沟长度主要集中在 10 km 以内，最短为 2.03 km，最长达 23.70 km，平均值约为 6.52 km，中位数约为 5.14 km；主沟长度普遍较短，与流域面积普遍较小有关。沟床纵比降 90% 以上集中在 80 ‰~330‰，平均值为 219.26‰，中位数 212.24‰，平均值和中位数接近，表明沟床比降分布较集中，符合正态分布。

泥石流流域山坡坡度平均值为 25.25°，最小值为 10.28°，最大值为 36.07°，中位数为 25.65°，约 90% 的流域山坡平均坡度大于 20°；80% 的流域山坡坡度集中在 20°~30°，有利于松散固体物质的聚集和储存。

　　研究区泥石流流域的面积－高程积分值约80%分布在0.40~0.60，小于0.35的仅一条（HI=0.32），大于0.60的约占10%，表明研究区泥石流流域大都处于流域演化的壮年期，地形条件有利于形成泥石流。泥石流流域特征演化主要与该区域地壳抬升速度较快有关。

　　（3）研究区以中频和低频、过渡性和稀性、暴雨型泥石流为主，堆积扇普遍缺失或不完整。

　　低频泥石流沟占48.38%；中、高频泥石流沟基本相当，各占25%左右。四川省甘孜州的泥石流较西藏自治区昌都市的稍活跃一些，但活动性差异不明显。稀性泥石流占48.97%，过渡性泥石流占41.00%，黏性泥石流仅占约10.00%；近90.00%为稀性和过渡性泥石流。稀性泥石流在西藏区域占57.66%，明显高于四川区域的占比。这两个区域的黏性泥石流沟占比相当，均在10.00%左右。

　　研究区339条泥石流沟中有228条沟口堆积扇缺失，占67.26%；堆积扇发育较完整的共95条，约占28.02%；保存完整的只有16条，仅占4.72%。泥石流堆积扇缺失或不完整的占95%以上。堆积扇保存完整的流域主要集中在鲜水河两岸，多形成在河流阶地上。

第4章 | 泥石流灾害风险

泥石流对道路工程设计的影响是山区道路建设的关键技术问题之一（崔鹏和林勇明，2008），开展公路沿线泥石流灾害风险评估，对道路工程减灾设计与风险管理至关重要（崔鹏和邹强，2021）。川藏公路北线泥石流灾害广泛发育，给公路涵洞、桥梁、路基路面等设施造成不同类型的危害，严重影响道路交通安全。本章在泥石流特征研究的基础上，对泥石流危险性进行了评价；在公路泥石流易损性影响因素分析的基础上，评价了川藏公路北线的泥石流易损性；最后，基于危险性和易损性评价结果，完成了川藏公路北线的泥石流风险评价与分区。

4.1 泥石流危险性评价

泥石流危险性是根据其形成条件确定评价指标体系，选择合适的方法进行评价。本节基于泥石流的形成条件，选择6个评价指标，采用证据权法对研究区泥石流的危险进行评价。

4.1.1 评价指标

泥石流形成的基本条件包括固体物源、水源和地形条件。因此，形成泥石流的基本因素包括地形、地质、气候、植被等。地形为泥石流活动提供能量和能量转化条件。地质因素集中反映在松散碎屑物质的形成方面。气候因素主要是为泥石流活动提供水源条件。植被具有拦截雨水、减小地表径流、延长汇流时间和固结土壤等作用，对抑制泥石流有重要作用。

由于形成泥石流的影响因素复杂，在危险性评价指标选取时需遵循科学系统的原则（崔鹏等，2001）。既要根据泥石流的形成环境确定有针对性的指标，又要避免带有重复性的高关联性指标。基于上述考虑，根据研究区泥石流的孕灾环境和诱发条件，选取地形坡度、地层岩性、断层缓冲距离、地震加速度、年平均降水量、地表覆盖共6个评价指标进行危险性评价（Sun et al.，2023）（图4-1）。

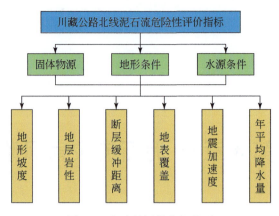

图 4-1　危险性评价指标体系

1. 地形坡度

斜坡的坡度直接决定坡体内部的应力分布，是控制斜坡岩土体稳定性的重要因素之一。它影响崩滑灾害的发生，进而影响泥石流松散物源的分布和聚集。坡度较小的区域，地势相对平缓，泥石流灾害不易发生（邹强等，2013）。随着坡度增大，坡体稳定性降低，松散物质容易形成和积累，有利于泥石流发生。但是，达到一定坡度上限（>45°）之后，松散物质反而不易堆积。野外调查发现，地面坡度 <15° 的区域，往往是主河道或泥石流堆积扇地段；坡度 15°~35° 范围内，多为泥石流发育和流通地段。因此，利用 ArcGIS 空间分析工具对研究区 30 m 分辨率的 DEM 数据进行坡度提取，并将其分为五级：<15°、15°~25°、25°~35°、35°~45°、≥45°，坡度分级结果见图 4-2。表 4-1 为坡度分级统计结果表。

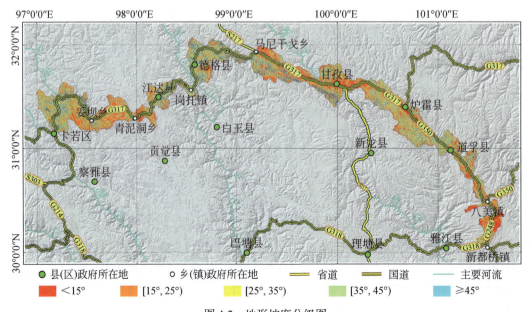

图 4-2　地形坡度分级图

研究区 79.44% 的区域地形坡度在 15°~45°，其中 48.44% 的区域地形坡度在 25°~45°；整体地形坡度较陡。

表 4-1 地形坡度分级统计表

坡度分级	研究区面积 /km²	分级面积占比 /%*	发育泥石流面积 /km²	泥石流面积占比 /%**
<15°	2706.35	24.30	780.03	18.78
15°~25°	3452.92	31.00	1289.20	31.05
25°~35°	3484.72	31.28	1467.72	35.35
35°~45°	1288.31	11.56	543.64	13.09
≥ 45°	207.21	1.86	71.80	1.73

注：* 分级面积占比指各分级面积占研究区总面积的比值；** 泥石流面积占比指各分级泥石流流域总面积占研究区泥石流流域总面积的比值；下同。

2. 地层岩性

地层岩性决定松散物质形成的速度和方式，是影响泥石流发育的重要因素。岩土体强度越低，胶结越差，其承重能力、抗剪、抗风化能力越差，越容易遭受风化，从而产生较多的松散固体物质。

研究区的地层岩性数据来自 1:50 万区域地质图。研究区出露地层主要有理塘蛇绿岩群和金沙江蛇绿岩群，古生界奥陶系、志留系、泥盆系、石炭系、二叠系以及中生界三叠系、侏罗系等；在各级河流、谷底、山麓及其边缘分布有第四系松散堆积物，岩性以灰色、青灰色块状灰岩，灰黑色浅变质砂板岩为主；其次为紫红色砂岩、粉砂岩、泥岩等夹玄武岩和火山碎屑岩。岩浆岩则主要为花岗岩和闪长岩。

根据工程地质岩体分级标准，结合岩土体结构特征和物理力学性质，将研究区出露地层的岩性分为七类：①坚硬的侵入岩组：以花岗岩、闪长岩为主；②坚硬、较坚硬的熔岩组：以玄武岩、凝灰岩、火山碎屑岩为主；③较坚硬的浅变质岩组：以板岩、千枚岩为主；④较坚硬的碳酸盐岩组：以厚层至块状灰岩、白云岩为主；⑤软硬相间的碎屑岩组：以石英砂岩、粉砂岩、杂色泥岩等碎屑岩为主；⑥蛇绿混杂岩组：以金沙江和理塘蛇绿岩群的岩体为主；⑦第四系松散堆积物：以阶地砂、卵、砾石、粉土、黏土，冰碛物、河湖沉积物等为主。岩性分级图见图 4-3，各岩组分级统计结果列于表 4-2。研究区的浅变质岩和软硬相间的碎屑岩组占 80% 以上，岩体强度相对较低。其中，西藏境内主要分布软硬相间的碎屑岩组，而川西地区以浅变质岩组为主。

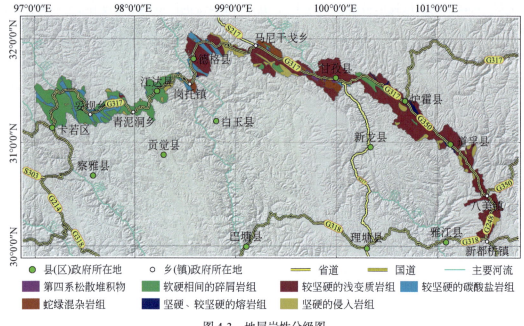

图 4-3　地层岩性分级图

表 4-2　地层岩性分级统计表

地层岩性分级	研究区面积 /km²	占比 /%	发育泥石流面积 /km²	占比 /%
坚硬的侵入岩组	877.87	7.88	306.32	7.38
坚硬、较坚硬的熔岩组	256.37	2.30	100.01	2.41
较坚硬的浅变质岩组	5283.48	47.43	2115.1	50.94
较坚硬的碳酸盐岩组	894.72	8.03	299.73	7.22
软硬相间的碎屑岩组	3143.36	28.22	1276.12	30.73
蛇绿混杂岩组	468.95	4.21	34.99	0.84
第四系松散堆积物	214.76	1.93	20.12	0.48

3. 断层缓冲距离

活动断层对区域稳定和岩体稳定影响很大，是最不利的工程地质因素（杨志华等，2023）。断裂带附近，岩体破碎，往往发育糜棱岩、碎裂岩等浅变质岩；风化后，形成带状厚风化壳。鲜水河断裂是研究区最大的活动构造，次级活动断层数量众多（王敏等，2008；Li et al.，2020）。距离断裂带越近，岩体破碎程度相对越高。研究区断层的分布数据主要来源于 1:50 万区域地质图。利用 ArcGIS 空间分析工具构建断层缓冲区（图 4-4），并将其划分为五个等级：<500 m，500~1000 m，1000~2000 m，2000~5000 m 和 ≥5000m。表 4-3 统计了各缓冲区的面积及其占比等。

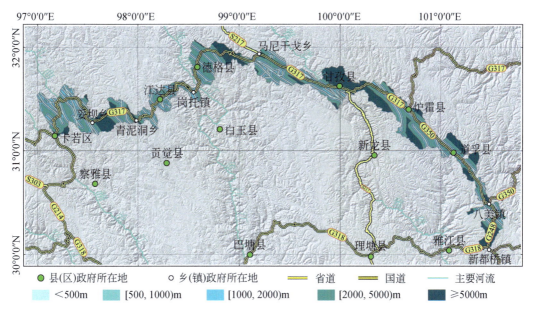

图 4-4　断层缓冲距离分级图

表 4-3　断层缓冲距离分级统计表

断层缓冲距离分级	研究区面积 /km²	占比 /%	发育泥石流面积 /km²	占比 /%
<500 m	1563.77	14.04	481.19	11.59
500~1000 m	1404.36	12.61	461.94	11.12
1000~2000 m	2169.14	19.47	715.29	17.23
2000~5000 m	3393.39	30.46	1180.62	28.43
≥ 5000m	2608.85	23.42	1313.35	31.63

4. 地震动峰值加速度

鲜水河断裂是我国地震最多、活动性最强的活动断层之一（熊探宇等，2010；Bai et al.，2018）。强烈的地震导致岩土体结构被破坏，强度降低，崩滑灾害发育，为泥石流活动孕育大量的松散物质（Yu et al.，2014；Hu et al.，2019）。根据历史地震记录统计，1700 年以来，在鲜水河断裂带沿线共发生 $M_s \geq 5.0$ 级地震 49 次，其中 6.0 ~ 6.9 级 18 次，$M_s \geq 7.0$ 级 9 次，最大震级为 1786 年康定市 8.0 级（Bai et al.，2018）。最近一次强震为 2022 年 9 月 5 日发生在泸定县的 6.8 级地震。地震加速度为地震时地面运动的加速度，可反映研究区潜在地震活动强烈程度。根据《中国地震动参数区划图》（GB18306—2015），研究区地跨四个不同地震动峰值加速度区：0.10 g、0.15 g、0.20 g 和 0.30 g（图 4-5）。表 4-4 统计了各级面积及其占比等数据。地震动峰值加速度高值区主要集中在川西地区；其中，甘孜县 – 炉霍县 – 道孚县 – 八美镇一线动峰值加速度最高，卡若区 – 江达镇一线中间段最低。

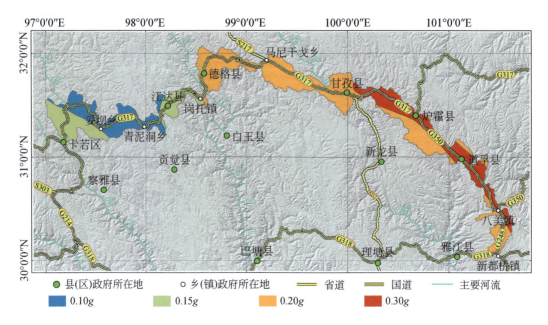

图 4-5　研究区地震动峰值加速度分级图

表 4-4　地震动峰值加速度分区统计表

地震动峰值加速度 分级 /g	研究区面积 /km²	占比 /%	发育泥石流 面积 /km²	占比 /%
0.10	1828.47	16.41	580.09	13.97
0.15	1792.38	16.09	840.65	20.24
0.20	5362.87	48.15	1673.82	40.31
0.30	2155.79	19.35	1057.83	25.48

5. 年平均降水量

泥石流的发生与降水密不可分。降水不仅是泥石流的重要激发条件，还是泥石流的重要组成部分，并为泥石流的形成和运动提供水动力条件（Berenguer et al., 2014；Jomelli et al., 2019）。基于多年平均降水数据，将研究区降水量划分为五个等级：<550 mm，550~600 mm，600~700 mm，≥700 mm（图 4-6）。表 4-5 统计了不同降水区的面积及其占比等数据。整体来看，研究区降水量自西向东逐渐增加，公路沿线（河谷地带）降水量较低，向两侧（随高程增高）变高。

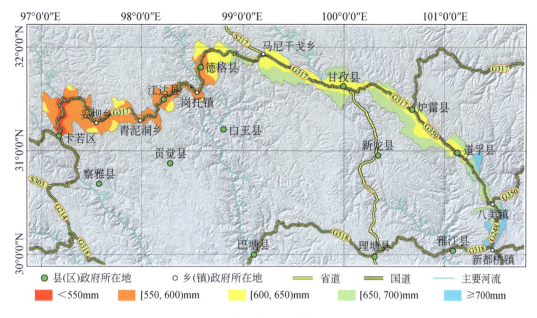

图 4-6　研究区年平均降水量分级图

表 4-5　研究区年平均降水量分级统计表

年平均降水分级 /mm	研究区面积 /km²	占比 /%	发育泥石流面积 /km²	占比 /%
<550	363.17	3.26	186.09	4.48
550~600	3338.62	29.97	1252.89	30.17
600~650	3712.49	33.33	1332.11	32.08
650~700	3144.04	28.22	1112.27	26.79
≥700	581.19	5.22	269.03	6.48

6. 地表覆盖

　　人类经济活动和土壤植被状况影响泥石流的发育。不合理的人类活动，可能会诱发泥石流。地表植被的固土保水作用可以提高土体强度和抗冲刷能力，防止水土流失。地表覆盖数据反映土地利用类型和植被分布状况，应作为评价指标之一（邹强等，2017）。基于 10 m 的地表覆盖数据，研究区地表覆盖类型有九类：耕地、林地、草地、湿地、灌木、水体、不透水面、裸地、雪被区（图 4-7）。表 4-6 统计了不同土地利用类型的面积及其占比等数据。研究区地表以林地和草地为主，两者占比达 87.25%；耕地和不透水面占比仅为 1.38%，表明人类活动总体上强度较低。

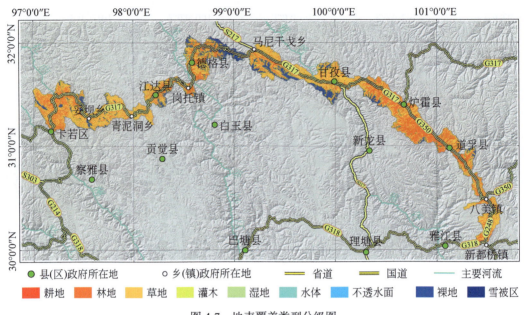

图 4-7　地表覆盖类型分级图

表 4-6　地表覆盖类型分级表

地表覆盖分级	研究区面积 /km²	占比 /%	发育泥石流面积 /km²	占比 /%
耕地	129.74	1.16	22.44	0.54
森林	3182.79	28.57	1376.61	33.15
草地	6536.95	58.68	2316.71	55.79
灌木	80.89	0.73	34.65	0.83
湿地	2.24	0.02	0.45	0.01
水体	24.29	0.22	2.47	0.06
不透水面	24.12	0.22	4.21	0.10
裸地	1102.71	9.90	370.55	8.92
雪被区	55.78	0.50	24.30	0.59

4.1.2　评价方法

泥石流危险性评价方法采用证据权法。它是加拿大地质学家 Agterberg 等提出的基于贝叶斯条件概率为理论基础的一种地学统计和预测方法（Agterberg，1992；Agterberg and Cheng，2002）。它的原理是将已知的离散事件作为训练样点（如泥石流灾害点），与事件有关的各种因素作为证据因子（即评价指标），基于证据因子与训练样点的空间关系，计算各证据因子对事件发生的贡献值（权重）。若证据因子满足条件独立，则以后验概率的形式给出评价单元格内事件发生的预测结果。后验概率越大，表明事件发生的可能性越大。

由此看来，证据权法是一种综合各种证据来支持一种假设的客观定量方法（Carranza，2004；Weed，2005）。泥石流危险性评价也是综合各种因素，得到一个危险性定量结果的分析过程。它自然可以用于泥石流危险性评价。

证据权法评价泥石流危险性的具体步骤如下。

首先，对影响因子进行独立性检验，根据检验结果筛选出最为合理的证据层因子。

其次，将符合独立性检验的证据层因子（地形坡度、地层岩性、年平均降水量、与断层距离、地震动峰值加速度、地表覆盖）进行重分类，并与泥石流图层叠加，计算各分类等级因子对泥石流的贡献，即权重（W_j）。

再次，根据泥石流分布情况计算先验概率 $P(D)$，再根据影响因子权重值计算后验概率 $P_{后验}$。具体计算方法如下：

$$P(D) = \frac{S(D)}{S(L)} = \frac{S_{泥石流}}{S_{研究区}} \tag{4-1}$$

$$O_{先验} = \frac{P(D)}{1-P(D)} \tag{4-2}$$

$$P(B_j / D) = \frac{B_j \cap D}{D} = \frac{S_{B_jD}}{S_D} \tag{4-3}$$

$$P(B_j / \overline{D}) = \frac{B_j \cap \overline{D}}{\overline{D}} = \frac{S_{B_j} - S_{B_jD}}{S_L - S_D} \tag{4-4}$$

$$P(\overline{B_j} / D) = \frac{\overline{B_j} \cap D}{D} = \frac{S_D - S_{B_jD}}{S_D} \tag{4-5}$$

$$P(\overline{B_j} / \overline{D}) = \frac{\overline{B_j} \cap \overline{D}}{\overline{D}} = \frac{S_L - S_D - S_{B_j} + S_{B_jD}}{S_L - S_D} \tag{4-6}$$

$$W_j^+ = \ln \frac{P(B_j / D)}{P(B_j / \overline{D})} \tag{4-7}$$

$$W_j^- = \ln \frac{P(\overline{B_j} / D)}{P(\overline{B_j} / \overline{D})} \tag{4-8}$$

$$C = W_j^+ - W_j^- \tag{4-9}$$

$$O_{后验} = \exp \left[\ln(O_{先验}) + \sum_{j=1}^{n} W_j^k \right] \tag{4-10}$$

$$P_{后验} = \frac{O_{后验}}{1 + O_{后验}} \tag{4-11}$$

式中，P 为条件概率值；D 为研究区内泥石流流域面积，km^2；$\overline{D}$ 为研究区内非泥石流面积，km^2；$S_{泥石流}$ 为泥石流流域总面积，km^2；$S_{研究区}$ 为研究区总面积，km^2；B_j 为影响因子存在情况下的泥石流流域面积（或非泥石流流域面积），km^2；$\overline{B}_j$ 为影响因子不存在情况下的泥石流流域面积，km^2；O 为有利度（包括先验有利度和后验有利度）。W_j^+、W_j^- 分别为证据因子存在和不存在的权重值，对于原始数据缺失的区域权重值为 0；C 为各证据因子与证据层（泥石流）的相关程度。

最后，将计算的 W_j^+ 赋值于该证据因子，W_j^- 赋值于该因子以外的其他分类级别。将赋值后的矢量图层转化为栅格，并利用栅格计算器先求和，再计算后验概率。后验概率值在 0~1，反映了泥石流危险性概率的大小，根据该值对研究区进行泥石流危险性区划。

4.1.3　评价结果及分析

1. 因子权重

基础的地形数据采用 30m 分辨率的 DEM，其衍生的坡度等数据分辨率也都是 30m 的精度。因此，泥石流的评价采用 30 m×30m 的栅格评价单元。对研究区六个评价指标的栅格数据进行预处理，获得各指标的面积参数值，带入前述证据权法的相关公式 [式（4-3）~式（4-8）] 进行计算，最终确定各指标的权重值。

此次评价的区域只限于对公路有影响的泥石流流域所在区域，对公路无直接影响的泥石流所在区域不在此次危险性评价的范围。评价区域的面积为 11 139.51 km^2，泥石流流域总面积为 4152.39 km^2；根据式（4-1）计算得到先验概率为 0.5943。

1）地形坡度

对研究区的坡度进行证据权分析，得到地形坡度的证据权值，列于表 4-7。

表 4-7　地形坡度的证据权值

坡度分级	$P(B_j/D)$	$P(B_j/\overline{D})$	$P(\overline{B}_j/D)$	$P(\overline{B}_j/\overline{D})$	W_j^+	W_j^-	C
<15°	0.1879	0.2757	0.8121	0.7243	−0.3837	0.1145	−0.4981
15°~25°	0.3105	0.3097	0.6895	0.6903	0.0026	−0.0012	0.0037
25°~35°	0.3535	0.2887	0.6465	0.7113	0.2025	−0.0955	0.2980
35°~45°	0.1309	0.1066	0.8691	0.8934	0.2057	−0.0276	0.2333
>45°	0.0173	0.0194	0.9827	0.9806	−0.1141	0.0021	−0.1162

由表 4-7 可知，不同坡度对泥石流形成的贡献程度不同，小于 15° 以及大于 45° 范围内的坡度与泥石流形成呈负相关，25°~45° 范围内的坡度与泥石流形成呈正相关，其中 25°~35° 范围内坡度的 C 值最大，相关性最高；说明 25°~35° 的坡地更易于形成泥石流。

2）地层岩性

对研究区的地层岩性进行证据权分析，得到各岩组的证据权值，列于表4-8。

表4-8　地层岩性的证据权值

地层岩性	$P(B_j/D)$	$P(B_j/\bar{D})$	$P(\bar{B}_j/D)$	$P(\bar{B}_j/\bar{D})$	W_j^+	W_j^-	C
坚硬的侵入岩组	0.0738	0.0817	0.9262	0.9183	−0.1023	0.0086	−0.1109
坚硬、较坚硬的熔岩组	0.0241	0.0223	0.9759	0.9777	0.0768	−0.0018	0.0786
较坚硬的浅变质岩组	0.5094	0.4534	0.4906	0.5466	0.1166	−0.1082	0.2249
较坚硬的碳酸盐岩组	0.0720	0.0852	0.9280	0.9148	−0.1683	0.0143	−0.1826
软硬相间的碎屑岩组	0.3073	0.2672	0.6927	0.7328	0.1399	−0.0563	0.1962
蛇绿混杂岩组	0.0084	0.0621	0.9916	0.9379	−1.9975	0.0557	−2.0532
第四系松散堆积物	0.0048	0.0278	0.9952	0.9722	−1.7482	0.0234	−1.7716

由表4-8可知，坚硬的侵入岩、较坚硬的碳酸盐岩、蛇绿混杂岩以及第四系松散堆积物与泥石流的形成呈负相关；而坚硬、较坚硬的熔岩，较坚硬的浅变质岩，软硬相间的碎屑岩与泥石流的形成呈正相关。其中，较坚硬的浅变质岩组 C 值最大，相关性最高；其次是软硬相间的碎屑岩组。这说明研究区泥石流发育地区的岩性主要是三叠系的浅变质砂板岩和碎屑岩。第四系松散堆积物主要是冲洪积物，位于泥石流沟口和河谷两岸。这些区域往往是泥石流的堆积区，不是形成区，对泥石流的形成贡献不大。

3）断层缓冲距离

对研究区的断层缓冲距离进行证据权分析，得到断层缓冲距离的证据权值，列于表4-9。

表4-9　断层缓冲距离的证据权值

断层缓冲距离/m	$P(B_j/D)$	$P(B_j/\bar{D})$	$P(\bar{B}_j/D)$	$P(\bar{B}_j/\bar{D})$	W_j^+	W_j^-	C
<500	0.1159	0.1549	0.8841	0.8451	−0.2905	0.0452	−0.3357
500~1000	0.1112	0.1349	0.8888	0.8651	−0.1926	0.0270	−0.2196
1000~2000	0.1723	0.2081	0.8277	0.7919	−0.1889	0.0442	−0.2331
2000~5000	0.2843	0.3167	0.7157	0.6833	−0.1078	0.0463	−0.1541

由表4-9可知，断层缓冲区内的 W_j^+ 均为负值，与泥石流形成呈负相关。此次评价的区域是川藏公路北线沿线，公路沿河修建，河流基本沿断层展布。相当长的地段，公路和断层基本上是平行展布的。距离断层较近的区域往往是河流两岸的河漫滩或河流阶地，同时也是泥石流的堆积区。泥石流的形成是流域内的事件，沟口往往是泥石流活动的危险区。因此，研究区距离断层越近的区域对泥石流形成的影响反而越小。

研究区基本上都在断层的影响范围内。在空间上，泥石流沿河流和断层呈带状分布。断层因素成为泥石流形成的环境背景条件。但是，从表4-9可以看出，虽然断层缓冲距离与泥石流形成呈负相关,但缓冲距离不同,其影响还是有明显差异的。

4)地震动峰值加速度

对研究区地震动峰值加速度进行证据权分析,得到峰值加速度证据权值,列于表4-10。

表 4-10   地震动峰值加速度的证据权值

地震动峰值加速度 /g	$P(B_j/D)$	$P(B_j/\bar{D})$	$P(\bar{B}_j/D)$	$P(\bar{B}_j/\bar{D})$	W_j^+	W_j^-	C
0.10	0.1397	0.1787	0.8603	0.8213	−0.2460	0.0464	−0.2924
0.15	0.2025	0.1362	0.7975	0.8638	0.3963	−0.0798	0.4761
0.20	0.4031	0.5280	0.5969	0.4720	−0.2699	0.2347	−0.5046
0.30	0.2548	0.1571	0.7452	0.8429	0.4831	−0.1231	0.6062

由表4-10可知,当地震加速度最大为0.30时,C值最大,与泥石流形成条件相关性最高,这也说明地震活动强烈程度影响地质灾害的分布情况和发育程度。

5)年平均降水量

对研究区年平均降水量进行证据权分析,得到年平均降水量的证据权值,列于表4-11。

表 4-11   年平均降水量的证据权值

年平均降水量 /mm	$P(B_j/D)$	$P(B_j/\bar{D})$	$P(\bar{B}_j/D)$	$P(\bar{B}_j/\bar{D})$	W_j^+	W_j^-	C
<550	0.0448	0.0253	0.9552	0.9747	0.5700	−0.0202	0.5902
550~600	0.3017	0.2985	0.6983	0.7015	0.0107	−0.0046	0.0153
600~650	0.3208	0.3407	0.6792	0.6593	−0.0601	0.0297	−0.0898
650~700	0.2679	0.2908	0.7321	0.7092	−0.0821	0.0318	−0.1139
>700	0.0648	0.0447	0.9352	0.9553	0.3716	−0.0213	0.3929

由表4-11可知,当降水量<550 mm时,C值反而最大,与泥石流形成的相关性最高。在降水量较低的区域,如果遭遇短历时强降水和局地强降水同样会激发形成泥石流。这说明降水是形成暴雨型泥石流的重要激发因素,但不是泥石流发生的充分条件。该区域泥石流的形成还与其他因素有关。

6)地表覆盖

对研究区地表覆盖进行证据权分析,得到地表覆盖的证据权值,列于表4-12。

表 4-12　地表覆盖的证据权值

地表覆盖	$P(B_j/D)$	$P(B_j/\bar{D})$	$P(\bar{B}_j/D)$	$P(\bar{B}_j/\bar{D})$	W_j^+	W_j^-	C
耕地	0.0054	0.0154	0.9946	0.9846	−1.0442	0.0101	−1.0543
森林	0.3315	0.2585	0.6685	0.7415	0.2488	−0.1037	0.3525
草地	0.5579	0.6040	0.4421	0.3960	−0.0794	0.1101	−0.1894
灌木	0.0083	0.0066	0.9917	0.9934	0.2317	−0.0017	0.2334
湿地	0.0001	0.0003	0.9999	0.9997	−0.8597	0.0001	−0.8598
水体	0.0006	0.0031	0.9994	0.9969	−1.6562	0.0025	−1.6587
不透水面	0.0010	0.0028	0.9990	0.9972	−1.0334	0.0018	−1.0352
裸地	0.0892	0.1048	0.9108	0.8952	−0.1606	0.0172	−0.1778
雪被区	0.0059	0.0045	0.9941	0.9955	0.2614	−0.0014	0.2628

　　不同地表覆盖类型对泥石流的影响程度不尽相同；林地与泥石流发生的相关性最大。研究区地表覆盖主要以林地和草地为主，通常草地处于地形和缓，光照充足的阳坡，而林地多位于地形陡峻、蒸发量小的阴坡。这也是为什么草地与泥石流发生呈负相关，林地呈正相关的原因。

　　将上述指标权重计算结果汇总如表 4-13 所示，可得到以下认识。

表 4-13　各影响因素权值汇总表

证据层	地形坡度 （35°~45°）	地层岩性 （软硬相间的碎屑岩）	断层缓冲距离 （2000~5000 m）	地震动峰值加速度 （0.3 g）	年平均降水量 （<550 mm）	地表覆盖 （森林）
W^+	0.2057	0.1399	−0.1078	0.4831	0.5700	0.2488
C	0.2333	0.1962	−0.1541	0.6062	0.5902	0.3525

　　（1）根据地形坡度的分级结果，坡度在 25°~35° 范围内山坡的 C 值最大，对泥石流的形成贡献最大。这与泥石流形成区坡度分布情况一致。流域地形坡度的陡缓影响松散物质的分布情况，坡度越大，坡面以及沟道汇流速度越快，泥石流的物源和水源补给越充足。但是，当坡度超过一定限值（45°）后，松散固体物质不易聚集和储存，反而不利于泥石流活动。

　　（2）地层岩性分级结果表明软硬相间的碎屑岩组更容易形成泥石流。软硬相间的碎屑岩组主要以石英砂岩、粉砂岩、杂色泥岩等为主。此类岩层胶结程度低，软硬相间。岩性相对软弱的岩层，易风化脱落，导致差异风化；相对坚硬的岩层因失去支撑，易形成崩塌。因此，软硬相间的岩层因差异风化，更容易为泥石流活动提供松散物源。

　　（3）断层缓冲距离在 2000~5000 m 时 W^+ 值最大，虽然不符合人们通常的认知，但符合研究区泥石流与断层位置关系的实际情况。这也说明不能简单用与断层距离这一指标来反映断层构造对泥石流形成的控制作用，应根据实际情况具体分析。

　　（4）地震加速度为 0.3 g 的区域，泥石流更发育。地震作用越剧烈，岩土体结构越松散，稳定性越差，越容易提供松散物质。

（5）年平均降水量 <500 mm 这一分级指标的 W^+ 值最大。这表明该区域泥石流形成主要受下垫面的影响，降水只是诱发因素，达到一定强度后就可能激发泥石流。同时，也说明不是降水量大的区域，就一定比降水量小的区域更容易暴发泥石流。泥石流的形成更多的是受下垫面的影响。

（6）地表覆盖类型分级结果显示在林地分布地区，更容易形成泥石流。这是由于研究区林地占地面积较大，而其所在位置泥石流分布较多。这并不能说明植被本身对泥石流的发生有促进作用。通常来讲，植被对抑制泥石流活动起积极的作用。该区域林地往往处于阴坡，地形相对更陡峻，松散物质更丰富，相对其他区域更容易形成泥石流。该指标权重结果也说明证据权法只反映各指标与泥石流的分布关系这一客观现象，并不一定能反映泥石流形成机理层面的关系。

2. 危险区划及分析

危险区划在 ArcGIS 平台上完成。常用的分区方法主要有：①自然断点法——适用于区划结果数值序列比较离散的情况；②几何间断法——适用于区划结果数值集中在某一区域的情况；③等间隔法——适用于区划结果数值比较均匀的情况；④分位数法——适用于指标数据呈线性分布的情况。

利用 ArcGIS 栅格计算获得指标证据层后验概率即为研究区泥石流危险度，范围是 0.0037~0.8023。分析发现，计算得到的后验概率数值较集中，适宜采用几何间断法对危险度进行区划。共划分为五个等级：低危险区、较低危险区、中危险区、较高危险区、高危险区，结果见图 4-8。表 4-14 统计了各危险区的基本情况。

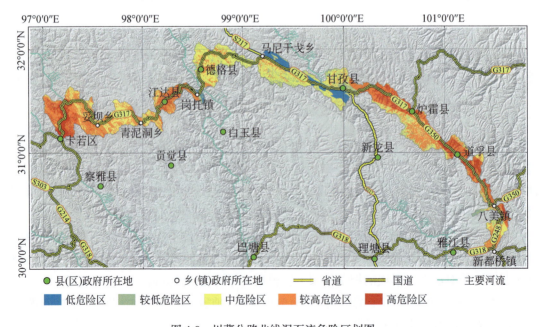

图 4-8　川藏公路北线泥石流危险区划图

表 4-14 不同等级危险区面积统计表

危险等级	研究区面积 /km²	占比 */%	发育泥石流面积 /km²	占比 **/%
低危险区	636.09	5.71	51.13	1.23
较低危险区	762.98	6.85	189.12	4.55
中危险区	4239.31	38.06	1423.37	34.28
较高危险区	4140.19	37.17	1740.12	41.91
高危险区	1360.94	12.22	748.65	18.03

注：占比 * 指各危险区面积占研究区（评价区）总面积的比值；占比 ** 指各危险区泥石流流域面积占评价区泥石流总面积的比值。

结合危险区划图（图 4-8）和统计表（表 4-14）可知：

（1）低危险区面积占研究区总面积的 5.71%；泥石流流域面积占泥石流总面积的 1.23%，占低危险区面积的 8.03%，泥石流不发育。低危险区主要分布在甘孜县城 – 马尼干戈镇一带，地表坡度以 <15° 和 15°~25° 为主（图 4-2），地形相对较平缓；地表覆盖以草地为主（图 4-7）；地形条件和物源条件都不利于泥石流的发生。

（2）较低危险区占研究区总面积的 6.85%；泥石流流域面积占泥石流总面积的 4.55%，占较低危险区面积的 24.79%。较低危险区主要分布在低危险区周边，较分散；地形坡度较缓，大部分地表坡度小于 15°，较不利于泥石流发生，泥石流相对不发育。

（3）中危险区占研究区总面积的 38.06%；泥石流流域面积占泥石流总面积的 34.28%，占中危险区面积的 33.58%。中危险区主要分布在妥坝乡至青泥洞乡中间地段、德格县区域以及塔公镇附近。中危险区泥石流流域面积占比较低危险区的更大，但略低于中危险区泥石流总面积的占比。这是由于中危险区面积最大，发育的泥石流数量也较多。

（4）较高危险区占研究区总面积的 37.17%；泥石流流域面积占泥石流总面积的 41.91%，占较高危险区面积的 42.03%。较高危险区零星分布在昌都市妥坝乡、炉霍县南边以及新都桥镇附近，分别毗邻妥坝断层和鲜水河断裂带，受活动构造影响，泥石流较活跃。

（5）高危险区占研究区总面积的 12.22%；泥石流面积占泥石流总面积的 18.03%，占高危险区面积的 55.01%。高危险区主要分布在卡若区如意乡、日通乡、江达县城以及道孚县、炉霍县境内。昌都市地层岩性以侏罗系、三叠系的砂岩、泥岩、粉砂岩、页岩为主，属软硬相间的碎屑岩，工程地质性质较差，而道孚县、炉霍县构造上属鲜水河断裂带，构造活动强烈，岩体破碎，崩滑灾害发育，松散物源极为丰富；高危险区具备泥石流形成的地形和物源条件，泥石流发育。

4.2 泥石流易损性评价

公路泥石流易损性评价除了要考虑道路工程的各种构筑物外，还要考虑道路上的移动承灾体。本节在泥石流对公路危害方式和公路损害原因研究的基础上，分析了易损性的影响因素；从环境敏感性、承灾体结构属性、成灾恢复力和移动承灾体四个方面，构建了易损性评价指标体系，并对川藏公路北线的泥石流易损性进行了评价。

4.2.1　泥石流对公路的危害方式

川藏公路北线沿线泥石流分布广泛，对公路的危害方式主要有以下三种。

1. 冲刷

研究区泥石流对公路及其附属设施的冲刷危害主要有以下几种：①泥石流冲刷、掏蚀沿岸公路路基，导致路基悬空或沉降变形；②泥石流挤压主河形成壅塞体，主河被推向对岸，冲刷对岸路基，导致路基悬空或沉降变形 [图 4-9（a）]；③泥石流直接冲击桥梁、墩台或涵洞，造成桥涵整体损毁或局部冲刷磨蚀 [图 4-9（b）]。

(a)主河冲刷路基导致路基变形破坏　　　　　　　　(b)泥石流冲撞涵洞造成破坏

图 4-9　主河掏蚀路基、冲刷桥涵

2. 淤埋

若泥石流出口高于路面，或过流涵洞被淤堵，过流断面不足时，泥石流会直接冲上公路，淤埋路面。如果在沟口地形平缓地带，出现泥石流大量淤积，路基可能会被掩埋，严重时泥石流也会冲上路面，造成淤埋危害（图 4-10）。

图 4-10　泥石流冲出物淤埋路面

3. 淤塞

公路与泥石流沟口交会处通常采用桥涵工程，若桥涵过流断面过小，可能造成淤积堵塞，严重时威胁道路通行安全。大规模泥石流也可能将桥涵完全淤埋，漫过桥面（图 4-11）。

图 4-11　泥石流冲出物堵塞桥涵

4.2.2　公路损害成因

研究区泥石流对公路构筑物造成损害的原因主要有以下 3 个方面。

1. 桥涵过流净空不足

桥涵的净空直接决定泥石流的排泄能力。造成净空不足的原因有：①桥涵初始净空设计不足，排泄能力较小，规模较大的泥石流可能会造成桥涵淤积或损毁；②桥下或涵洞进水口未及时清理，泥石流堆积物的淤积造成净空减小，新发泥石流没有足够的过流空间，导致桥涵堵塞。

2. 桥涵工程布设位置偏移

桥涵布设位置的偏移可能导致泥石流流向偏离桥涵原主排泄孔，不仅不能起到排泄作用，反而加剧泥石流对桥涵结构的冲刷撞击。

3. 公路路基标高不足

研究区部分路段公路路基标高不足。路基距离主河较近，部分泥石流堆积扇挤压主河，淤积抬高河床，河水强烈冲刷导致路基垮塌，路面悬空。

4. 防护措施不完善

研究区部分路段公路沿线防护工程不够完善，甚至没有防护，容易被泥石流损毁。

4.2.3　易损性影响因素

从泥石流对公路的损毁成因来看，公路承灾体易损性的影响因素主要包括公路构筑物与泥石流沟道的位置关系、公路构筑物的结构特征等（崔鹏和邹强，2021）。此外，车辆作为公路上的移动承灾体，其暴露属性也是易损性分析的重要方面（Zou et al.，2018）。

1. 桥涵工程

1）位置关系

桥涵相对于泥石流沟的位置：①如果布置在泥石流沟道的流通区，由于沟道狭窄且坡度大，桥涵主要受泥石流的冲刷下切以及冲撞；②如果布置在泥石流沟道的堆积区，由于沟道坡降减小，泥石流流速减缓，桥涵主要遭受淤埋危害，局部被冲击。

桥涵走向与沟道主流方向夹角：当夹角为 90° 时，最有利于泥石流排泄；夹角越小，泥石流对桥涵的冲刷与冲击越强烈，泥石流的淤积也越严重。

2）结构属性

桥涵孔跨：断面越大，通过的泥石流流量越大，泥石流的潜在冲击与淤积危害就越小。

桥涵净空：净空过小，不利于泥石流过流；一旦发生淤积，将导致桥涵过流能力不足，造成危害。

桥梁墩台基础：泥石流沟道尽量避免设置桥墩；若设置桥墩，应做好防冲撞防护措施，以适应泥石流多变的流向和强大冲击力。

涵洞洞底坡降：涵洞底床纵坡降越大，越有利于泥石流快速过流，避免发生淤积；反之，不利于过流，存在淤堵风险。

2. 路基路面

1）位置关系

公路与泥石流沟的位置关系：穿过泥石流致灾区的公路，其位置不同，潜在危害也不同。泥石流堆积扇顶处的流速和流量较堆积扇上的更大，泥石流的潜在危害也更大。扇腰和扇缘处，泥石流冲击力和流量相对减小，破坏性相对减弱。当泥石流沟道出水口位于公路上方时，冲击和淤埋路面的危险较大。当出水口在公路下方时，泥石流可通过桥涵排泄，公路被淤埋可能性较小。

2）结构属性

路基与主河水位高差：公路穿过泥石流分布密集区，尤其沿河路段，两岸的泥石流涌入主河，甚至可能形成对冲，挤压河道，增强河水对路基的冲刷、掏蚀作用；同时，泥石流物质淤高河床，洪水水位抬升，导致路基被洪水淹没。

公路等级：公路等级越高，路基设计和防护工程越完善，泥石流对公路的危害较小。若损毁，公路等级越高，其损失就越大，修复的成本也越高，相应的易损性也就越高。

3. 移动承灾体

公路移动承灾体具有动态随机性，是否暴露于泥石流致灾范围的不确定性较大。针对研究区实际情况仅考虑车辆的动态随机过程，计算其在泥石流致灾范围的暴露概率。

4.2.4 易损性评价指标

1. 指标体系建立

公路泥石流灾害易损性主要取决于以下三个方面（Zou et al.，2018；孙聿卿，2021；Zhu et al.，2023）。

（1）环境敏感性。主要考虑公路与泥石流灾害的空间位置关系；移动承载体主要考虑公路沿线车辆的暴露概率。

（2）承灾体结构属性。从路基、路面、桥梁、涵洞等工程自身的结构特性方面，考虑公路构筑物的属性特征。

（3）成灾恢复力。指公路遭受泥石流灾害损毁后恢复到正常通行的能力，涉及路面破坏程度以及修复难易程度等方面。

基于对研究区泥石流损害公路现状、成因以及公路承灾体易损性影响因素分析，以桥涵工程、路基工程等道路设施和车辆为评价对象，选取承灾体的暴露性（A1）、承灾体的结构属性（A2）、成灾恢复力（A3）、移动承载体（A4）为一级指标。A1考虑公路与泥石流沟道的空间位置关系（B1~B2），A2涉及公路构筑物的尺寸结构、损毁程度等属性特征（B3~B9），A3考虑公路遭受破坏的现状以及恢复成本（B10~B11），A4主要考虑车辆的暴露概率（B12）。具体评价指标体系见图4-12。

由于移动承灾体遭受泥石流灾害是随机事件，其类型、出现的频率也是不确定的，易损性评价难度较大。但移动承灾体出现在泥石流致灾范围的事件与发生泥石流灾害的事件独立，其概率只与交通强度（即公路沿线车辆分布密度）以及通过泥石流致灾区的时间有关。因此，移动承灾体暴露概率可采用下式进行计算（邹强，2014）：

$$P(k \geqslant 1) = 1 - P(k = 0) = 1 - \frac{(\lambda t)^0}{0!} \mathrm{e}^{-\lambda t} = 1 - \mathrm{e}^{-\lambda t} \qquad （4-12）$$

式中，λ 为公路移动承灾体分布密度（辆/km）；$P(k \geqslant 1)$ 为车辆出现在泥石流致灾范围内的暴露概率；k 为车辆数量；t 为车辆通行时间，取决于通行速度与路程。本书主要根据各路段不同公路等级的最大车流量以及最大限速进行计算。

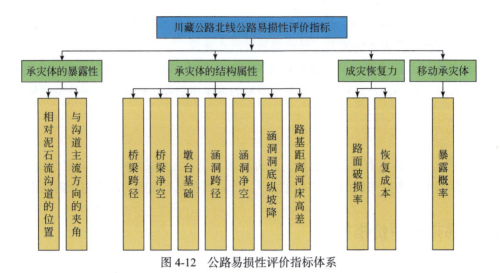

图 4-12 公路易损性评价指标体系

2. 指标分级与量化

公路构筑物的易损性评价主要考虑承灾体的暴露性、承灾体的结构属性和成灾恢复力。为定量表达公路构筑物的易损性，参考本领域相关参数分级标准，基于上述指标以及研究区实际情况，将其转化为有序尺度的定量值。具体分级见表4-15（孙聿卿，2021；Sun et al.，2023）。

表 4-15 评价指标分级及易损定值表

评价指标		易损值			
一级指标	二级指标	0~0.3	0.3~0.6	0.6~0.8	0.8~1.0
承灾体的暴露性	相对泥石流沟道的位置	堆积扇缘，且高于沟道出水口，位置合理，有利于泥石流顺利排泄	堆积扇腰，且高于沟道出水口，位置较合理，泥石流能排泄	堆积扇顶，且高于沟道出水口，位置一般合理，泥石流可能造成损毁	公路低于沟道出水口，位置不合理，泥石流会损毁公路
	与沟道主流方向的夹角 /（°）	>75	75~50	50~25	<25
承灾体的结构属性	桥梁跨径 /m	>30	30~15	15~5	<5
	桥梁净空 /m	>10	10~5	5~2	<2
	墩台基础	圆形实体墩，材料强度好	方形实体墩，材料强度较好	小型桥梁无桥墩，桥台结构完整，未见破损	小型桥梁无桥墩，桥台结构不完整，桥台破损
	涵洞跨径 /m	>4	4~3	3~2	<2
	涵洞净空 /m	>4	4~3	3~2	<2
	涵洞洞底纵坡降 /(°)	>8	8~5	5~2	<2
	路基距离河床高差 /m	>50	50~30	30~10	<10
成灾恢复力	路面破损率	<0.3	0.3~0.5	0.5~0.8	>0.8
	恢复成本	等外公路	四级公路	三级公路	二级公路

根据实地调查，结合公路工程技术标准，获得不同等级公路的最大车流量及其规定的限速（表 4-16）。然后，分别计算车辆通行时间和车辆分布密度，并带入式（4-12）计算移动承灾体的暴露概率值。采用极值标准化处理方法，将移动承灾体的暴露概率值进行归一化处理，并对移动承灾体易损性进行赋值。移动承灾体易损性赋值结果见表 4-17。

表 4-16　不同等级公路的设计标准

公路等级	二级公路	三级公路	四级公路	等外公路
最大车流量 /（辆 /d）	15 000	6 000	2 000	400
限速 /（km/h）	70	40	20	20

表 4-17　移动承灾体易损值表

承灾体暴露概率	0.024 7	0.0571	0.0344	0.0676
移动承灾体易损值	0	0.7552	0.2261	1

4.2.5　易损性评价方法

1. 划分评价单元

本书采用有限元方法的"离散化"思想，将线路离散成点进行计算。对线性单元来说，离散的点越多，数据越精确。但是考虑到研究区泥石流的实际分布和可操作性，以 500 m 为单元进行离散。

研究区路线全长约 891 km，利用 ArcGIS，以 500 m 路段为一个计算单元，将线路离散成 1702 个计算单元。根据位置关系、桥涵结构参数、公路等级等评价指标计算各个泥石流点的易损度，再赋值到其影响范围内相应的评价单元，未受泥石流灾害影响的评价单元，易损性赋值为 0。

2. 权重计算

各评价指标对公路易损性的贡献程度不同，难以直接量化，采用层次分析法（AHP）通过两两元素的对比来确定其重要性，最终确定各评价指标的权重系数。

层次分析法（AHP）由 Saaty 于 20 世纪 70 年代初提出，是一种在决策过程中综合主客观因素的权重决策方法；其原理是将复杂的问题系统化为有层次的问题。权重确定的过程是，首先根据需要确定目标层，然后将问题分解成多个子层，再用求解判断矩阵特征向量的办法，求得每一层各元素对上一层某元素的优先权重，最后再加权和的方法递阶归并各中间层对总目标的最终权重。

计算过程主要包括以下 5 个步骤。

1）建立层次结构

构建层次结构模型，将复杂问题层次化、条理化。复杂问题被分解为元素的组成部分，这些元素又按其属性及关系形成若干层次，上一层次的元素作为准则对下一层次的元素起支配作用。层次结构通常包括目标层、准则层和指标层。

2）构造各层次的判断矩阵

对层次中的目标层和准则层进行两两对比判别影响因素的重要性。用数字 1~9 及其倒数作为两两因素之间重要性之比的标度（表 4-18），构建的判断矩阵为

$$A = \begin{pmatrix} a_{11} & \cdots & a_{1n} \\ \vdots & \ddots & \vdots \\ a_{n1} & \cdots & a_{nn} \end{pmatrix} \tag{4-13}$$

表 4-18 判断矩阵标度及其含义

标度	含义
1	表示两个元素相比，具有相同重要性
3	表示两个元素相比，前者比后者稍重要
5	表示两个元素相比，前者比后者明显重要
7	表示两个元素相比，前者比后者强烈重要
9	表示两个元素相比，前者比后者极端重要
2、4、6、8	表示上述相邻判断的中间值
倒数	若元素 a_i 与 a_j 的重要性之比为 a_{ij}，那么元素 a_j 与 a_i 重要性之比 $a_{ji}=1/a_{ij}$

判断矩阵的构建依靠专家经验，具有主观性，特征值可能会产生偏差。为解决这个问题，需要进行一致性检验来不断调整判断矩阵，直至一致性比例小于预设范围。

3）求解权重值

求解判断矩阵的特征值和特征向量。特征向量即对应每个因子的权重值，最大特征根用来进行一致性检验。

4）一致性检验

计算一致性指标 CI：

$$CI = \frac{\lambda_{max} - n}{n-1} \tag{4-14}$$

式中，λ_{max} 为判断矩阵 A 的最大特征值，n 为矩阵阶数。

查找对应平均随机一致性指标 RI（表 4-19）：

表 4-19 RI 标准值

矩阵阶数	1	2	3	4	5	6	7	8	9	10
RI	0	0	0.58	0.90	1.12	1.24	1.32	1.41	1.45	1.49

计算一致性比例 CR：

$$CR = \frac{CI}{RI} \qquad (4-15)$$

当 CR < 0.1 时，判别矩阵的一致性是可以接受的，否则需要修正判断矩阵。

5）层次总排序

各层次的总排序也需要一致性检验，层次总排序的一致性比率为

$$CR = \frac{\sum_{j=1}^{n} a_j CI_j}{\sum_{j=1}^{n} a_j RI_j} \qquad (4-16)$$

式中，a_j 为第 j 个准则的组合权重值。当 CR<0.1 时，层次总排序满足一致性检验，否则需要修正判断矩阵。

应用层次分析法，把专家意见、客观分析、实际情况作为判断标度，构建易损性指标的判断矩阵，见表 4-20~ 表 4-23。

表 4-20 一级指标的判断矩阵

指标	承灾体的暴露性	承灾体的结构属性	成灾恢复力	移动承灾体
承灾体的暴露性	1	1/3	2	2
承灾体的结构属性	3	1	3	3
成灾恢复力	1/2	1/3	1	2
移动承灾体	1/2	1/3	1/2	1

表 4-21 承灾体的暴露性下二级指标的判断矩阵

指标	构筑物相对泥石流沟道的位置	构筑物与沟道主流方向的夹角
相对泥石流沟道的位置	1	2
与沟道主流方向的夹角	1/2	1

表 4-22 承灾体的结构属性下二级指标的判断矩阵

指标	桥梁跨径	桥梁净空	墩台基础	涵洞跨径	涵洞净空	涵洞洞底纵坡降	路基距离河床高差
桥梁跨径	1	1/4	1/2	1	1/3	1/3	1/2
桥梁净空	4	1	3	3	1	2	3

指标	桥梁跨径	桥梁净空	墩台基础	涵洞跨径	涵洞净空	涵洞洞底纵坡降	路基距离河床高差
墩台基础	2	1/3	1	1/2	1/3	1/2	2
涵洞跨径	1	1/3	2	1	1/3	1/2	3
涵洞净空	3	1	3	3	1	3	3
涵洞洞底纵坡降	3	1/2	2	2	1/3	1	3
路基距离河床高差	2	1/3	1/2	1/3	1/3	1/3	1

表 4-23　成灾恢复力下二级指标的判断矩阵

指标	路面破损率	恢复成本
路面破损率	1	1/2
恢复成本	2	1

建立各指标层的判断矩阵，计算结果如表 4-24 所示。CR 均小于 0.1，满足一致性检验。

表 4-24　判断矩阵计算结果

判断矩阵	λ	CI	CR
A1~A4	4.1213	0.0404	0.0449
B1~B2	2	—	—
B3~B9	7.3713	0.0619	0.0468
B10~B11	2	—	—

将各矩阵的特征向量进行重分配可得到各层指标的权重，列于表 4-25。

表 4-25　判断矩阵的特征向量及权重分配

A1~A4		B1~B2		B3~B9		B10~B11	
特征向量	权重	特征向量	权重	特征向量	权重	特征向量	权重
0.4000	0.2310	0.8944	0.6667	0.1415	0.0612	0.4472	0.3333
0.8485	0.4901	0.4472	0.3333	0.5856	0.2532	0.8944	0.6667
0.2828	0.1633			0.2039	0.0882		
0.2000	0.1156			0.2504	0.1083		
				0.6153	0.2661		
				0.3605	0.1559		
				0.1552	0.0671		

基于上述结果，按式（4-16）计算得到层次总排序的一致性比率 CR 为 0.0460，小于 0.1000，满足一致性检验。这表明评价指标权重分配合理，可以使用。各指标的权重结果见表 4-26。

表 4-26 各级指标的权重汇总表

评价指标	权重	评价指标	权重	评价指标	权重
相对泥石流沟道的位置	0.1540	墩台基础	0.0432	路基距离河床高差	0.0329
与沟道主流方向的夹角	0.0770	涵洞跨径	0.0531	路面破损率	0.0544
桥梁跨径	0.0300	涵洞净空	0.1304	恢复成本	0.1089
桥梁净空	0.1241	涵洞洞底纵坡降	0.0764	承灾体暴露概率	0.1156

3. 评价模型

公路易损性采用易损度定量表达。基于前述指标分级体系和权重结果，采用多因素综合评价法，建立研究区易损度评价模型，即

$$V = \sum_{i=1}^{n} U_i X_i \tag{4-17}$$

式中，V 为公路总易损度；n 为易损性指标总数；U_i 为公路承灾体第 i 个易损性指标的权重值；X_i 为公路承灾体第 i 个易损性指标的易损值。

4.2.6 评价结果及分析

1. 易损度计算

对公路造成危害的泥石流灾害点共计 136 个，影响 141 个线路评价单元，包括桥梁工程 53 座、涵洞 60 个。详细的构筑物易损性特征参数见附表 1 和附表 2。

按照前述的指标分级及易损定值表，首先对各个泥石流点的公路构筑物和移动承灾体进行易损性特征参数赋值，再利用易损度计算模型公式，进行各指标叠加分析，得到泥石流点的易损度（详细结果见附表 3），最后将得到的泥石流点的易损度关联到相应的路线评价单元，即是各线路评价单元的易损度。

2. 易损区划及分析

通过计算，研究区公路易损度值分布在 0~0.6444。采用几何断点法对易损度进行区划，划分为五个等级：低易损、较低易损、中易损、较高易损、高易损，结果如图 4-13 所示，各等级路段统计信息列于表 4-27。

由易损区划图以及各路段统计结果可知：

（1）低易损路段总长 163.63 km，占公路全线的 19.25%；较低易损路段总长 130

km，占道路全线的 15.29%。集中分布在妥坝乡、马尼干戈镇 – 玉隆乡以及八美镇、塔公镇附近。该路段泥石流零星分布，以草地和人类聚居地为主，公路损毁可能性小。

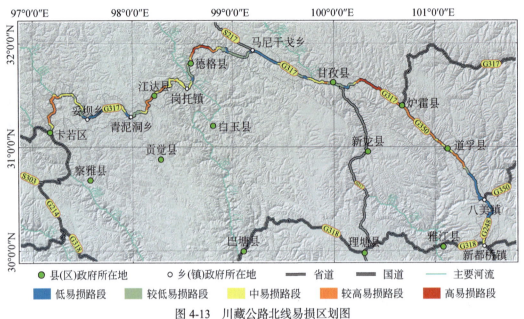

图 4-13　川藏公路北线易损区划图

表 4-27　不同等级易损路段统计表

易损分级	路段长度 /km	占比 /%
低易损	163.63	19.25
较低易损	130.00	15.29
中易损	217.44	25.58
较高易损	244.07	28.71
高易损	94.86	11.16

（2）中易损路段总长 217.44 km，占公路全线的 25.58%，主要分布在新都桥镇、来马镇和岗托镇附近。该路段泥石流分布较少且路基距离河面有一定高差，公路易损度不高。

（3）较高易损路段总长 244.07 km，占公路全线的 28.71%，主要分布在卡若区的如意乡、日通乡，江达县的卡贡乡附近，以及炉霍县至道孚县段。此路段泥石流分布最为密集且人类活动频繁，车流量较大，泥石流冲刷桥涵，影响路面车辆的概率较大，公路易损性较高。

（4）高易损路段总长 94.86 km，占公路全线的 11.16%。该级别路段分布最少，主要分布在更知乡 – 侏倭镇 – 雅德乡路段，以及德格县柯洛洞乡附近。该段泥石流分布较多，路基沿河，公路被泥石流和洪水冲刷概率大，路基变形沉降严重。

4.3 泥石流灾害风险评价

泥石流灾害风险评估，对川藏公路北线线路工程的防灾减灾设计和风险管理具有重要意义。本节在公路泥石流危险性和易损性评价的基础上，完成了川藏公路北线泥石流灾害风险评价。

4.3.1 评价方法

泥石流风险评价是在危险性评价和易损性评价基础上完成的，并用风险度定量表达泥石流的风险。根据联合国人道主义事业部（1992）给出的风险计算方法，风险（risk）是危险性（hazard）和易损性（vulnerability）的乘积：

$$R = H \times V \tag{4-18}$$

式中，R 为泥石流风险度（0~1）；H 为泥石流危险度（0~1）；V 为泥石流易损度（0~1）。

4.3.2 风险区划结果

川藏公路北线泥石流危险度为 0.0037~0.8023；承灾体易损度为 0~0.6444。根据泥石流危险性和易损性评价结果，应用风险度计算公式，得到全线的风险度，其范围在 0~0.5170。采用几何间断法对风险度进行区划，划分为五个等级：低风险区、较低风险区、中风险区、较高风险区、高风险区。风险分区结果见图 4-14；各风险等级路段统计信息列于表 4-28。

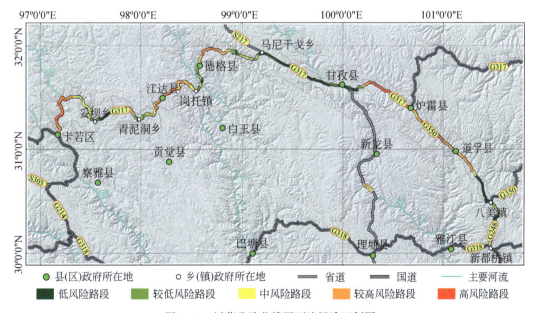

图 4-14 川藏公路北线泥石流风险区划图

表4-28 不同等级风险路段统计表

风险分级	路段长度 /km	占比 /%
低风险	171.52	20.18
较低风险	140.40	16.52
中风险	166.31	19.57
较高风险	253.34	29.80
高风险	118.43	13.93

由研究区风险区划图（图4-14）和路段统计表（表4-28）可知：

（1）低风险路段主要分布在妥坝乡东部、马尼干戈镇–甘孜县、龙灯乡–塔公镇沿线，总长171.52 km，占公路全线的20.18%；较低风险路段零星分布在青泥洞乡、龚垭镇以及八美镇附近，总长140.40 km，占公路全线的16.52%。低风险和较低风险路段泥石流不发育，公路损毁概率小，整体风险低。

（2）中风险路段零星分布在日通乡东部至妥坝乡西部，青泥洞乡西部以及新都桥镇附近，线路总长166.31 km，占公路全线的19.57%。该路段泥石流分布较少，公路损毁情况不严重，风险不高。

（3）较高风险路段主要分布在江达县卡贡乡、德格县柯洛洞乡附近以及炉霍县至道孚县段，线路总长253.34 km，占公路全线的29.80%。该级别路段分布最多，泥石流分布最为密集且人类活动频繁，公路损毁情况较严重，整体风险较高。

（4）高风险路段主要分布在卡若区的如意乡、日通乡以及甘孜县更知乡至炉霍县新都镇路段附近，线路总长118.43 km，占公路全线的13.93%。该级别路段分布最少，但泥石流分布较多，路基变形沉降严重，泥石流造成路毁的风险最高。

4.4 小 结

公路沿线以泥石流的中、高危险区为主；公路的中、高易损路段及泥石流灾害中、高风险段比例较高。

基于证据权法，分别选取地形、地质、气候和人类活动四类共六个指标进行泥石流的危险性评价。结果显示，公路沿线以中高危险区为主，占94.22%；中危险区占34.28%，主要分布在妥坝乡至青泥洞乡中间地段以及塔公镇附近；较高危险区占41.91%，零星分布在昌都市妥坝乡、炉霍县南边以及新都桥镇附近，分别毗邻妥坝断层以及鲜水河断裂带，受构造影响，泥石流较活跃；高危险区占18.03%，主要分布在昌都地区如意乡、日通乡、江达县城以及道孚县、炉霍县境内，区内泥石流规模大、频率高，危险性高。低危险和较低危险区不足6.00%，分布在甘孜县城–马尼干戈镇一带。

公路易损性评价，采用"离散化"思维，将线路划分为数个评价单元，分别考虑承灾体的暴露性、承灾体的结构属性、成灾恢复力和移动承灾体四个方面，基于层次分析法，构建公路易损性评价模型。结果显示，中、高易损路段超过一半，占比 65.45%。中易损路段占比 25.58%，主要分布在新都桥镇、来马镇以及岗托镇附近；较高易损路段占比 28.71%，主要分布在昌都地区的如意乡、日通乡，江达县的卡贡乡附近，以及炉霍县至道孚县段；高易损路段占比 11.16%，主要分布在更知乡 – 侏倭镇 – 雅德乡路段，以及德格县柯洛洞乡附近，段内泥石流分布较多，路基变形沉降严重。

在泥石流危险性和公路易损性评价的基础上，从致灾体泥石流灾害的自然属性和受灾体线性工程的社会属性两个方面，对公路泥石流灾害的风险性进行了评价。结果显示，中高风险路段占比 63.30%；中风险路段占比 19.57%，零星分布在日通乡东部至妥坝乡西部，青泥洞乡西部以及新都桥镇附近；较高风险路段占比 29.80%，主要分布在江达县卡贡乡、德格县柯洛洞乡附近以及炉霍县至道孚县段；高风险路段占比 13.93%，主要分布在昌都地区如意乡、日通乡以及甘孜县更知乡至炉霍县新都镇路段附近。高风险路段泥石流分布较多，路基变形沉降严重，泥石流造成路毁的风险高。

参 考 文 献

崔鹏，林勇明 . 2008. 山区道路泥石流减灾问题与对策 . 中国地质灾害与防治学报，19（4）：1-6.

崔鹏，杨坤，韦方强，等 . 2001. 泥石流灾情评估指标体系 . 自然灾害学报，10（4）：36-41.

崔鹏，邹强 . 2021. 川藏交通廊道山地灾害演化规律与工程风险 . 北京：科学出版社 .

孙聿卿 . 2021. 川藏公路北线泥石流风险评价 . 绵阳：西南科技大学 .

王敏，沈正康，甘卫军，等 . 2008. GPS 连续监测鲜水河断裂形变场动态演化 . 中国科学 D 辑：地球科学，38（5）：575-581.

熊探宇，姚鑫，张永双 . 2010. 鲜水河断裂带全新世活动性研究进展综述 . 地质力学学报，16（2）：176-188.

杨志华，郭长宝，吴瑞安，等 . 2023. 川西藏东交通廊道区域工程地质条件评价 . 地质通报，43(9): 1650-1662.

邹强 . 2014. 川藏公路泥石流灾害风险分析 . 成都：中国科学院大学 .

邹强，崔鹏，杨伟 . 2013. G318 川藏公路段泥石流危险性评价 . 山地学报，31（3）：342-348.

邹强，唐建喜，李淑松，等 . 2017. 基于水文响应单元的泥石流灾害易发性分区方法 . 山地学报，35（4）：496-505.

Agterberg F P. 1992. Combining indicator patterns in weights of evidence modeling for resource evaluation. Nonrenewable Resources，1（1）35-50.

Agterberg F P，Cheng Q. 2002. Conditional independence test for Weights-of-Evidence modeling. Natural Resources Research, 11:249-255.

Bai M K，Chevalier M L，Pan J W，et al. 2018. Southeastward increase of the late Quaternary slip-rate of the Xianshuihe fault, eastern Tibet. Geodynamic and seismic hazard implications. Earth and Planetary Science Letters，485：19-31.

Berenguer M，Sempere-Torres D，Hurlimann M. 2014. Debris-flow hazard assessment atregional scale by combining susceptibility mapping and radar rainfall. Natural Hazards and Earth System Sciences

Discussions, 2（10）: 6295-6338.

Carranza E J M. 2004. Weights of evidence modeling of mineral potential: a case study using small number of prospects, Abra, Philippines. Natural Resources Research, 13: 173-187.

Hu X D, Hu K H, Tang J B, et al. 2019. Assessment of debris-flow potential dangers in the Jiuzhaigou Valley following the August 8, 2017, Jiuzhaigou earthquake, western China. Engineering Geology, 256: 57-66.

Jomelli V, Pavlova I, Giacona F, et al. 2019. Respective influence of geomorphologic and climate conditions on debris-flow occurrence in the Northern French Alps. Landslides, 16（10）: 1871-1883.

Li J Y, Zhou B G, Li T M, et al. 2020. Locking depth, slip rate, and seismicity distribution along the Daofu-Kangding segment of the Xianshuihe fault system, eastern Tibetan Plateau. Journal of Asian Earth Sciences, 193: 104328.

Sun Y Q, Ge Y G, Chen X Z, et al. 2023. Risk assessment of debris flow along the northern line of the Sichuan-Tibet highway. Geomatics, Natural Hazards and Risk, 14（1）: 2195531.

UNDHA. 1992. Lnternationally Agreed Glossary of Basic Terms Related to Disaster Management. Geneva: Untied Nations, Department of Humanitarian Affairs.

Weed D L. 2005. Weight of evidence: a review of concept and methods. Risk Analysis, 25（6）: 1545-1557.

Yu B, Wu Y, Chu S. 2014. Preliminary study of the effect of earthquakes on the rainfall threshold of debris flows. Engineering Geology, 182: 130-135.

Zhu W H, Liu K, Wang M, et al. 2023. Improved assessment of rainfall-induced railway infrastructure risk in China using empirical data. Natural Hazards, 115: 1525-1548.

Zou Q, Cui P, Zhou G, et al. 2018. A new approach to assessing vulnerability of mountain highways subject to debris flows in China. Progress in Physical Geography: Earth and Environment, 42（3）: 305-329.

| 第 5 章 | 泥石流灾害发展趋势

泥石流发展趋势预测，对防灾减灾规划具有重要意义。灾害发展趋势预测应从成灾条件变化入手，分析成灾条件变化情况下灾害的演化趋势。本章基于不同来源的气候数据，分析了研究区气温和降水的变化特征，研究了泥石流形成环境背景条件的变化，完成了研究区泥石流活跃性变化趋势分析。

5.1　气候变化分析

随着全球变暖，青藏高原的气候发生了显著的变化（Yang et al.，2014），变暖程度较其他地区更强（Liu et al.，2000）。未来青藏高原地面气温将升高，极端天气气候事件增加（张人禾等，2015）。气候变化对研究区泥石流发展演化具有重要的影响。气温的升高导致冻土活动层厚度增加，从而释放更多松散固体物质；极端降水天气事件将诱发更多、规模更大的泥石流活动。本节基于不同来源的历史气象数据，以分析研究区气温和降水的变化特征。

5.1.1　数据来源与预处理

本书采用的气象数据主要有两个来源：全球气象数据库和中国气象数据库。

1. 全球气象数据库

全球气象数据来源于"世界气候数据库网站[①]"。该网站提供的数据主要有"历史气候数据""每月历史天气数据""未来气候数据"三大类。这些数据可用于制图和空间建模。该网站原始数据更详细的收集、处理和加工信息参见文献（Fick and Hijmans，2017；Harris et al.，2020）。

本书使用的历史数据均来自"每月历史天气数据"，包含历史上每月平均降水、月平

---

① 　WorldClim data website，https://worldclim.org/.

均最低温和月平均最高温三种数据;数据的时间跨度为 1960~2018 年;空间分辨率为 2.5'(~21km²);每个月的全球数据是一个栅格文件(Tiff 格式)。

"未来气候数据"使用 WorldClim v2.1 作为基线气候进行了缩小和校准(偏置校正),包含四种共享社会经济途径(SSPs):126、245、370 和 585;数据空间分辨率有 10.0'、5.0' 和 2.5' 三种;每个月的气象数据为 20 年的平均值,包括 2021~2040 年、2041~2060 年、2061~2080 年和 2081~2100 年四个数据集。本书所使用的数据空间分辨率为 2.5 min,社会经济途径为 SSP245,即中间路径。

数据的处理基于 ArcGIS 平台。年平均数值是将逐月的格栅数据通过栅格计算,按年把 12 个月的栅格文件相加,然后提取目标地点的数值至属性表,再导出到 Excel 文件,供后续分析使用。

2. 中国气象数据库

全国气象数据来源于"中国气象数据网①"。该网站是中国气象局对社会开放基本气象数据和产品的共享门户,向全社会提供气象数据产品服务。

本书使用的中国气象数据主要涉及"中国地面气温月值 0.5°×0.5° 格点数据集(V2.0)"和"中国地面降水月值 0.5°×0.5° 格点数据集(V2.0)"。数据集的数据来源包括两个部分:由国家气象信息中心基础资料专项收集、整理的 1961 年至最新的全国国家级台站(基本、基准和一般站)的降水月值和气温月值资料;由 GTOPO30 数据(分辨率为 0.05°×0.05°)经过重采样生成的中国陆地 0.5°×0.5° 的数字高程模型(DEM)。数据集涉及的地理范围为 72°E(中国最西经度),136°E(最东经度);54°N(最北纬度),19°N(最南纬度)。

"中国地面气温月值 0.5°×0.5° 格点数据集(V2.0)"是基于国家气象信息中心基础资料专项最新整编的中国地面高密度台站(约 2400 个国家级气象观测站)的气温资料,利用 ANUSPLIN 软件的薄板样条法(thin plate spline,TPS)进行空间插值,生成 1961 年至最新的中国地面水平分辨率 0.5°×0.5° 的月值气温格点数据。数据集包括月平均最低温、月平均最高温和月均温数据。

地面气温月值数据集存储格式采用 ArcGIS 标准格式,为文本文件,依据固定长记录,按行进行读取。每个文件中的前 6 行为头文件信息,其中第 1 行"ncols 128"表示实体数据有 128 列;第 2 行"nrows 72"表示实体数据有 72 行;第 3 行"xllcorner 72"表示数据最左下方格点单元的经度范围是 72.0°E~72.5°E;第 4 行"yllcorner 18"表示数据最左下方格点单元的纬度范围是 18.0°N~18.5°N;第 5 行"cellsize 0.5"表示网格是 0.5°×0.5° 的;第 6 行"NODATA_value −99.0"表示中国区域以外的值用 −99.0 表示。从第 7 行开始是对应网格的气温值,第 7 行(气温数据第 1 行)第 1 列数据网格中心为(72.25°E,53.75°N),第 7 行第 2 列数据网格中心为(72.75°E,53.75°N,……),数据最后一行最后一列网格中心为(135.75°E,18.25°N)。气温值保留 1 位小数。经度和纬度单位均为度,

---

① 中国气象数据网,http://www.nmic.cn, http://data.cma.cn。

格点气温单位为℃。

"中国地面降水月值 0.5°×0.5° 格点数据集（V2.0）"是基于国家气象信息中心基础资料专项最新整编的中国地面 2472 个台站降水资料，利用 ANUSPLIN 软件的薄板样条法进行空间插值，生成 1961 年至最新的水平分辨率 0.5°×0.5° 的中国降水月值格点数据。

地面降水月值数据集存储格式和地面气温月值数据集基本相同；主要差异为降水月值数据集头文件的第六行"NODATA_value –9999.0"表示中国区域以外的值用 –9999.0 表示；从第 7 行开始是对应网格的降水值，保留 1 位小数，格点降水单位为 mm。

中国气象数据处理基于 Surfer、ArcGIS 和 Origin 平台。具体的处理方法和步骤如下。

（1）把逐月的原始数据（文本文件）读入 Surfer 后存储为栅格文件。

（2）按年把 12 个月的栅格数据相加，生成年度栅格数据文件。

（3）把年度栅格数据调入 ArcGIS 平台，然后提取目标点的年度数值。

（4）利用 ArcGIS 属性表转 Excel 功能，把目标点年度数值输出成 Excel 文件。

（5）把年度数值的 Excel 文件导入 Origin 平台，根据需要进行数据分析和制图。

5.1.2 气温变化特征

1. 年际和年代际变化

1）全球气象数据库资料

研究区地跨川西高原和藏东南地区，气温变化较大，但总体普遍较低。江达县和德格县气温最低，年均温分别为 2.1 ℃和 2.3 ℃；其次为炉霍县和新都桥镇，年均温分别为 5.5 ℃和 5.3 ℃；卡若区、甘孜县和道孚县气温较接近，相对较高，也仅为 7.0 ℃左右。

（1）各地气温的年际变化。

从 1961~2018 年年际变化序列来看（表 5-1），研究区年最低均温升温趋势明显，气温倾向率为 0.0135~0.0234 ℃ /a（表 5-2）。卡若区、甘孜县和道孚县年最低均温相对较高，其中卡若区升温趋势最明显，道孚县最不明显。炉霍县和新都桥镇年最低均温整体稍低于前者，其中新都桥镇升温趋势稍高于炉霍县。德格县和江达县年最低均温较低，两者升温趋势一致且较明显，仅次于卡若区的变化趋势（图 5-1 和表 5-2）。

表 5-1　研究区主要城镇在 1961~2018 年年均温统计表　　　　（单位：℃）

项目	卡若区	江达县	德格县	甘孜县	炉霍县	道孚县	新都桥镇[①]
最低均温	–0.7	–4.9	–4.8	–0.8	–2.1	–0.8	–2.0
最高均温	14.5	9.0	9.4	14.4	13.1	15.1	12.5
平均气温	6.9	2.1	2.3	6.8	5.5	7.2	5.3

注：最低均温为研究时段内各月最低温的平均值；最高均温为各月最高温的平均值。

---

① 卡若区是本书研究区内川藏公路北线的西端点；新都桥镇为东端点。

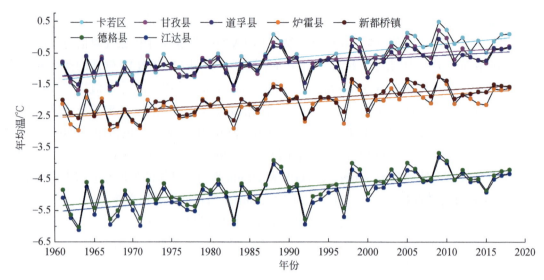

图 5-1　1961~2018 年研究区主要城镇年平均最低气温年际变化

注：图中虚线为主要城镇趋势线，余同

表 5-2　研究区主要城镇在 1961~2018 年年平均最低气温变化情况统计表

项目	卡若区	江达县	德格县	甘孜县	炉霍县	道孚县	新都桥镇
最高值 /℃	0.49	−3.81	−3.68	0.21	−1.23	−0.06	−1.26
最低值 /℃	−1.83	−6.12	−6.03	−1.68	−2.96	−1.59	−2.81
最高年份	2009	2009	2009	2009	2009	2009	2009
最低年份	1971	1963	1963	1963	1963	1971	1971
倾向率 / (℃ /a)	0.0234	0.0209	0.0198	0.0161	0.0149	0.0135	0.0165

　　年最高均温变化趋势与年最低均温变化趋势一致（图 5-2），气温倾向率为 0.0097~0.0124 ℃ /a （表 5-3）。年最高均温分布与年最低均温一样，卡若区、甘孜县和道孚县相对较高；炉霍县和新都桥镇年最高均温整体稍低于前者；德格县和江达县较低（图 5-2）。相对而言，卡若区年最高均温升温趋势较明显，江达县、德格县、甘孜县和道孚县升温趋势接近，炉霍县和新都桥镇升温趋势相对较缓（图 5-2 和表 5-3）。

　　综合看来，研究区气温整体上在逐渐升高。最低温的升温趋势较最高温升温趋势更加明显；最低温年升约 0.02 ℃，最高温约 0.01 ℃（表 5-2 和表 5-3），两者升温的差异还是比较明显（图 5-1 和图 5-2）。

　　（2）各地气温的年代际变化。

　　从图 5-1 和图 5-2 可以看出，研究区各地气温波动情况基本一致。为了分析年代际气温变化情况，分别选择卡若、江达县和新都桥镇为代表，探讨不同年代气温变化与多年气温平均值的关系（图 5-3 和图 5-4）。

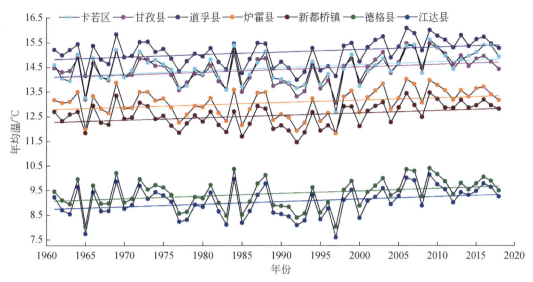

图 5-2 1961~2018 年研究区主要城镇年平均最高气温年际变化

表 5-3 研究区主要城镇在 1961~2018 年年平均最高气温变化情况统计表

项目	卡若区	江达县	德格县	甘孜县	炉霍县	道孚县	新都桥镇
最高值 /℃	15.63	10.14	10.41	15.49	14.02	16.10	13.48
最低值 /℃	12.68	7.59	8.03	13.06	11.81	13.98	11.46
最高年份	2009	2009	2009	2006	2006	2006	2009
最低年份	1997	1997	1997	1997	1997	1992	1992
倾向率 /（℃ /a）	0.0124	0.0105	0.0107	0.0110	0.0097	0.0106	0.0099

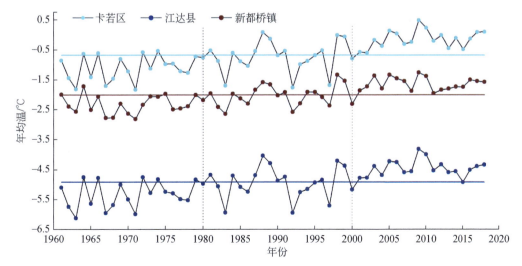

图 5-3 1961~2018 年研究区典型点年平均最低气温变化与均值图

注：图中实线为主要城镇平均值，余同

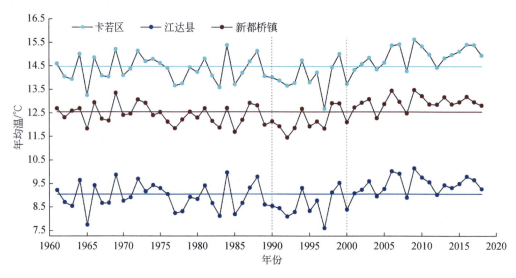

图 5-4　1961~2018 年研究区典型点年平均最高气温变化与均值图

从年平均最低温与最低温多年平均值的关系来看（图 5-3），研究区气温变化大致可分为三个阶段：低于均值阶段（1961~1980 年）、均值上下波动阶段（1981~2000 年）和高于均值阶段（2001~2018 年）。低于均值阶段（1961~1980 年）有 80% 的年份年平均最低温低于平均值，其余年份的平均最低温接近或稍高于平均值，这一阶段的平均最低温普遍较低。均值上下波动阶段（1981~2000 年）年平均最低温在平均值上下波动；统计表明，有 11 个年份的平均最低温高于（或接近）平均值，有 9 个年份的平均最低温低于平均值。这一阶段的最低温波动最大，且整体比前一阶段要高一些。高于均值阶段（2001~2018 年）年平均最低温普遍高于平均值，且波动相对较小。

年平均最高温的变化趋势没有最低温变化趋势明显，且阶段性也不是很清晰，但从年平均最高温与最高温多年平均值的关系来看（图 5-4），研究区气温变化仍然可以大致分为三个阶段：上下波动阶段（1961~1990 年）、低于均值阶段（1991~2000 年）和高于均值阶段（2001~2018 年）。上下波动阶段（1961~1990 年）有 12 个年份的最高温高于平均值，有 18 个年份低于（或接近）平均值，基本上围绕平均值波动。低于均值阶段（1991~2000 年），整个 20 世纪 90 年代研究区的最高温普遍较低，有 70% 的年份低于平均值，其余年份略高于平均值。高于均值阶段（2001~2018 年），2000 年后研究区最高温整体高于平均值，仅有少数几年的最高温略低于（或接近）平均值，且波动幅度收窄。

2）中国气象数据库资料 [①]

研究区地处川西高原和青藏高原东部，气温普遍较低，且各地气温变化较大（表 5-4）。

---

① 平均最高温中 2014 年和 2015 年的原始数据异常；用 2010~2013 年和 2016 年的均值替代 2014 年数据，2013 年和 2016~2019 年的均值替代 2015 年数据；文中未特别注明的最高温均值均是异常处理后的数值。

德格县气温最低，多年最高均温为 5.7 ℃，平均气温仅为 –2.3 ℃；其次为新都桥镇，平均气温也在 0 ℃以下，为 –0.5 ℃；卡若区平均气温在 0 ℃附近，为 0.6 ℃；江达县、炉霍县和道孚县相近，平均气温分别为 1.1 ℃、1.9 ℃和 1.3 ℃；甘孜县气温相对较高，多年最高均温达 11.8 ℃，平均气温为 3.1 ℃。

表 5-4　研究区主要城镇在 1961~2019 年期间年均温统计表　　　（单位：℃）

项目	卡若区	江达县	德格县	甘孜县	炉霍县	道孚县	新都桥镇
最低均温	–5.7	–5.4	–8.5	–3.4	–4.5	–4.8	–5.9
*最高均温	8.7/8.8	9.5/9.4	5.7/5.6	11.8/11.8	10.6/10.6	9.5/9.4	6.8/6.9
平均气温	0.6	1.1	–2.3	3.1	1.9	1.3	–0.5

注：最低均温为研究时段内各月最低温的平均值；最高均温为各月最高温的平均值；平均气温为研究时段内年均温的平均值；*最高均温为前面的数字是异常处理后计算的结果，后面是原始数据计算的结果。

（1）各地气温的年际变化。

从 1961~2019 年年际变化序列来看（图 5-5），研究区年最低均温升温趋势显著，气温倾向率为 0.0268~0.0413 ℃/a（表 5-5）；升温趋势较全球气温数据资料统计结果更加明显。从气温倾向率变化来看，自西向东有升温趋势逐渐增强的规律。卡若区气温倾向率为 0.0270 ℃/a，新都桥镇的气温倾向率达 0.0413 ℃/a。德格县气温的变化趋势和波动特征与其他地方基本一致，但气温明显比其他地方更低（图 5-5）。这可能是最低均温的气温倾向率偏低的原因，但仍然达到了 0.0268 ℃/a（表 5-5）。

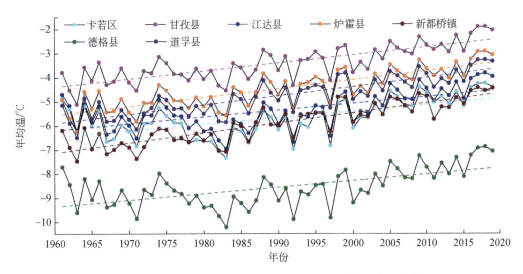

图 5-5　1961~2019 年研究区主要城镇年平均最低气温年际变化

表 5-5　研究区主要城镇在 1961~2019 年年平均最低气温变化情况统计表

项目	卡若区	江达县	德格县	甘孜县	炉霍县	道孚县	新都桥镇
最高值 /℃	−4.25	−3.82	−6.89	−1.90	−2.92	−3.28	−4.43
最低值 /℃	−7.32	−6.96	−10.20	−5.10	−6.23	−6.49	−7.47
最高年年份	2018	2018	2018	2018	2018	2018	2017
最低年年份	1983	1983	1983	1963	1963	1963	1963
倾向率 /（℃ /a）	0.0270	0.0278	0.0268	0.0330	0.0367	0.0380	0.0413

从气温倾向率变化来看（表 5-6），研究区年最高均温变化趋势与年最低均温变化趋势相反；自西向东升温趋势逐渐减弱，甚至有降温的趋势（图 5-6）。卡若区气温倾向率为 0.0301 ℃ /a，到炉霍县降至 0.0103 ℃ /a；再向东的道孚县和新都桥镇气温倾向率变为负数，分别为 −0.0019 ℃ /a 和 −0.0068 ℃ /a，甚至有降温的趋势（表 5-6）。同样地，德格县年最高均温的变化趋势和波动特征与其他地方基本一致，最高均温的气温倾向率也偏低，为 0.0178 ℃ /a。

综合看来，研究区气温整体上在逐渐升高，且有明显的变化规律。最低温自西向东升温趋势逐渐增强，而最高温自西向东升温趋势逐渐减弱，甚至有降温的趋势。

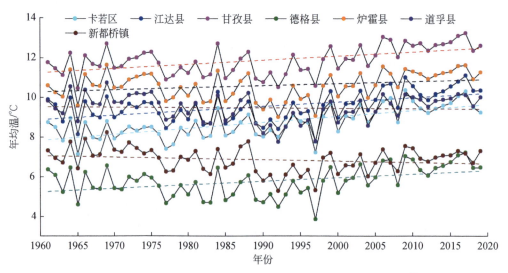

图 5-6　1961~2019 年研究区主要城镇年平均最高气温年际变化 [①]

表 5-6　研究区主要城镇在 1961~2019 年年平均最高气温变化情况统计表

项目	卡若区	江达县	德格县	甘孜县	炉霍县	道孚县	新都桥镇
最高值 /℃	10.36	11.10	7.21	13.24	11.63	10.74	8.24
最低值 /℃	7.13	7.77	3.85	10.45	9.01	7.76	5.29
最高年年份	2009	2017	2017	2017	2014	1969	1969
最低年年份	1965	1997	1997	1965	1969	1992	1992
倾向率 /（℃ /a）	0.0301	0.0221	0.0178	0.0207	0.0103	−0.0019	−0.0068

---

① 年平均最高温数据中 2014 年和 2015 年数据异常，采用前后平均的方法替换了异常数据。

（2）各地气温的年代际变化。

为了分析年代际气温变化情况，基于各地气温和变化趋势（图5-5和图5-6），分别选择卡若区、德格县、甘孜县和新都桥镇为代表，探讨不同年代气温变化与多年气温平均值的关系（图5-7和图5-8）。

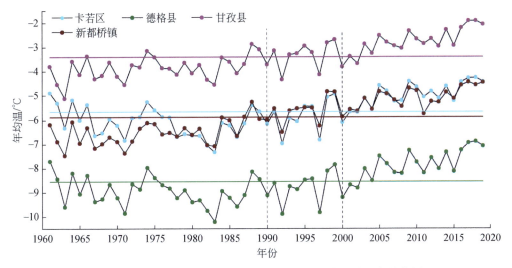

图5-7　1961~2019年研究区典型点年平均最低气温变化与均值图

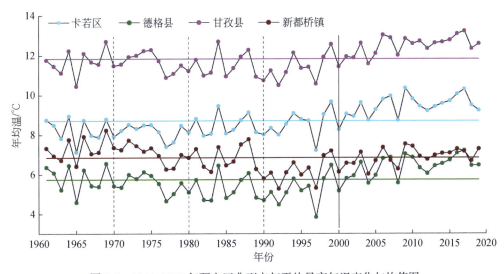

图5-8　1961~2019年研究区典型点年平均最高气温变化与均值图

从年平均最低温与最低温多年平均值的关系来看（图5-7），研究区气温变化也可分为三个阶段：低于均值阶段（1961~1990年）、均值上下波动阶段（1991~2000年）和高于均值阶段（2001~2019年）。低于均值阶段（1961~1990年）有73%~90%的年份年平均最低温低于平均值，其余年份的平均最低温接近或稍高于平均值。这一阶段的平均最低温普遍较低。其中，1974~1983年有一个气温波动下降阶段。均值上下波动阶段（1991~2000年）年平均最低温在平均值上下波动明显。这一阶段最低温波动最大，且整体比前一阶段要高一些。高于均值阶段（2001~2019年）年平均最低温普遍高于平均值，且波动相对较小。

年平均最高温的变化趋势没有最低温变化趋势明显。但是，从年平均最高温与最高温多年平均值的关系来看（图5-8），仍可分出两大阶段：上下波动阶段（1961~2000年）和高于均值阶段（2001~2019年）。整体来看，2000年前，研究区的气温围绕均值上下波动，虽然有区域差异，但大部分地方有60%~70%的年份低于均值；新都桥镇的升温趋势不明显，仅有45%的年份气温低于均值，其余均高于或接近均值。2000年以后研究区的气温整体上高于均值，仅有少数年份的气温接近或稍低于均值。新都桥镇也有一半时间高于均值，其余年份低于或接近均值。

从图5-8可以看出，上下波动阶段（1961~2000年）的不同年代，气温变化也有差异。20世纪60年代，气温振荡较明显且各地有差异。卡若区和甘孜县约70%的年份气温低于均值；德格县气温在均值上下波动；新都桥镇有80%的年份气温高于均值。20世纪70年代，除新都桥镇外，气温整体偏低，尤其是1975年以后的5年整体低于均值。新都桥延续了大部分年份气温高于均值的趋势，但波动趋势和其他地方基本一致；卡若区气温普遍低于均值。20世纪80年代和90年代，气温虽有波动，但大部分时间低于均值。

3）两个数据库资料分析结果对比

本书利用两个不同来源的数据，对研究区历史上的气温变化进行了分析。下面就两个数据集分析结果的异同进行简单说明。

（1）一致性。

两个数据集分析的结果均表明，研究区年最低均温都呈现出了明显的升温趋势（图5-1和图5-5）。从气温变化的倾向率来看，中国气象数据库的升温趋势更加显著（表5-2和表5-5）。

研究区年最高均温的整体变化趋势也基本上呈升温趋势，但与年最低均温的变化趋势相比，升温趋势不够显著。不仅如此，它们的倾向率变化趋势也高度一致，自西向东（卡若区–新都桥镇）倾向率逐渐变小（表5-3和表5-6）。

（2）差异性。

虽然两个数据集的分析结果均表明年最低均温呈现出了明显的升温趋势，但各地升温的幅度却相反。全球气温数据库资料分析结果表明自西向东（卡若区–新都桥镇），气温变化的倾向率逐渐变小（表5-2），而中国气象数据库资料分析结果则相反（表5-5）。

无论是年平均最低气温还是最高气温，各地气温分布区间明显不一致。全球气温数据库资料表明，卡若区、甘孜县和道孚县年平均最低气温接近，且比其他地区高；德格县和江达县年平均最低气温接近，且明显低于其他地区；炉霍县和新都桥镇接近，居于中间（图5-1）。年平均最高气温也有此变化规律（图5-2）。

中国气象数据库资料统计结果从整体来看，无论是年平均最低气温还是最高气温，各地均有较明显的差异（图 5-5 和图 5-6），不同于全球气温数据库资料统计的"分组"现象。

两个数据库的绝对气温数值也明显不同。整体来看，全球气温数据库资料得到的各地气温，无论是年平均最低气温还是最高气温，都比中国气象数据库资料的要高。通过对表 5-2、表 5-3、表 5-5 和表 5-6 的统计发现，年平均最低气温最大相差 5.49℃，年平均最高气温最大相差 6.22 ℃（表 5-7）。

表 5-7　全球气温数据库和中国气象数据库的气温差值统计表　　（单位：℃）

项目		卡若区	江达县	德格县	甘孜县	炉霍县	道孚县	新都桥镇
年平均最低气温	最高值	4.74	0.01	3.21	2.11	1.69	3.22	3.17
	最低值	5.49	0.84	4.17	3.42	3.27	4.90	4.66
年平均最高气温	最高值	5.27	−0.96	3.20	2.25	2.39	5.36	5.24
	最低值	5.55	−0.18	4.18	2.61	2.80	6.22	6.17

（3）原因分析。

两个数据库数据资料来源不同导致其气温数据存在较大差异。

中国气象数据库是基于国家气象信息中心最新整编的中国地面高密度台站（约 2400 个国家级气象观测站）的气温资料，利用 ANUSPLIN 软件的薄板样条法进行空间插值生成的。

全球气温数据库来源于全球 9000~60000 个气象站的数据和 MODIS 卫星产品数据（包括最高和最低陆地表面温度以及云覆盖等），使用薄板样条曲线进行插值得到（Fick and Hijmans，2017）。历史月数据集的最高和最低气温利用六个独立的气候变量（平均温度、日温度范围、降水、雨天频率、蒸汽压力和云覆盖层）通过算术推导出来（Harris et al，2014）。

从两个数据库的资料来源可以看出，中国气象数据库的数据主要来源于国家级气象观测站的观测数据；而全球气温数据库的数据，除部分气象站的观测资料外，主要结合卫星数据的观测资料，通过计算推导得来。由此看来，中国气象数据库的数据资料直接通过观测数据插值得到，比全球气温数据库的气温数据可靠性更高。

4）小结

（1）两个数据库的资料均表明，研究区年最低均温都呈现出了明显的升温趋势，且中国气象数据资料显示的升温趋势更加显著。研究区年最高均温整体上也都呈现出了升温趋势，但没有年最低均温的升温趋势显著。

（2）两个数据库的资料均表明，2000 年前虽然大多数年份的气温位于均值以下，但基本上围绕均值波动；2000 年以后，研究区各地的气温普遍高于均值，仅有少数几年略低于（或接近）平均值。

（3）两个数据库的气温变化趋势整体一致，但气温变化的速度（倾向率）却相反；而且各地气温分布也有明显的差异。

（4）从数据资料的来源看，中国气象数据库的数据资料可靠性应更高；全球气温数据库的资料可以作为对比和补充。

2. 突变分析

为了检验研究区气温的变化趋势和突变特征，运用 Mann-Kendall 检验法对 1961~2019 年研究区气温年际变化序列进行检验。中国气象数据库的数据资料可靠性更高，研究区气温突变分析基于该数据库资料。

1）年最低温突变分析

图 5-9 为研究区各地年最低温突变检验结果；表 5-8 是检验结果统计表。各地年最低温都表现出了升温趋势，只是升温起始年和升温趋势突变的年份不同，通过检验的时段不同。整体来看，自东向西升温起始时间逐渐向后推迟，大致可分为三个时间段：20 世纪 70 年代初、20 世纪 80 年代初和 21 世纪初。新都桥镇、道孚县和炉霍县起始年份集中 1973 年和 1974 年；甘孜县在 1983 年；德格县、江达县和卡若区则集中在 2000~2002 年。相应地，升温突变年份和通过显著性检验年份也都有同样的规律。

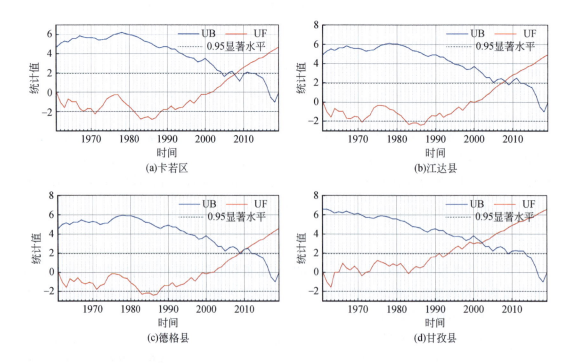

(a)卡若区　　(b)江达县
(c)德格县　　(d)甘孜县

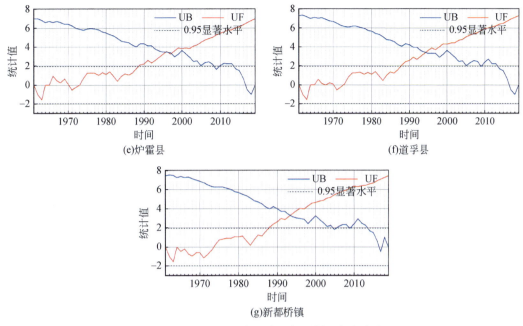

(e)炉霍县 (f)道孚县

(g)新都桥镇

图 5-9 1961~2019 年研究区年最低温突变检验

注：UB 为逆向序列统计量；UF 为正向序列统计量，下同。

表 5-8 1961~2019 年研究区年最低温突变检验统计结果

地点	升温起始年份	升温突变年份	通过 0.95 显著性检验年份	通过 0.99 显著性检验年份
卡若区	2001	2008	2008	2010
江达县	2000	2008	2007	2009
德格县	2002	2009	2009	2011
甘孜县	1983	2002	1993	1997
炉霍县	1973	1997	1989	1993
道孚县	1973	1994	1988	1990
新都桥镇	1974	1994	1988	1990

从图 5-9 还可看出，2000 年前卡若区、江达县和德格县年最低温均有降温趋势（UF<0），只是趋势不够显著；其他地方在 20 世纪 70 年代、80 年代前处于波动阶段，没有明显的变化趋势。

2）年均温突变分析

图 5-10 为研究区各地年均温突变检验结果；表 5-9 是检验结果统计表。除卡若区和甘孜县外，各地年均温都表现出升温趋势，只是升温起始年份和升温趋势突变的年份不同，通过检验的时段不同。整体来看升温起始年份集中在 2000 年前后；以 2000 年为界，2000

年前各地年均温处于波动阶段，有降温趋势（UF<0），但不明显；2000年后开始出现升温，在2005~2010年（后）升温通过了0.05的显著性检验，2010年后通过了0.01的显著性检验。卡若区和甘孜县升温时间相对较早，升温起始年份为1994年，突变年份分别为2003年和2005年。

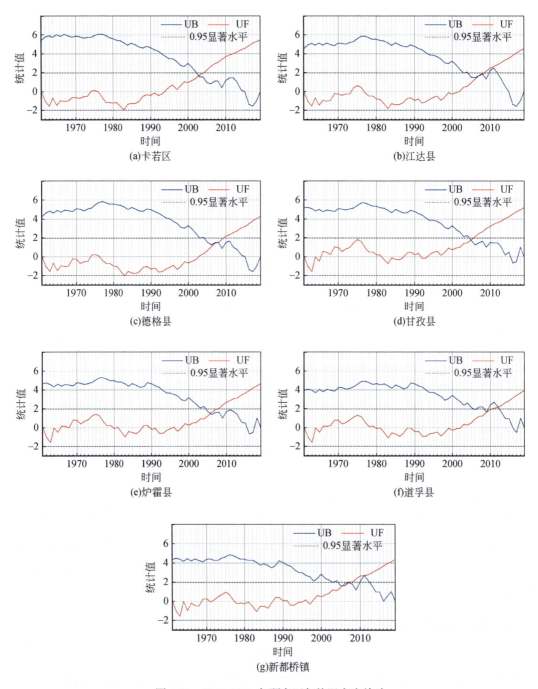

图 5-10 1961~2019 年研究区年均温突变检验

表 5-9　1961~2019 年研究区年均温突变检验统计结果

地点	升温起始年份	升温突变年份	通过 0.95 显著性检验年份	通过 0.99 显著性检验年份
卡若区	1994	2003	2004	2006
江达县	2002	2007	2008	2011
德格县	2003	2008	2009	2012
甘孜县	1994	2005	2006	2007
炉霍县	1998	2006	2007	2010
道孚县	2002	2009	2010	2014
新都桥镇	1998	2005	2007	2010

3）年最高温突变分析

图 5-11 为研究区各地年最高温突变检验结果；表 5-10 是检验结果统计表。各地年最高温气温变化情况不一致。卡若区和江达县，以及德格县和甘孜县年最高温都呈现显著的升温趋势；炉霍县也有显著的升温趋势，且通过 0.05 的显著性检验。但是，道孚县和新都桥镇没有显著的变化趋势；从 UF 曲线来看，则呈降温趋势（UF<0）。有升温变化趋势的地方，除甘孜县外，升温起始年和升温趋势突变的年份不同，通过检验的时段也不同，而且没有明显的规律。

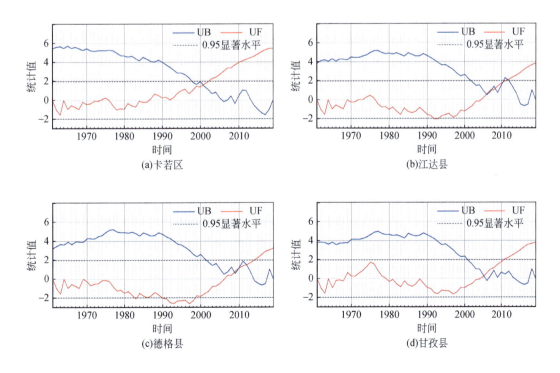

(a)卡若区　　(b)江达县

(c)德格县　　(d)甘孜县

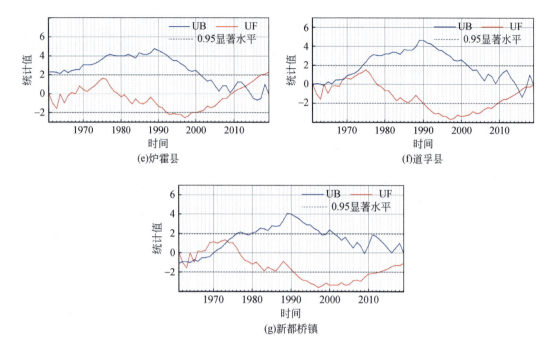

图 5-11 1961~2019 年研究区年最高温突变检验

表 5-10 1961~2019 年研究区最高温突变检验统计结果

地点	升温起始年份	升温突变年份	通过 0.95 显著性检验年份	通过 0.99 显著性检验年份
卡若区	1992	2001	2002	2005
江达县	2005	2006	2011	2014
德格县	2006	2009	2014	2016
甘孜县	2005	2005	2011	2013
炉霍县	2009	2013	2017	—
道孚县	—	—	—	—
新都桥镇	—	—	—	—

4）小结

（1）年最低温自东向西升温起始时间逐渐向后推迟，大致分为三个时间段：20 世纪 70 年代初、20 世纪 80 年代初和 21 世纪初；升温突变年份和通过显著性检验年份也都有同样的规律。

（2）各地年均温升温起始年份和升温趋势突变年份不同，通过显著性检验的时段不同；2000 年前各地年均温处于波动阶段，2000 年后开始出现升温，卡若区和甘孜县升温时间相对较早，升温起始年为 1994 年。

（3）各地年最高温气温变化情况不一致；研究区西部（甘孜县以西）年最高温呈现

显著的升温趋势；而东部的道孚县和新都桥镇则没有显著的变化趋势。

5.1.3 降水变化特征

1.年际和年代际变化

1）全球气象数据库资料

（1）各地降水年际变化。

研究区地跨川西高原和藏东南地区，降水量较少，但东西分布仍有差异，总体东部较多，西部较少（表5-11）。新都桥镇年均降水量最多，达710 mm；其次为中部的甘孜县和炉霍县，两地相差不大，分别为629 mm和628 mm；年均降水量最少的为卡若区，仅517 mm。

表 5-11 研究区主要城镇 1961~2018 年年平均降水量情况统计表

项目	卡若区	江达县	德格县	甘孜县	炉霍县	道孚县	新都桥镇
最高值/mm	668	734	729	785	792	745	867
最高年份	1998	1998	1998	1998	1998	1998	1998
最低值/mm	385	451	467	531	530	521	580
最低年份	1994	1994	1994	1973	1973	1972	1983
平均值/mm	517	572	580	629	628	614	710

从1961~2018年年际变化序列来看（图5-12），研究区各地年平均降水量总体无明显变化，增加或减少的趋势不显著。但各地年均降水量的波动整体表现一致，且存在明显的丰雨期和少雨期。除了1965年、1974年、1998年三个降水异常多的年份外，丰雨期集中在1990~2005年；少雨期则集中在1970~1980年。

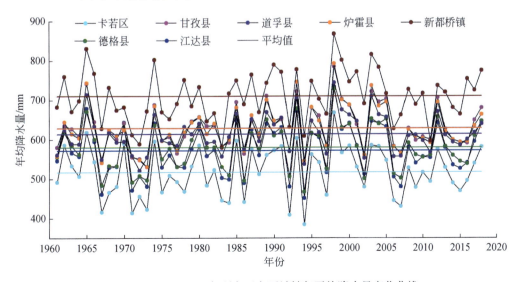

图 5-12 1961~2018 年研究区主要城镇年平均降水量变化曲线

（2）各地降水年代际变化。

结合表 5-11 和图 5-12 可知，研究区各地年均降水量波动情况基本一致。为了分析年代际降水变化情况，选取卡若区、道孚县和新都桥镇为代表，探讨不同年代降水变化与多年降水平均值之间的关系。

进一步对比三地年均降水量各年代平均值与总平均值的差异发现，整体可划分为三个阶段（图 5-13）。其中，1970~1980 年为明显低于平均值的阶段，除 1974 年的降水异常多外，有 60% 年份降水量低于平均值，对应前述的少雨期；1991~2000 年为明显高于平均值的阶段，波动较大，其中 1992 年、1994 年、1997 年三个年份降水异常少，其余年份降水量均高于均值，对应前述的丰雨期；1961~1969 年、1981~1990 年、2001~2018 年则表现为在平均值上下波动的阶段；各年份降水量围绕均值波动的频率高，整体无明显变化规律，趋势不显著。

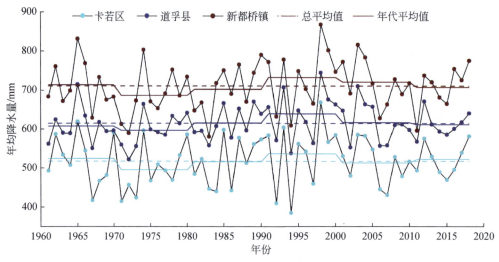

图 5-13　1961~2018 年研究区典型城镇年平均降水量变化曲线及年代际均值线

2）中国气象数据库资料

（1）各地降水年际变化。

研究区地跨川西高原和藏东南地区，降水量较少，但东西分布仍有差异，总体东部较多，西部较少（表 5-12）。其中，新都桥镇多年年均降水量最多，达 1340 mm；其次为道孚县，981 mm；年均降水量最少的为卡若区，仅 632 mm。

表 5-12　研究区主要城镇 1965~2018 年年平均降水量情况统计表

项目	卡若区	江达县	德格县	甘孜县	炉霍县	道孚县	新都桥镇
最高值 / mm	905	908	1056	921	1110	1317	1798
最高年份	1965	1965	1965	1965	1965	1965	1965
最低值 / mm	416	494	594	549	623	744	938
最低年份	1983	1971	1968	1972	1973	1973	2011
平均值 / mm	632	700	817	720	838	981	1340

从 1965~2018 年年际变化序列来看（图 5-14），研究区各地年平均降水量总体无明显变化，增加或减少的趋势不显著。研究区各地年降水量的波动情况整体表现一致，除 1965 年降水异常偏多外，无明显的极端降水，各地年降水量沿平均值上下波动频率较大。相较而言，1974 年至 20 世纪 90 年代末期，降水量多数位于平均值以上，属降水异常多年；在 2002~2011 年，降水量多数位于平均值以下，属降水异常少年。

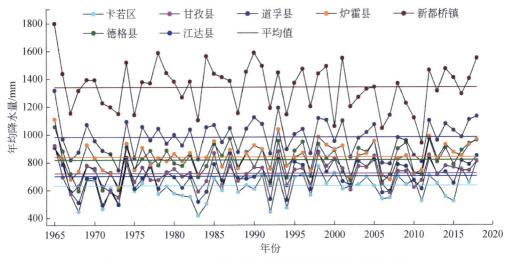

图 5-14　1965~2018 年研究区主要城镇年平均降水量变化曲线

（2）各地降水年代际变化。

为进一步分析年代际降水量变化，选取卡若区、道孚县、新都桥镇为代表，探讨不同年代降水变化与多年降水平均值之间的关系。

对比三个地区降水量的各年代平均值与多年平均值发现，整体处于平均值上下波动时段，明显高于和低于平均值的时段在三个地区不尽相同（图 5-15）。卡若区在 20 世纪 70

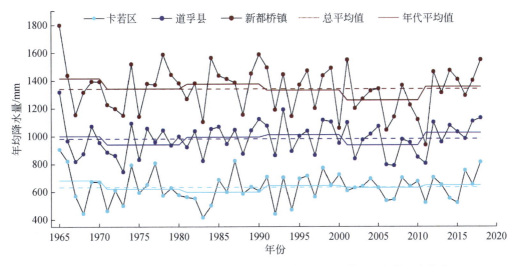

图 5-15　1965~2018 年研究区典型城镇年平均降水量变化曲线及年代际均值线

年代以前降水明显高于均值，20世纪80年代明显低于均值，其余时段降水量均围绕均值上下波动；道孚县除在20世纪70年代和21世纪前10年降水量稍低于均值，2010年以后降水量高于均值外，其余年代降水量均围绕均值上下波动；新都桥镇在20世纪70年代以前和20世纪80年代降水量高于均值，21世纪前10年降水量稍低于均值，其余时段降水量均围绕均值上下波动。

3）小结

（1）两个数据库分析结果均表明，研究区降水总体东部较多，西部较少；各地年均降水量波动一致，且存在明显的丰雨期和少雨期；但两个数据库统计的多雨年和少雨年有差异。

（2）两个数据库统计的不同年代降水和总平均值的差异不同。全球气象数据库资料统计结果表明各地年代际降水变化情况基本一致；而中国气象数据库资料统计结果表明各地年代际降水变化不同；但两个数据库统计结果均表明各年份降水量围绕均值波动的频率高，整体无明显变化规律。

2. 突变分析

为了检验降水量的趋势和突变特征，运用Mann-Kendall检验法对1961~2018年研究区各地降水量年际变化序列进行检验。

1）全球气象数据库资料

图5-16为研究区各地1961~2018年降水量年际变化检验结果。从图5-16中可发现，研究区各地降水量年际波动情况基本一致。其中，卡若区、江达县、德格县、新都桥镇在20世纪90年代以前UF值总体小于0，降水量呈现下降趋势；1990年后UF值大于0，降水量呈现上升趋势。甘孜县、炉霍县、道孚县在20世纪80年代以前UF值小于0，降水量呈现下降趋势；1980年后UF值大于0，降水量呈现上升趋势；趋势变化时段较前者提前约10年（表5-13）。研究区降水量的变化未通过显著性检验，表明降水量年际变化趋势不显著。

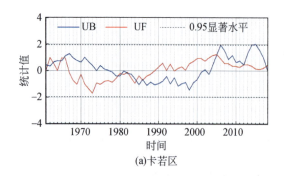

(a)卡若区

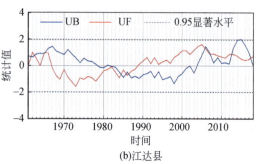

(b)江达县

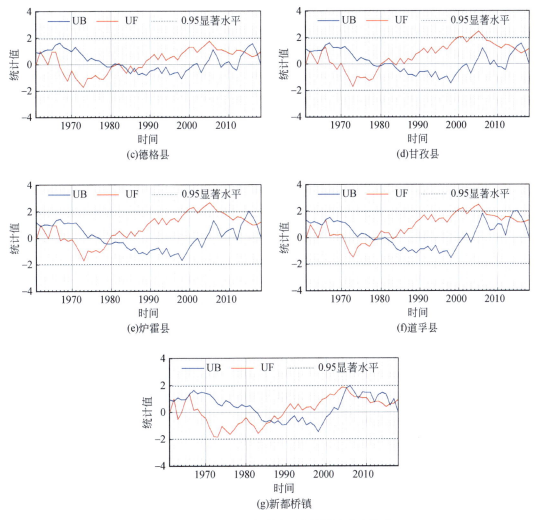

图 5-16　1961~2018 年研究区年均降水突变检验

表 5-13　1961~2018 年研究区年均降水突变检验统计结果

地点	下降趋势时段/年	上升趋势时段/年	显著性检验
卡若区	1967~1989	1989~2018	未通过
江达县	1967~1988	1989~2018	未通过
德格县	1967~1988	1989~2018	未通过
甘孜县	1968~1980	1981~2018	2003~2006 年
炉霍县	1967~1979	1980~2018	2000~2006 年
道孚县	1971~1979	1980~2018	2000~2006 年
新都桥镇	1969~1989	1990~2018	未通过

2）中国气象数据库资料

图 5-17 为研究区 1965~2018 年降水量年际变化检验结果。研究区各地降水量年际波动情况基本一致。其中，江达县、德格县、甘孜县、炉霍县、道孚县在 20 世纪 80 年代以

前 UF 值小于零，降水量呈现下降趋势；1985 年后 UF 值大于 0，降水量呈现上升趋势。卡若区和新都桥镇两地的变化时段有所滞后，卡若区 1998 年前为下降趋势，1999 年开始出现上升趋势，新都桥镇则是在 1989 年前 UF 值小于 0，呈下降趋势，1990~2003 呈现上升趋势，2003 年后 UF 值又小于 0，又呈下降趋势（表 5-14）。所有地区均未通过显著性检验，表明研究区降水量年际变化趋势不显著，无明显规律。

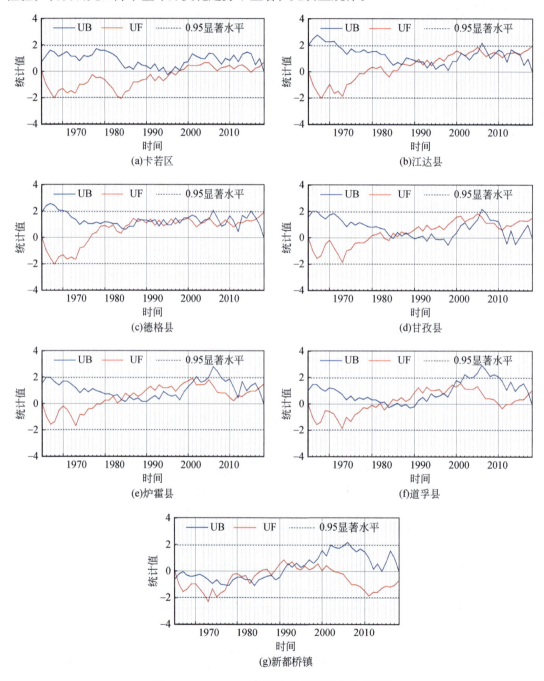

图 5-17 1961~2018 年研究区年均降水突变检验

表5-14　1961~2018年研究区年均降水突变检验统计结果

地点	下降趋势时段/年	上升趋势时段/年	显著性检验
卡若区	1965~1998	1999~2018	未通过
江达县	1965~1979	1980~2018	未通过
德格县	1965~1976	1977~2018	未通过
甘孜县	1965~1979	1980~2018	未通过
炉霍县	1965~1979	1980~2018	未通过
道孚县	1965~1984	1985~2018	未通过
新都桥镇	1965~1989、2004~2018	1990~2003	未通过

综上所述，全球气象数据和中国气象数据的分析结果均表明研究区各地年均降水量在1961~2018年变化无明显规律，无显著的增长或减少的趋势。

3）小结

（1）虽然不同地方降水变化趋势和突变时间在两个数据库统计结果中不完全一致，但各个数据库统计的各地降水量年际波动情况基本一致

（2）突变分析表明，研究区降水量的变化未通过显著性检验，降水量年际变化趋势不显著，无明显变化规律。

5.2　泥石流活动趋势

泥石流的活动趋势取决于形成泥石流的环境背景条件的变化。不同成因类型的泥石流，对环境背景条件变化的反应不同。本节从形成泥石流的三大条件入手，研究了其发展变化趋势，分析了不同成因类型泥石流的发展变化，并探讨了不同成灾条件变化情况下泥石流的发展趋势（Sun et al.，2024）。

5.2.1　泥石流形成环境背景的变化

1. 地形地貌

川藏公路北线横跨青藏高原东南缘的三江地区和川西高原区，在印度洋板块和欧亚板块的挤压、青藏高原的间歇性隆升和河流快速下切的作用下，形成了强烈侵蚀的高山高原区与深切峡谷区。地形地貌的形成与改变是一个缓慢且长期的宏观过程，短期内不会有太大变化，因而在预期时间段内研究区的总体地势特征仍表现为地形陡峭和地势起伏大。这是区内泥石流发育的地形地貌背景。

泥石流既是流域演化的结果，也是流域演化的方式之一。流域地形地貌短期的变化更

多与流域不同发展阶段沟道地形的变化有关。事物的发展过程具有阶段性,流域内部地形地貌的发育也是一样,具有发生、发展和衰退的过程。幼年期,沟谷发育的初始阶段,流域面积较小,流水重力侵蚀作用强烈,沟道下切迅速,形成窄深的沟谷,斜坡坡度也随之增大,易在地震、暴雨等作用下失稳破坏。壮年期,地貌发育的均衡阶段,流域面积逐渐扩大,流水侵蚀作用减弱,沟道下切减缓,坡岸不断后退,分水岭变成狭窄的岭脊。老年期,流域发育的终极阶段,沟谷流水侵蚀作用微弱,分水岭逐渐下降,地面呈波状起伏,坡岸相对平缓,沟谷展宽,蜿蜒曲折。

地貌演化的阶段性分析有助于研究地貌发育的基本特点,以及在特定发育阶段泥石流形成环境的特点。泥石流沟谷侵蚀形态的定量计算结果,可以在一定程度上反映流域的这种发育阶段。本节将基于流域尺度的变化,判定沟谷的地貌发育阶段,进而分析不同发育阶段的沟道特征,以探讨泥石流流域地形地貌条件变化情况下的活动趋势。

本书对沟谷地貌发育阶段的判定主要运用流域侵蚀地貌系统信息熵理论(艾南山,1987)。地貌信息熵以面积–高程积分值和信息熵原理为基础,是判定侵蚀流域稳定性的定量指标之一。熵值小,表明流域侵蚀下切严重,构造运动强烈,处在剧烈变动的不稳定期,即为非常活跃的幼年期。熵值大,说明流域侵蚀趋于稳定,没有较大波动,处于老年期,是平稳阶段。因此,采用地貌信息熵理论可量化泥石流沟谷的地貌演化阶段,具体计算步骤如下。

(1)基于 GIS 地形分析功能,提取单个泥石流流域的 DEM 数据,并导入 Matlab 中进行面积–高程积分值计算。

(2)将面积–高程积分值带入地貌信息熵公式进行计算:

$$H = S - \ln S - 1 = \int_0^1 f(x)dx - \ln\left[\int_0^1 f(x)dx\right] - 1 \tag{5-1}$$

式中,H 为地貌信息熵;S 为面积–高程积分值。

(3)将地貌信息熵值与标准值对比即可判断侵蚀流域的地貌演化发育阶段。

根据地貌信息熵理论,计算了川藏公路北线沿线 339 条泥石流沟的流域地貌信息熵值,其范围在 0.0454~0.4493。结合前人研究成果(王钧等,2013;陈远川等,2013)和研究区实际熵值范围,修正了侵蚀流域地貌演化阶段划分标准,进一步将地貌演化的壮年期细分为壮年偏幼年期、壮年期、壮年偏老年期。川藏公路北线沿线泥石流流域侵蚀地貌演化阶段划分标准见表 5-15。

表 5-15　川藏公路北线泥石流流域侵蚀地貌演化阶段划分标准

地貌信息熵(H)	地貌演化阶段	地形地貌特点
$H<0.11$	幼年期	地表起伏大,流域切割侵蚀强烈,水系扩展、分支阶段
$0.11 \leqslant H<0.20$	壮年偏幼年期	地表起伏较大,流域侵蚀切割作用减弱,形成区不断扩大,松散碎屑物质不断积累
$0.20 \leqslant H<0.30$	壮年期	
$0.30 \leqslant H<0.40$	壮年偏老年期	
$H \geqslant 0.40$	老年期	地势平缓,流域侵蚀微弱,沟谷宽阔稳定

根据表 5-15 的划分标准，得到川藏公路北线沿线不同地貌演化阶段的泥石流流域分布情况（图 5-18）。目前，研究区泥石流流域多集中在幼年期 – 壮年期，其中处于壮年偏幼年期的流域最多，高达 190 条，占比 56%；其次为壮年期，为 103 条，占比约 30%；两者占比高达 86%。

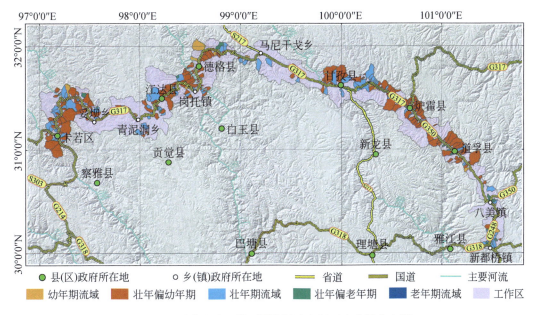

图 5-18 川藏公路北线不同发展阶段泥石流流域分布图

综上所述，研究区泥石流流域在演化阶段上以壮年期为主，尤其是壮年偏幼年期最多。野外调查和遥感解译发现，这一路段多以低频泥石流为主。泥石流活动性越弱，流域内部物源积累越丰富，一旦水动力条件充分，容易暴发大规模泥石流。这需要引起注意。

2. 松散固体物源条件的变化

川藏公路北线沿线泥石流松散固体物源条件受区域断裂构造控制（图 5-19）。一系列剪切、走滑、挤压，导致区内岩体破碎，稳定性差，崩塌滑坡体沿断层带呈线性密集分布，为泥石流活动储备了丰富的固体物源。

鲜水河断裂带（包括狭义的鲜水河断裂和甘孜 – 玉树断裂）是我国西南山区一条大型左旋走滑断裂，具有规模大、活动性强、地震频度高等特点。它在遥感影像上呈现明显的线性特征。水系、冲沟、洪积扇、河流阶地等常被左旋错断，并且发育断塞塘、拉分盆地、构造石林等（图 5-20）。

1）断裂活动性

甘孜 – 玉树断裂整体滑动速率不一致，其中玉树断裂水平滑动速率为（6.6 ± 0.1）~（7.4 ± 1.2）mm/a，甘孜断裂水平滑动速率为（7.6 ± 0.5）~（10.8 ± 0.8）mm/a（吕丽星等，

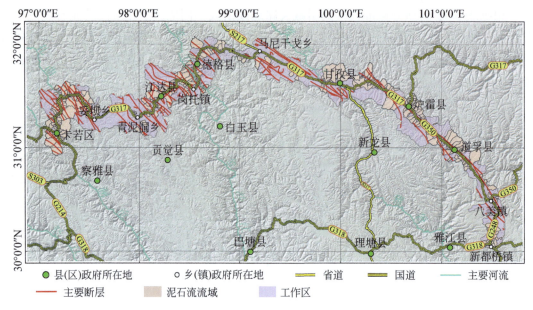

图 5-19　川藏公路北线断层分布图

图 5-20　鲜水河断裂带附近地貌

2017）。根据甘孜－玉树断裂带的结构特性和活动性差异，大致以错阿和俄支为界，可进一步划分为北西段、中段、南东段。由于技术、理论和方法等不同，前人对甘孜－玉树断裂第四纪滑动速率测定结果差异较大（表 5-16）。但对比现有结果，总体来说以马尼干戈为代表的中段滑动速率最大，活动性最强。

表 5-16　甘孜－玉树断裂各段滑动速率统计

学者	年份	方法	滑动速率 /（mm/a）		
			北西段	中段	南东段
周荣军	1996	¹⁴C和热释光	邓柯 7.2 ± 1.2	马尼干戈 7 ± 0.7	甘孜 3.4 ± 0.3
闻学泽	2003	¹⁴C和热释光	拖挡 11.3 ± 1.8	日阿 11.1~15.3	纳洼 10.9 ± 2
彭华	2006	年代地貌学	5.4 ± 0.4	8 ± 0.5	5.5 ± 0.5
Shi（石峰）	2016	断错地貌	—	马尼干戈 10.3 ± 0.4~10.8 ± 0.8	甘孜 7.6 ± 0.5~8.0 ± 0.3

根据前人对鲜水河断裂不同区段滑动速率的研究成果（表5-17），推算现今鲜水河断裂的走滑活动速率在10 mm/a左右，垂向变形在2 mm/a左右（张培震，2008；熊探宇等，2010；王阎昭等，2011；Yan et al., 2018）。在滑动速率和运动方式上表现出明显的分段活动特征，在南东段（雅拉河–康定–折多段）小于10 mm/a，一般为5 mm/a，主要为张性活动；在断裂带西北段（炉霍–道孚–乾宁段）活动速率约为10~20 mm/a，其中炉霍–道孚段活动速率较大，乾宁段活动速率较小，趋于闭锁（熊探宇等，2010）。

表5-17 鲜水河断裂不同区段滑动速率统计

学者	年份	方法	滑动速率 /（mm/a）			
			炉霍段	道孚段	乾宁段	康定段
邓天岗	1989	年代地貌学	15.0~17.0	11.0~12.5	—	>10.0
李天祒	1997	年代地貌学	13 ± 5	10 ± 2	10 ± 2	6~7
陈桂华	2006	年代地貌学	—	—	17.0 ± 3.0	6.7 ± 3.0
李铁明等	2019	形变测量 GPS 反演	9.13	8.57	7.67	6.14
孙凯等	2021	InSAR 和 GPS 反演	8.12~9.30		—	—

2）地震危险性预测

根据国内外关于鲜水河断裂带活动性及地震危险性的研究，断裂带历史地震与滑动速率相似，具有明显的分段性且原地重复的特征。其中，值得关注的是道孚段和乾宁段，是未来大震或强震的震源区（易桂喜等，2008；孙凯等，2021）。基于1973年炉霍地震和1981年道孚地震的滑动量和剖面反演得到的远场构造加载速率，计算炉霍和道孚地震复发周期分别为370~410年和59~65年。道孚段距上次地震时间已有40年，接近地震复发周期。该段约15 km无震区域的浅层蠕滑运动每年释放的能量约1.32×10^{16} N·m，占构造加载能量的23%~38%，40年地震矩积累量达$3.62 \times 10^{17} \sim 7.88 \times 10^{17}$ N·m，相当于一个 Mw 5.6~5.9地震所释放的能量，具有发生显著性地震的可能性。因此，道孚段地震危险性较高（Zhang et al., 2016；孙凯等，2021）。乾宁段长期滑动速率约8 mm/a，距今累计地震矩（M_0）2.2×10^{19} N·m。此区域受2008年M_s 8.0汶川地震和2013年M_s 7.0芦山地震应力扰动，老乾宁区域加载了相当于10年的构造应力积累，未来需要关注该区域发生M_w 7.0地震。

地震在孕育、发生和震后全过程中通过应力的不断积累和释放，引起地壳结构构造、岩石物理力学性质、地表形态以及大气环境等的改变，从而在多方面影响泥石流的形成和活动。1972年松潘–平武7.2级和1973年炉霍7.9级地震发生后，四川甘孜、凉山的泥石流呈带状成群分布，进入长达十余年的泥石流活跃期。日本关东地震和汶川大地震都表明，强震后一段时间内，泥石流的激发雨量显著降低，多发育黏性泥石流；泥石流的数量、规模和频率会大大增加；震前没有发生过泥石流的流域也可能会暴发大规模泥石流。这种变化发生的主要原因在于地震前后松散固体物源条件的变化。地震时，部分山坡产生崩塌（岩崩、碎屑崩、冰雪崩），大量土石块、植被等崩落进入沟床，直接成为泥石流的固体物源。地震后，在地震波及区岩体裂隙发育，结构破碎，崩塌滑坡活跃，地表土层及植被遭受极大破坏，易形成荒山秃岭。遭遇暴雨时，地表径流对山坡裸露风化层侵蚀作用加剧，水土流失严重，有利于细沟、冲沟、切沟产生，为泥石流的汇流以及松散物质的产生和运移提供有利条件。

根据流域物源情况，泥石流流域分为两种类型：①降水控制型泥石流流域：松散物质供给充足，泥石流活跃性在震后很长一段时间内都不会减弱，泥石流的发生主要取决于降水条件，其规模和频率大致和暴雨一致，一般为高频泥石流；②物源控制型泥石流流域：随着物源量的显著减少，泥石流活动性逐渐减弱，流域趋于稳定。最大规模泥石流通常发生在地震过后的短时间内，泥石流规模和频率的关系与暴雨不一致。5~20 年一遇的暴雨可能会引发 100 年一遇的低频泥石流。震后泥石流与普通泥石流相比，本身就存在物源储量放大现象，极震区产生了大量崩滑堆积物和"裂而未滑""松而未动"的震裂山体，为震后泥石流的发生提供充足的崩滑堆积物源与潜在物源。泥石流物源表现出，总储量异常丰富；动储量逐年增多；沿断裂呈带状分布；随离发震断裂的距离增大而递减；随高程增大而递增等特点。加之后期在降水作用下震裂山体失稳以及震裂坡表的侵蚀作用，使得物源量呈现阶段性补给。由于崩滑体的堵塞作用，使得沟道物源淤积和滞留，加大了震后泥石流的危险性。

根据强震下斜坡的动力破坏类型，将震后泥石流物源分为以下三种类型：

（1）地震崩滑堆积型。

强震时地震波在坡体内产生的反复拉－压－剪切作用，导致斜坡以不同的动力破坏形式失稳。崩滑体进入沟道后以直接参与或间接补给的方式参与泥石流活动，是极震区震后泥石流物源量暴增的主要途径。地震崩滑堆积体有方量大、结构松散、堵沟严重等特点，其堆积角通常大于自然休止角，在后期降水条件下易起动形成泥石流。

（2）震裂山体失稳型。

地震作用下山体震裂损伤主要表现在两个方面：一是在地震波反复作用下岩体劈裂、结构面扩张而导致岩体结构劣化，震裂山体在后期降水作用及时效变形的作用下发生崩滑灾害；二是地震作用下坡表覆盖层产生震动松弛现象，密实度降低，后期暴雨条件下产生大量土体滑坡。由于损伤山体具有隐蔽性，容易形成潜在物源，后期对物源产生阶段性补给。

（3）震裂坡表侵蚀型。

震后，坡面的侵蚀现象主要表现在两个方面：一是地震作用下坡表植被覆盖率降低，土体密实度减小，暴雨条件下覆盖层转换成坡面侵蚀物源；二是震后松散的崩滑堆积体在强降水作用下产生坡面侵蚀现象，成为坡面侵蚀物源。该类物源的形成机制为降水作用下首先表层饱和，然后形成坡表水流裹挟颗粒片状流动产生片蚀，雨水汇集成地表径流后，产生冲蚀细沟对坡表以拉槽、侧蚀、溯源的方式进行沟蚀形成洪流、浊流。该类物源的产生与泥石流水源的汇集同步发生。

根据统计，汶川地震灾区崩塌、滑坡等产生的松散固体物质达 $28 \times 10^8 \ m^3$，为震区泥石流长期活动提供了物质基础；泥石流密度提高了约 10%~30%，原来定性为稀性或过渡性的泥石流沟转化为过渡性或黏性泥石流沟；泥石流流量也普遍增大，规模大致可增大约 50%~100%。泥石流在震后活动强度由急剧增强的突变转至逐步减弱，泥石流活跃期可能会持续 20 年左右（崔鹏等，2008）。

研究区的道孚、乾宁段未来发震可能性（M_w 5.6~7.0）较大。预测的震级虽不及汶川地震，但震后泥石流活动特征及演化趋势具有一定相似性。因此，该区域一旦暴发强震，泥石流的活动频度、规模都会大大增加，危险性很大。

3. 水源条件的变化

一定时期内，相比较地形地貌（相对稳定）和物源条件（过程积累），水源条件是随机变化的。气候变化引起的温度和降水的改变（水热组合变化）无疑是影响山区泥石流形成的关键因素。尤其对于藏东南和川西的高程地区，强降水、高温条件都是泥石流暴发的有利条件，而高温和强降水同时出现的暖湿气候（雨热同期）更有利于大规模灾害的形成。

2021 年，IPCC 第六次评估报告第一工作组报告中明确表示，近 10 年（2011~2020 年）全球地表温度比工业革命前（1850~1900 年）高了 1.09 ℃；近 50 年（1970~2020 年）地表温度上升速度超过 2000 年以来任何一个 50 年。从未来 20 年的平均温度变化来看，全球升温预计达到或超过 1.50 ℃。气候变化正在加剧水循环，带来更多的降水和洪水，影响降水特征，在高纬度地区，降水可能会增加。全球气候变化背景下，青藏高原及其周边地区增温显著，高原降水增加，极端天气气候事件增加，高原未来冻土面积减少，冻土活动层厚度增加。

根据"6.1 气候变化分析"和《西南区域气候变化评估报告：2020 决策者摘要》①最新研究成果，可获得与研究区相关的气候变化信息如下：

1）气候变化观测事实

西南大部分地区年平均气温以 0.1~0.3 ℃/10 a 的速率上升，高原地区增温最快。不仅基本气候要素（温度降水）有显著变化，极端天气事件也有变化。1961~2017 年，西南区域暴雨日数和暴雨量分别以 0.02 d/10 a 和 11.70 mm/10 a 的速率增加。从空间分布来看，西藏大部、川西高原暴雨日数、暴雨量和暴雨强度呈现增加趋势；西南区域的暖夜日数、暖昼日数、极端最高气温、高温热浪日数、高温热浪强度等均呈显著升高增强的趋势。其中，极端最高气温的升温率为 0.23 ℃/10 a，$\geqslant$ 35 ℃高温日数的增加率为 0.88 d/10 a。

2）未来气候变化预估

中等排放情景下（RCP4.5），与基准值（IPCC 第五次评估报告即 1986~2005 年共 20

---

① 报告所指的西南区域包括四川省、重庆市、贵州省、云南省和西藏自治区。

年的平均态）相比，西南区域年平均气温近期、中期增温速率分别为 0.30 ℃ /10 a 和 0.35 ℃ /10 a；区域年降水量近期、中期增加速率分别为 30 mm/10 a 和 20 mm/10 a。至 2050 年，西南区域大部分地区年平均气温将升高 1.8~2.2 ℃，西藏和川西高原升温最明显；年降水量在西藏和四川大部、云南西部和贵州北部增加，其中西藏东部和四川中部的增幅较大；未来高温、干旱、暴雨事件将会更为频繁。

基于以上不同来源的气候信息，结合研究区气候变化分析成果，可得出研究区未来气候变化总体趋势为温度明显上升，降水总量变化不明显，但暴雨强度增强，极端降水事件增多。

就研究区雀儿山新路海附近的冰雪融水混合型泥石流而言，其起动成因同时包含土力类（由冰雪崩、岩崩、冰碛物滑坡等触发转化形成）和水力类（降水和冰雪融水经流通过沟蚀、面蚀、侧蚀过程形成）。在高山区，冰雪、冻土、冰碛物坡体的强度和稳定性不仅受降水影响，还受温度制约。温度不仅影响冰体（岩体）稳定性，还影响冰雪融水和冻土消融，进而影响径流和地下水过程。因此，气候变暖会对此类泥石流产生显著影响。首先是温度升高导致冰雪消融为泥石流的发生提供水动力条件；其次是冰雪消融后，大量的冰碛物融化释放，为泥石流的形成提供丰富的物源条件；最后气候变暖导致岩体的压力环境发生变化，也会破坏岩土体内部结构，增加坡岸垮塌的概率。

（1）冰雪融水改变水源条件。

在夏季高温条件下，冰川末端以及坡面冰雪覆盖层快速消融，产生的清水阵流、山地洪流冲刷、掏蚀沟岸，使得表层饱和冰碛物发生失稳坍塌，引发小规模泥石流；再遇上高山强降水引发冰体崩解滑塌，滑塌体堆积在沟谷中快速消融，同时裹挟沟床物质，形成"铲蚀效应"和"消防水管效应"而引发大规模泥石流。因此，冰雪融水混合型泥石流的水源补给兼具暴雨和冰雪融水，具有汇流快速和流量叠加的特点。

（2）冰碛物冻融改变物源。

首先温度升高可能引起冰雪、岩体的垮塌，形成崩滑物源；其次，在温度变化的过程中，前端冰川逐渐退缩，表层冰雪融化后，更多的冰碛物暴露出来，冻土由冰雪覆盖转化为裸露冻结状态。随着温度进一步升高，冰碛物内部冰颗粒消融后，增加了内部裂隙面的不稳定性。昼夜温差或突发降水可能导致温度在 0 ℃上下波动，这种反复的循环式冻融导致冰碛土反复收缩和膨胀，严重破坏土体结构。冰雪融水、突发降水产生的地表径流以及冰碛物内部冰颗粒消融水都会使冰碛土保持较高的含水量和孔隙水压力，从而降低其强度。逐渐地，冰碛土由裸露冻结状态转化为活动性冰碛土，成为冰雪混合型泥石流的物源。因此，冰雪融水混合型泥石流的物源补给既包括岸坡垮塌过程，又包括冰碛物在径流作用下的冲刷起动过程，是两者综合作用结果，具有典型的补给类型多样性。

就研究区大部分暴雨型泥石流而言，在地形条件满足且松散固体物源丰富的情况下，其形成过程更多地受控于暴雨频率。虽然区内降水总量变化趋势不明显，但是极端降水事件的天数和极端降水的强度均表现出显著增多的趋势。因此，高温、暴雨等极端事件也会显著影响区内暴雨型泥石流的形成和发展。

与暴雨型泥石流相关的降水包括前期长历时累计降水和当次短历时强降水。一般暴雨型泥石流是在前期降水和当次降水的共同作用下形成的。在长历时降水中，虽持续时间长，但中间降水有间断，降水强度也有一个反复的过程。由于过程较长，地表以渗流为主，松散土体吸水逐渐饱和，含水率增加强度降低，后续降水强度稍小的短历时降水就容易导致坡体失稳。短时间内急速增加的强降水持续时间较短，松散土体迅速饱和，地表径流突然增加，能够裹挟松散固体物质进入沟道，泥石流开始起动。在当前气候变化背景下，尤其雨季（7~9月），高温与暴雨事件逐渐增加，即雨热同期现象越来越明显。连续高温加剧土体的干燥疏松状态，此时若有强降水径流的冲刷与入渗，岩土体裂缝扩张，坡岸极容易失稳垮塌，在强烈的地表径流冲刷下汇流至沟道形成泥石流。在强震地区，松散物源极为丰富的情况下，泥石流起动形成的临界雨量降低。例如，汶川地震后，震区泥石流起动的前期累积雨量降低了14.8%~22.1%，降水强度降低了25.4%~31.6%（唐川和梁京涛，2008）。

综上所述，研究区泥石流形成水源条件的变化主要表现在两个方面：①升温会增加冰雪融水和冰碛土物源等，有助于冰雪融水混合型泥石流形成；②局部的高温、暴雨、强震等极端事件会改变岩土体的临界状态和地表径流过程等，有助于暴雨型泥石流形成。

5.2.2 不同成因类型泥石流发展变化

1.冰雪融水混合型泥石流发展变化

结合川藏公路北线沿线近50年气候变化趋势和泥石流形成条件变化的分析结果来看，对冰雪融水混合型泥石流的发展变化有显著影响的是温度变化引起的水源条件和物源条件的改变。

总体来看，研究区所处的川西高原和藏东南地区在2050年温度升高约1.8~2.2 ℃。升温导致的冰雪融水会增加地表径流，冰碛物裸露解冻会增加物源补给。由此推断，研究区冰雪融水混合型泥石流在水源、物源均增加的情况下，未来其暴发的规模会增加；若在极端降水作用下，其暴发的频率也会增加。该变化机制如图5-21所示。

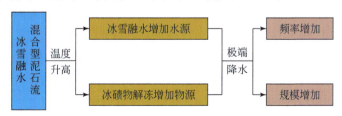

图5-21 冰雪融水型泥石流的发展变化

2.暴雨型泥石流发展变化

结合川藏公路北线沿线近50年气候变化趋势和泥石流形成条件变化分析结果来看，

对研究区暴雨型泥石流的发展变化有显著影响的是高温、强震、强降水等极端事件导致的物源条件和水源条件的改变。

根据研究区断层活动性分析，最有可能发生强震的区域是鲜水河断裂带的道孚－乾宁段，震级范围在 Mw 5.6~7.0 级。结合汶川、芦山等强震区地震前后崩滑物源的变化特征，研究区受地震影响较小，松散固体物质较少的流域，暴雨型泥石流仍然为固体物源控制型；鲜水河活动断裂附近松散固体物质较丰富的流域，成灾条件变化情况下，将转变为降水控制型。

连续高温的干旱天气会加剧岩土体的干燥疏松状态，若遭遇极端降水，土体表面裂缝会迅速扩张，含水率增加饱和，土体强度降低导致失稳，在强烈的地表径流冲刷下，暴雨型泥石流的频率和规模都可能增加（图 5-22）。

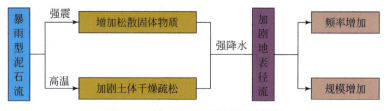

图 5-22　暴雨型泥石流的发展变化

5.2.3　不同成灾条件变化情况下泥石流发展趋势

1. 不同成灾条件下典型泥石流可能的频率与规模预测

典型沟在成灾条件变化情况下泥石流的发展趋势研究，主要基于 Flo–2D 数值模拟的方法。Flo–2D 数值模拟方法的原理、数据处理和参数选取方法等详见 6.4 节。

1）气温升高对混合型泥石流规模的影响

冰雪融水混合型泥石流对温度变化较为敏感。温度升高，冰雪融水增加，水源量增大。对于这类泥石流，可通过改变泥石流清水流量来预测未来泥石流的泥深、流速及冲出范围等的变化。假设 50 年一遇（P=2%）重现周期的降水条件下，如果遭遇高温冰雪融水增加，其径流可能升至相当于 100 年一遇（P=1%）的降水情况。因此，本书拟以雀儿山附近的一条混合型泥石流为例（流域编号为 163DR[①]），利用 Flo–2D 数值模拟方法模拟其在 P=2% 条件下，以及同时遭遇高温条件下的泥石流变化情况。

（1）编号 163DR 的泥石流沟概况。

该流域位于雀儿山附近，行政上属四川省德格县马尼干戈镇，沟口坐标为

---

① 泥石流流域的室内编号，前三位表示编号，第四位表示河流代号，第五位表示流域所在岸别。

99°4′28.40″E，31°52′3.91″N，流域面积为 19.33 km²，主沟长度为 8.42 km，流域最高高程为 6004 m，沟口高程为 4035 m，相对高度为 1969 m，沟床平均纵坡约为 233.16 ‰。流域地形地貌总体上属于高山山原；出露地层岩性主要为侏罗纪花岗岩和第四系堆积物。

流域整体地势较高，位于高程 4000m 以上 [图 5-23（a）和表 5-18]，其中高程在 4500~5500 m 的面积最大，超过 80%，主要分布在流域中上游。流域大部分区域被积雪覆盖，植被稀少，风化严重，基岩裸露。

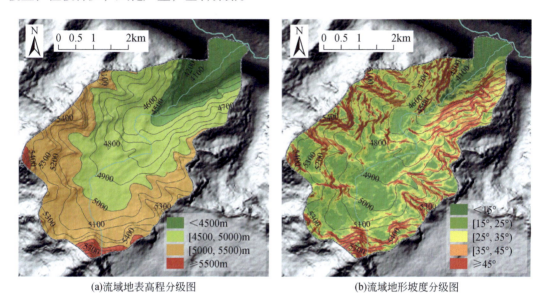

(a)流域地表高程分级图　　　　　　　(b)流域地形坡度分级图

图 5-23　编号 163DR 流域的地表高程和地形坡度图

表 5-18　编号 163DR 的流域高程分级统计表

项目	高程分级 /m			
	< 4500	4500~5000	5000~5500	> 5500
分布面积 /km²	3.04	8.19	7.64	0.46
面积占比 /%	15.73	42.37	39.52	2.38

该流域平均山坡坡度为 26.39°[图 5-23（b）和表 5-19]；其中，<15° 的缓坡占流域面积 24.21%，分布在流域上游、沟道及沟口堆积处；斜坡（15°~25°）和陡坡（25°~35°）集中分布在沟道两岸，占比近 50%；急陡坡（35°~45°）占比约 16.29%，分布相对较少；>45° 的险坡最少。该流域上游风化严重，松散物源储量丰富。山顶有常年积雪覆盖，为泥石流的形成和发生提供部分水源和物源。整体来看，地形条件有利于泥石流灾害的形成和发生。

表 5-19　编号 163DR 的流域坡度分级统计表

项目	坡度分级 / (°)				
	<15	15~25	25~35	35~45	>45
分布面积 /km²	4.68	4.67	4.63	3.15	2.20
面积占比 /%	24.21	24.16	23.95	16.29	11.38

（2）Flo-2D 数值模拟。

a. 地形处理及参数选取

数值模拟的地形数据采用分辨率 12.5 m 的数字高程模型（DEM）。利用 ArcGIS 将 DEM 转化为 Flo-2D 软件能够识别的 ASCII 文件，再将其导入 Flo-2D，建立 10×10 m 的计算网格；按流域确定计算面积，并对计算域中的每个网格进行高程赋值，完成地形数据处理。

编号 163DR 的泥石流沟在 $P=2\%$ 条件下泥石流数值模拟的参数列于表 5-20。

表 5-20　编号 163DR 流域在 50 年一遇降水条件下泥石流模拟参数取值

工况	曼宁系数 n	泥沙比重 γ_s	流变系数				层流阻滞系数 K	体积浓度 C_v	清水流量 $Q/$ (m³/s)
			α_1	β_1	α_2	β_2			
$P=2\%$	0.1	2.68	0.811	13.72	0.004 6	11.24	2300	0.48	50.67
径流增加	0.1	2.68	0.811	13.72	0.004 6	11.24	2300	0.48	57.74

泥石流流量过程线以一次泥石流过程的 1/3 段作为分界点，以峰值流量的 1/4 及 1/3 作为这两个时间节点下的泥石流流量，绘制流量过程线。泥石流流量为清水流量乘以放大系数（BF=1/（1−C_v）。不同条件下流量过程线如图 5-24 所示。

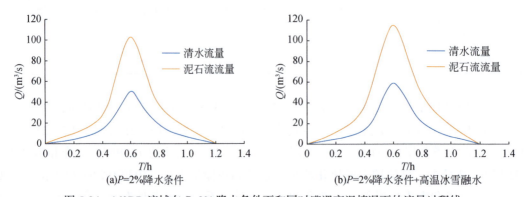

图 5-24　163DR 流域在 $P=2\%$ 降水条件下和同时遭遇高温情况下的流量过程线

b. 模拟结果

以野外调查的泥石流为基础，模拟了两种工况下（50 年一遇、50 年一遇＋高温冰雪融水）

泥石流的发生过程。模拟结果如图 5-25 和图 5-26 所示。

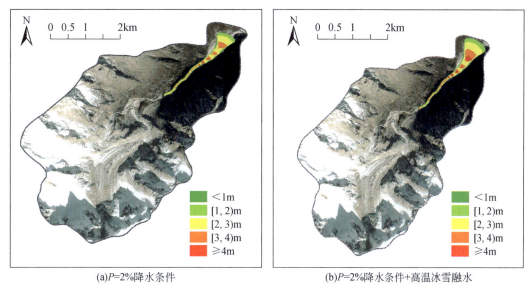

(a)P=2%降水条件   (b)P=2%降水条件+高温冰雪融水

图 5-25 163DR 流域在 P=2% 降水条件下和同时遭遇高温情况下泥石流堆积深度的模拟结果

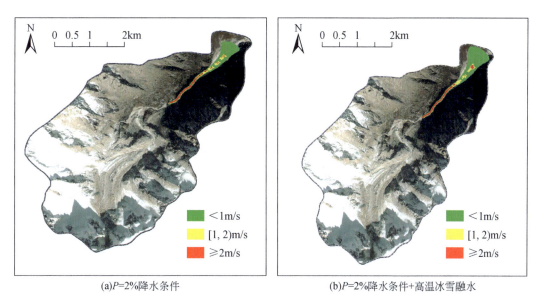

(a)P=2%降水条件   (b)P=2%降水条件+高温冰雪融水

图 5-26 163DR 流域在 P=2% 降水条件下和同时遭遇高温情况下泥石流流速的模拟结果

模拟结果显示,暴发 50 年一遇泥石流时,堆积扇总面积约为 $28.3 \times 10^4\ \mathrm{m}^2$,最大堆积深度为 4.6 m,平均堆积深度为 2.1 m,冲出总方量为 $59.4 \times 10^4\ \mathrm{m}^3$,最大流速为 3.1 m/s。

遭遇 "50 年一遇 + 高温冰雪融水" 时,泥石流堆积面积约为 $46.2 \times 10^4\ \mathrm{m}^2$,最大堆积深度为 6.2 m,平均堆积深度为 2.3 m,冲出总方量约 $106.3 \times 10^4\ \mathrm{m}^3$,最大流速为 3.6 m/s。冲出范围对比发现,50 年一遇的泥石流堆积扇长 571 m,宽 677 m,未冲至主河错柯; "50 年一遇 + 高温冰雪融水" 的泥石流堆积扇长 714 m,宽 737 m,堵塞主河错柯。

模拟结果表明，气温升高情况下，暴雨+冰雪融水型泥石流规模会明显增大，泥石流威胁范围也会明显变大。

2）物源增加对泥石流规模等的影响

道孚县位于鲜水河断裂带附近，地质构造活动强烈，地震灾害频发，松散物源丰富。通过对道孚县沟普村沟（暴雨型-高频-过渡性泥石流沟）在100年重现周期（$P=1\%$）条件下，不同体积浓度的泥石流进行模拟，来分析物源增加对泥石流规模等的影响。

（1）沟普村沟流域概况。

沟普村沟沟口坐标为101°6′16.07″E，30°59′0.52″N，流域面积为44.45 km²，主沟长度为11.50 km，流域最高高程为4706 m，沟口高程为2921 m，相对高度为1785 m，沟床平均纵坡约为155.22 ‰。地貌上该流域属于高山山原。出露地层主要为三叠系和二叠系，岩性以板岩、千枚岩、砂岩和闪长岩为主。流域内崩滑、冲沟和坡面侵蚀物源丰富，泥石流灾害频繁发生。

流域高程分级统计结果（图5-27和表5-21）表明，高程大于4500 m的面积最小，占比仅为3.32%，主要分布在山顶，积雪覆盖，植被稀少；高程在3500~4500 m的面积最大，占比超70.00%，主要分布在流域中上游；小于3500 m的范围主要分布在流域中下游及出水口的堆积区。

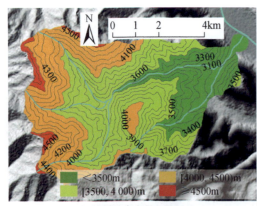
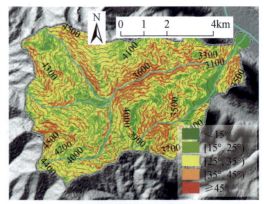

(a)流域地表高程分级图　　　　　　　　(b)流域地形坡度分级图

图5-27　沟普村沟流域的地表高程和地形坡度图

表5-21　沟普村沟流域高程分级统计表

项目	高程分级/m			
	<3500	3500~4000	4000~4500	>4500
分布面积/km²	9.56	19.29	14.12	1.48
面积占比/%	21.51	43.40	31.76	3.33

流域山坡坡度分析[图5-27（b）和表5-22]结果表明，流域山坡坡度范围在1°~63°，

平均坡度为27.58°。其中，<15°的缓坡占流域面积的10.06%，集中分布在流域右支沟沟道及沟口堆积处；斜坡（15°~25°）和陡坡（25°~35°）占近70.00%，主要分布流域中上游；急陡坡（35°~45°）占比约20.36%，主要分布在左支沟沟道、沟道两岸以及右支沟上游。根据现场调查，流域左支沟植被稀疏，崩滑严重，松散物源储量丰富。整体来看，该流域的左支沟较右支沟地形更陡，更有利于斜坡变形和泥石流灾害的发生。

表 5-22　沟普村沟流域地形坡度分级统计表

项目	坡度分级 / （°）				
	<15	15~25	25~35	35~45	>45
分布面积 /km²	4.47	10.66	19.61	9.05	0.66
面积占比 /%	10.06	23.98	44.12	20.36	1.48

（2）Flo-2D 数值模拟。

a. 地形处理及参数选取

地形数据处理方法和参数选取原则同上，不再赘述。

沟普村沟在 100 年一遇重现周期（P=1%）下泥石流数值模拟的参数列于表 5-23；泥石流流量过程线如图 5-28 所示。

表 5-23　沟普村沟在 100 年一遇降雨条件下泥石流模拟参数取值

工况	曼宁系数 n	泥沙比重 γ_s	流变系数				层流阻滞系数 K	体积浓度 C_v	模拟时间 T/h	清水流量 Q/（m³/s）	
			α_1	β_1	α_2	β_2				左支沟	右支沟
P=1%	0.08	2.68	0.811	13.72	0.0046	11.24	2300	0.48	1.8	82.15	34.08
增加体积浓度	0.08	2.68	0.811	13.72	0.0046	11.24	2300	0.55	1.8	82.15	34.08

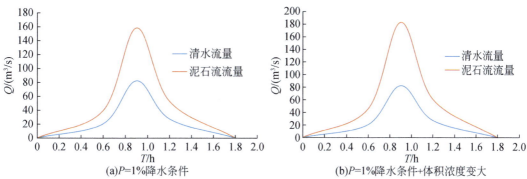

图 5-28　沟普村沟在 P=1% 降水条件下和同时遭遇物源增加体积浓度变大情况下的流量过程线

b. 模拟结果

模拟结果如图 5-29 和图 5-30 所示。

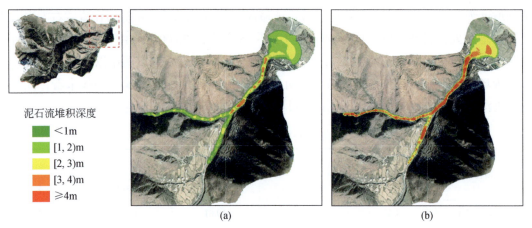

图 5-29 沟普村沟在 P=1% 降水条件下（a）和同时遭遇体积浓度变大情况下（b）泥石流堆积深度的模拟结果

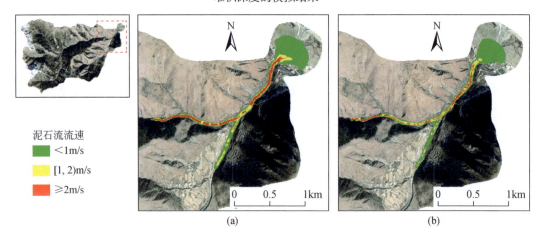

图 5-30 沟普村沟在 P=1% 降水条件下（a）和同时遭遇体积浓度变大情况下（b）泥石流流速的模拟结果

数值模拟结果表明，在当前情况下，暴发 100 年一遇的泥石流，堆积区总面积约为 43.8×10^4 m^2，冲出方量约为 85.1×10^4 m^3，最大堆积厚度为 8.6 m，平均堆积厚度约为 2.0 m，最大流速为 7.9 m/s。当固体物源大量增加，体积浓度增加至 0.55 时，同样降水条件下暴发的泥石流堆积区总面积为 27.1×10^4 m^2，最大堆积厚度为 13.9 m，平均堆积深度约为 3.7 m，冲出方量约为 100.3×10^4 m^3，最大流速为 6.1 m/s。据图 5-27（b）分析，沟普村沟左支沟坡降大于右支沟坡降，模拟结果也显示左支沟流速大于右支沟流速，与实际情况吻合。

通过对两种工况下泥石流模拟结果的对比（表 5-24）可以看出，在同样降水条件下，当物源量更加丰富，泥石流体积浓度增大后，其规模变大，流动性变差。100 年一遇的泥石流淤埋沟口国道 G350 约 880 m，堵塞鲜水河主河；同样的降水条件，当固体物源增加，体积浓度变大后，淤埋沟口国道 G350 约 720 m，扇顶冲至鲜水河边，但泥石流淤积厚度明显变大。

表 5-24　沟普村沟不同体积浓度流石流模拟结果对比表

工况	堆积扇面积 /($\times 10^4 \text{ m}^2$)	最大堆积厚度 /m	平均堆积厚度 /m	冲出方量 /($\times 10^4 \text{ m}^3$)	最大流速 /(m/s)
$P=1\%$	43.8	8.6	2.0	85.1	7.9
体积浓度增大	27.1	13.9	3.7	100.3	6.1

2. 不同成灾条件下区域泥石流发展趋势预测

1）单因素影响下泥石流发展趋势预测

（1）温度。

根据前述分析，温度变化会引起研究区不同类型泥石流形成条件的变化。因此，通过分析研究区多年平均温度的变化趋势来分析泥石流形成物源和水源条件的变化，并预测温度变化条件下泥石流的形成和发展趋势。本书温度数据来源于国家青藏高原科学数据中心提供的中国逐月最低温度和最高温度数据，空间分辨率为 0.008 3°（约 1 km），数据格式为 NETCDF，该数据集根据 CRU 发布的全球 0.5° 气候数据集以及 WorldClim 发布的全球高分辨率气候数据集，通过 Delta 空间降尺度方案在中国地区降尺度生成，并且使用 496 个独立气象观测点数据进行验证，验证结果可信[①]。

通过 GIS 进行数据预处理提取研究区 1961~2017 年年平均温度的数据集，采用规避误差能力较强的 Theil-Sen Median 方法（又被称为 Sen 斜率估计）计算趋势变化值以及用 Mann-Kendall 检验法判断趋势显著性，由此获得川藏公路北线所在区域 1961~2017 年年均温度变化趋势图（图 5-31）。

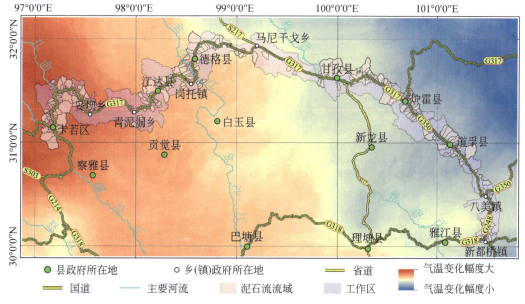

图 5-31　川藏公路北线 1961~2017 年年平均温度变化趋势图

① 彭守璋.2020. 中国 1km 分辨率月最低温度数据集（1901-2017）. 国家青藏高原科学数据中心.

由图 5-31 可知川藏公路北线所在区域温度变化趋势值在 0.0090~0.0213，均为正值，表明研究区年均温度呈现上升趋势（显著性检验均大于 1.96）。进一步对比东西部温度变化情况发现，空间上温度变化趋势表现出较为明显的分级差异。江达县至卡若区年均温度增加趋势值最大，即温度变暖速率最快，温度变化最明显。卡若区北部和江达县属藏东南的"三江"上游高原宽谷区，相比较周边地区，主要是以云–辐射反馈为主，导致高原增温幅度随高程升高而加大（Chen et al., 2003），具有明显的高原变暖放大效应（You et al., 2020, 2021）。德格县至甘孜县的中部地区年均温度增加趋势次之，温度变化较明显。与西部区域相比，该区段高程较高，冰雪覆盖较多，以积雪–反照率反馈为主导作用（Chen et al., 2003），升温幅度不及云辐射–反馈明显。炉霍县至康定市的东部地区年均温度增加趋势值最小，相比较温度变化最小。

温度升高更多的是影响冰雪融水和冰川冻土。近年来调查显示，青藏高原东部地区多年冻土分布下界高程大约在 4200 m（赵林和盛煜，2019）。结合研究区高程分布情况，本书以 4000 m 为界对泥石流流域进行划分，高程 4000 m 以下（或 4000 m 以上较少的）的流域不考虑温度的影响。温度对冰雪融水混合型泥石流的影响程度明显大于暴雨型。因此，根据研究区温度变化趋势、高程以及泥石流类型的不同，可进一步划分不同泥石流受温度变化的影响程度，结果如图 5-32 所示，泥石流分级结果统计见表 5-25。

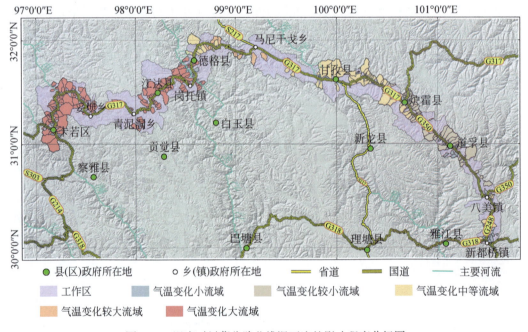

图 5-32　温度对川藏公路北线泥石流的影响程度分级图

由图 5-32、表 5-25 可知，川藏公路北线受温度变化影响程度最大的泥石流位于卡若–岗托路段。温度变化最明显且流域内高程大于 4000 m 的泥石流，共计 134 条，占比约 39.53%，数量最多。温度变化影响较大的泥石流位于德格县雀儿山–新路海附近，属于温度变化较明显地区的冰雪融水混合型泥石流，共 13 条，占比 3.83%，数量最少。受温度变化影响程度中等和较低的泥石流集中分布在甘孜–八美路段,属于温度变化较明显以及变化最小地区的暴雨型泥石流,分别有 65 条(占比约 19.17%)和 45 条(占比 13.27%)。温度变化影响程度最低的泥石流,流域内高程小于 4000 m,零散分布在河谷地带,共计 82 条,占比 24.19%。

表 5-25 温度对川藏公路北线泥石流影响程度的分级结果统计表

温度影响程度	泥石流 / 条	占比 /%
低	82	24.19
较低	45	13.27
中	65	19.17
较高	13	3.83
高	134	39.53

进一步分析受温度变化影响程度在中–高的泥石流流域。①卡若—岗托段高程大于 4000 m 的暴雨型泥石流,由于温度变化最明显,上升幅度最大,在温度增加后,流域上游的冰雪覆盖层和冻土层加速融化,增加了地表径流和松散物源量,泥石流活动性会明显增强。②受温度影响程度较高的冰雪融水混合型泥石流,虽然温度变化不是最明显的,但流域内冰雪覆盖层最多,对温度变化最为敏感,升温导致的冰雪融水会明显增加地表径流,同时冰碛物裸露解冻也会增加物源补给,双重补给增加使得冰雪融水混合型泥石流在升温背景下活动性显著增强。③温度变化较明显区域内的暴雨型泥石流,虽然升温带来的影响不及冰雪融水混合型,但连续高温的干旱天气会加剧岩土体的干燥疏松程度,若遭遇极端降水极容易失稳破坏形成物源。④东部地区降水本身相对较多,在雨热同期的情况下,泥石流形成的降水阈值会减小,其活动性也会增强。

(2)地震。

川藏公路北线所在区域地质构造复杂,新构造运动活跃,地震数量多、活动性强。根据前面的分析,地震通过增加崩滑物源从而改变泥石流的形成条件。因此,可通过分析研究区多年发震历史来反映泥石流形成物源条件的分布差异,并预测地震影响下泥石流的形成和发展趋势。本书地震数据主要来源于美国地质调查局官网(USGS),1900~2021 年所有大于三级的历史地震。由于地震的发生具有周期性,在未来会有复发的可能,尤其是历史地震密集活跃地带,其地震复发概率最大。因此,基于 GIS 的密度分析功能对研究区历史地震数据进行核密度分析,通过地震点位的密集程度反映其空间分布的差异,采用自然间断法将研究区地震密度划分为三级如图 5-33 所示。

由图 5-33 可知,历史地震最为密集(图示密集程度最高)的区域为巴塘县所在的金沙江断裂附近。就川藏公路北线而言,受鲜水河断裂以及甘孜–玉树断裂影响,以康定、道孚、炉霍、甘孜附近历史地震分布最密集,为中密度区。其余地区地震分布较少。

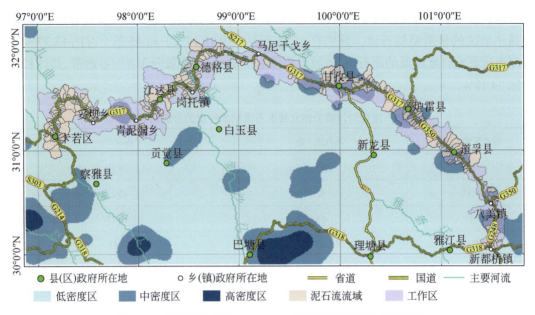

图 5-33　川藏公路北线 1923~2021 年历史地震核密度分级图

除了通过历史地震来反映区域未来地震发生可能性的差异以外，本书还参考了前人对活动断层地震危险的预测结果。川藏公路北线的道孚、乾宁段地震危险性较高，其中道孚附近可能发生最高 M_w 5.9 级地震（M_s 为 5.6），乾宁可能发生 M_w 7 级地震（M_s 为 6.9）。参考李善邦建立的面波震级（M_s）与烈度（I）的统计关系式 [式（5-2）] 以及中国地震烈度区划工作报告（1981）提出的计算方法 [式（5-3）]，可获得不同震级的烈度值。

$$M=0.58 \times I_0+1.5 \tag{5-2}$$
$$M=0.66 \times I_0+0.98 \tag{5-3}$$

式中，M 为地震震级，I_0 为震中烈度。

其中，道孚震中烈度约为Ⅶ度，乾宁震中烈度约为Ⅸ度。由此根据雷建成等（2007）建立的四川西南地区的地震烈度衰减模型 [式（5-4），此处考虑平均轴]：

$$I=5.3603+1.2963M-4.3666\lg(R+15) \tag{5-4}$$

式中，I 为地震烈度，M 为地震震级，R 为震中距。

代入烈度可获得相应震中距（R）的分布情况见表 5-26。

表 5-26　道孚、乾宁烈度衰减震中距

震中	面波震级 M_s	烈度 I	震中距 R/km
道孚	5.6	Ⅶ	4.36
	5.6	Ⅵ	17.81
乾宁	6.9	Ⅸ	1.40
	6.9	Ⅷ	12.79
	6.9	Ⅶ	32.09
	6.9	Ⅵ	64.78

由此分析地震因素对研究区泥石流活动性影响时，同时考虑历史地震分布的密集程度以及两个预测震中（道孚、乾宁）的烈度衰减程度。川藏公路北线沿线历史地震分布密集程度包括中、低两个等级，其中、低等级地区地震对泥石流形成影响小。道孚、乾宁地震烈度衰减分布涉及烈度Ⅵ～Ⅸ度。综合考虑历史地震和预测地震可划分不同泥石流受地震的影响程度，结果如图 5-34 所示，泥石流分级结果统计见表 5-27。

图 5-34　地震对川藏公路北线泥石流的影响程度分级图

表 5-27　地震对川藏公路北线泥石流影响程度的分级结果统计表

地震影响程度	泥石流 /条	占比 /%
低	218	64.31
较低	61	17.99
中	30	8.85
较高	9	2.65
高	21	6.19

由图 5-34 和表 5-27 可知，川藏公路北线受地震影响程度最高的泥石流位于道孚附近，即预测震中历史地震分布中等密集区，以及道孚、乾宁地震影响范围叠加区域，共计 21 条，占比约 6.19%。受地震影响较高的泥石流位于八美附近，属于乾宁地震烈度为Ⅸ度和Ⅷ度的影响区，共 9 条，占比 2.65%。受地震影响程度中等的泥石流分布在乾宁和道孚地震烈度为Ⅶ度和Ⅵ度范围内，有 30 条，占比约 8.85%。地震影响程度较低和最低的泥石流即为历史地震分布密集程度为二级且并未预测震中相重叠的区域以及前述对泥石流形成发展影

响最小的三级地震区，分别有 61 条（占比 17.99%）和 218 条（占比 64.31%），从炉霍至卡若附近，占研究区泥石流的大部分。

地震发生后引发崩滑灾害，流域内物源会急剧增加，同时泥石流的激发雨量会显著降低。前人统计了汶川地震、芦山地震、鲁甸地震各烈度区范围内滑坡分布情况（表 5-28），汶川地震集中分布在Ⅷ度及以上区域，占滑坡总数 97% 以上；芦山地震主要分布在Ⅶ度及以上区域，占滑坡总数的 89%；鲁甸地震滑坡的Ⅷ度及以上区域分布占据了滑坡数量的 93%（陈成，2017）。由此看来，地震滑坡主要集中分布在Ⅷ度及以上区域（陈成，2017）。

表 5-28　三次地震烈度区滑坡数量统计表（陈成，2017）

烈度 / 度	汶川地震 / 处	芦山地震 / 处	鲁甸地震 / 处
Ⅺ	62047	0	0
Ⅹ	57943	0	0
Ⅸ	38140	2227	124
Ⅷ	34263	4695	90
Ⅶ	5088	6848	15
Ⅵ	0	1754	0

汶川地震区泥石流暴发的临界降水强度和累积降水量分别减少到震前的 23.6%~ 69.6% 和 25.7%~49.4%（唐川和梁京涛，2008；Zhou and Tang，2014）。不仅如此，临界日降水量变化又跟地震动峰值加速度呈负幂函数关系（$n=0.092G^{-1.5}$，$G=PGA/g$，式中，n 为震后与震前临界雨量的对比指数；G 为地震动峰值加速度所占单位重力加速度；PGA 为地震动峰值加速度（cm/s^2），$n \leqslant 1$，为临界日降水量变化参数）。在地震动峰值加速度 0.2~0.3 g 范围内（地震烈度约Ⅷ级），地震对泥石流的临界雨量影响较低，震后泥石流发生的临界日降水量降低到原来的 80% 左右。在 0.3~0.4 g 范围内（地震烈度约Ⅷ级），地震对泥石流的临界雨量影响迅速增大，震后泥石流的临界日降水量与震前相比降到 35%。在 0.4~0.6 g 范围内（地震烈度约Ⅸ级），震后泥石流的临界日降水量与震前的比值降到 20%。大于 0.6 g 范围内（地震烈度在Ⅸ ~Ⅹ级），震后泥石流的临界日降水量是原来的 10%~20%（吴雨夫，2012）。

因此，不同烈度区地震滑坡的分布不同（松散固体物源条件）、降水阈值不同（水源条件）。随着地震烈度的增加，泥石流固体物源量急剧增加，诱发泥石流的降水阈值则迅速下降。地震烈度不同的地区泥石流形成条件和活动性不同。

基于上述分析，受地震影响程度最高的 21 条泥石流流域位于预测震中道孚和乾宁的叠加区域，受地震影响可能性最大。同时，受汶川地震和芦山地震影响的区域在低烈度区也存在一定数量的地震滑坡。可见一旦发生地震，这 21 条流域内崩滑灾害数量可能最多，物源量最丰富，泥石流的活动性变得最强。影响程度为较高的 9 条泥石流流域属于预测震中乾宁的Ⅸ度和Ⅷ度烈度区，属地震滑坡集中分布地区。参考汶川地震区临界降水量的变化（降低为震前的20%），在泥石流物源本就丰富的情况下发生泥石流的激发雨量显著降低，因此在地震条件下，该类泥石流的活动性也较高。影响程度中等的30条泥石流流域位于预测震中乾宁和道孚的Ⅶ度和Ⅵ度烈度区，地震影响程度虽不如前述流域强烈，但仍有一定的影响，所以未来其活动性相较于其他地区较高。

（3）降水。

通过分析研究区多年平均降水的变化趋势来反映泥石流形成水源条件的变化，并预测降水变化条件下泥石流的形成和发展趋势。本书降水数据来源于国家青藏高原科学数据中心提供的中国逐月降水量数据，降水量单位为 0.1 mm[①]。通过 GIS 进行数据预处理提取研究区 1961~2017 年降水量数据集，采用规避误差能力较强的 Theil-Sen Median 方法（又被称为 Sen 斜率估计）计算趋势变化值，获得川藏公路北线所在区域 57 年（1961~2017 年）的降水变化趋势图（图 5-35）；采用 Mann-Kendall 检验法判断趋势显著性，结果显示显著性检验均小于 1.96，研究区年均降水量变化趋势不显著。未来研究区泥石流形成的降水条件不会有显著的变化。

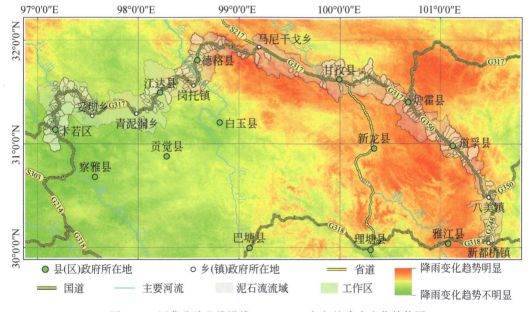

图 5-35　川藏公路北线沿线 1961~2017 年年均降水变化趋势图

（4）断层构造。

断层活动是个长期过程，在短时间内难以发生突变；一旦突变，就表现为地震。前面已经讨论过地震的影响，此处仅通过研究区断层分布差异来分析泥石流形成的物源背景条件。断层数据来源于全国 1∶50 万区域地质图。基于 GIS 的密度分析功能对研究区断层数据进行密度分析，通过线性断层的密集程度反映其空间分布的差异，采用自然间断法将研究区断

---

① 彭守璋．2020.中国 1km 分辨率逐月降水量数据集 (1901-2017). 国家青藏高原科学数据中心．

层密度划分为三级，如图 5-36 所示。受三江断裂带的影响，研究区西部断层分布较为密集（图示密集程度为中、高）。断裂破碎带易受风化、侵蚀作用，有利于泥石流物源的积累。断层分布密集的区域，岩体遭受破坏的程度相对更严重，易于为泥石流活动提供松散物源。此外，断层的活动性也是影响岩体稳定的重要因素。例如，断层分布密度相对稍低的炉霍、道孚一带，由于断层活动性强，且沿断层分布，断层对岩体稳定性的影响也很大。

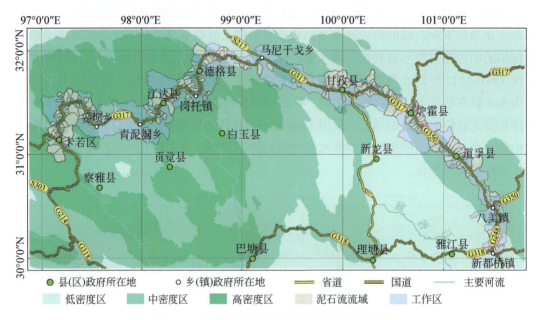

图 5-36　川藏公路北线沿线断层线密度分级图

2）多因素叠加综合趋势预测

基于以上分析，泥石流的发展趋势主要受松散固体物源条件和水源条件变化的影响。本书基于温度、降水、地震和断层四个主要因素对泥石流发展趋势进行分析预测。

各影响因素的权重采用灰色关联法计算。灰色关联法是针对系统模型不明确、信息不完整的情况，进行关于系统的关联分析、模型建构，借由预测及决策的方法来探讨和了解系统，以得到较精确的分析结果。它反映了发展过程中因素间的关联程度，适用于动态历程分析。具体应用步骤如下。

（1）m 个栅格单元与 n 个指标建立序列：

$$x_i=\{x_i(1), x_i(2),\cdots,x_i(m)\},(i=1,2,\cdots,n) \qquad (5\text{-}5)$$

（2）无量纲化处理：

$$x'_j(k)=\dfrac{x_i(k)}{\dfrac{\displaystyle\sum_{k=1}^{m}x_i(k)}{m}}, (i=1,2,\cdots,n) \qquad (5\text{-}6)$$

（3）参考序列与比较序列建立绝对差数列：

$$\Delta_{ij}(k)=|x'_i(k)-x'_j(k)| \tag{5-7}$$

（4）两级值：

$$\Delta_{min}=\text{minmin}\,\Delta_{ij}(k) \tag{5-8}$$

$$\Delta_{max}=\text{maxmax}\,\Delta_{ij}(k) \tag{5-9}$$

（5）关联系数：

$$r_{ij}(k)=\frac{\Delta_{min}+\varepsilon\times\Delta_{max}}{\Delta_{ij}(k)+\varepsilon\times\Delta_{max}}\quad(\varepsilon\ \text{取}\ 0.5) \tag{5-10}$$

（6）关联度：

$$R_{ij}(k)=\frac{1}{m}\sum_{i=1}^{m}r_{ij}(k) \tag{5-11}$$

（7）任意指标的权重：

$$w_i=R_{ij}(k)/\sum_{i=1}^{n}R_{ij}(k) \tag{5-12}$$

（8）发展趋势值：

$$H=\sum_{i=1}^{n}w_i\cdot x_i^{'} \tag{5-13}$$

通过计算，获得研究区泥石流发展趋势主要影响因素指标权重值，计算结果见表5-29。

表 5-29 不同影响因素的权重计算结果

项目	温度（T）	降水（P）	地震（E）	断层（F）
权重	0.252	0.251	0.247	0.250

根据灰色关联法计算结果，采用多因素综合评判法，建立研究区泥石流发展趋势评判模型，即

$$H=0.252\cdot x_T+0.251\cdot x_P+0.247\cdot x_E+0.250\cdot x_F \tag{5-14}$$

式中，x_T 为无量纲化的温度因子；x_P 为无量纲化的降水因子；x_E 为无量纲化的地震因子；x_F 为无量纲化的断层因子。

温度、地震、降水和断层各因子无量纲化栅格图见图 5-31、图 5-33、图 5-35 和图 5-36。根据式（5-14），基于 ArcGIS 软件的空间分析功能叠加温度、降水、地震、断层四个因素的栅格层，获得川藏公路北线所在区域的泥石流发展趋势预测结果（趋势值 H 为 0~0.5722），结果如图 5-37 所示。

由于研究区温度变化、地震以及断层分布的东西部差异明显。从预测结果图可看出，大致以甘孜县为界，西部地区泥石流未来的活动趋势较东部地区更加活跃（图 5-37）。采用自然间断法将活跃性变化趋势结果值划分为五个等级，可获得川藏公路北线沿线泥石流的活跃性变化趋势分级结果（图 5-38）和统计结果（表 5-30）。

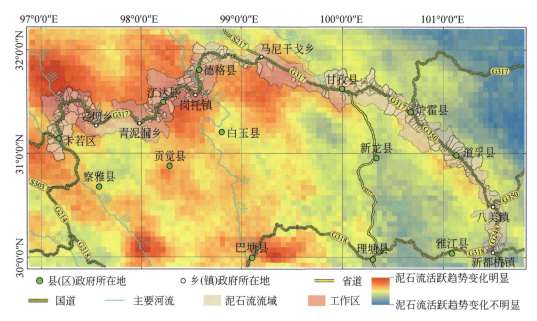

图 5-37 川藏公路北线所在区域泥石流发展趋势预测图

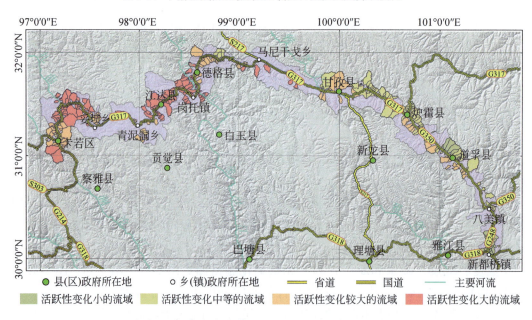

图 5-38 川藏公路北线泥石流活跃性变化趋势分级图

表 5-30 川藏公路北线沿线泥石流活跃性变化趋势预测结果统计表

活跃性变化趋势分级	泥石流 / 条	占比 /%
较低	31	9.14
中	104	30.68
较高	90	26.55
高	114	33.63

由趋势预测分级图（图 5-38）和结果统计表（表 5-30）可知：

（1）新都桥镇附近以及道孚县局部未来温度变化最小，断层密度小，发震可能性较小，泥石流形成条件无明显变化。因此，未来泥石流的发展趋势无明显的变化。该区域的泥石流沟共计 31 条，占比不足 10%，数量最少。

（2）未来泥石流成灾环境背景变化条件下，炉霍县、侏倭镇和八美镇附近，虽然温度、降水的变化对该区域影响不明显，但是由于鲜水河断裂带的影响，泥石流未来的活跃性会有所增加。该区域泥石流沟共计 104 条，占比 30.68%。

（3）研究区东部的甘孜县、炉霍县、道孚县附近的泥石流全部为暴雨型泥石流。由于鲜水河断裂带的作用，加上未来发震的可能性较高，总体来讲该区域泥石流未来的活跃性较高。研究区西部的德格县以及卡若区附近有较多次级断层分布；温度升高最明显，对流域内寒冻风化层影响较大。该区域泥石流未来活跃性也较高。未来活跃性较高的泥石流沟共计 90 条，占比 26.55%，分布较为零散。

（4）未来环境背景变化条件下，泥石流成灾条件变化最大，泥石流活跃性变化最高的区域主要分布在江达县、岗托镇、如意乡等区域。受三江断裂带控制，沿线次级断层分布数量最多，流域内崩滑物源本就较为丰富，加上该区域升温最明显，形成泥石流的物源和水源条件变化最大。该区域的泥石流数量最多，共计 114 条，占比 33.63%。

5.3 小　结

（1）研究区气温整体上在逐渐升高，降水量年际变化趋势不显著，无明显变化规律。

根据历史气象资料，研究区年最低温自东向西升温起始时间逐渐向后推迟，大致分为三个时间段：20 世纪 70 年代初、20 世纪 80 年代初和 21 世纪初；升温突变年份和通过显著性检验年份也都有同样的规律。各地年均温升温起始年份和升温趋势突变年份不同，通过显著性检验的时段不同；2000 年前各地年均温处于波动阶段，2000 年后开始出现升温，卡若区和甘孜县升温时间相对较早，升温起始年为 1994 年。年最高温气温变化情况不一致；研究区西部（甘孜县以西）年最高温呈现显著的升温趋势；东部的道孚县和新都桥镇则没有显著的变化趋势。综合来看，研究区气温整体上在逐渐升高，最低温的升温趋势较最高温升温趋势更加明显。研究区各地年平均降水量总体无明显变化，增加或减少的趋势不显著。但各地年均降水量的波动整体表现一致，且存在明显的丰雨期和少雨期。

（2）未来泥石流成灾条件变化最大，泥石流活跃性变化最大的区域集中在研究区西部。

泥石流活动趋势分析表明，新都桥镇附近以及道孚县局部未来温度变化最小，断层密度小，发震可能性较小，泥石流形成条件无明显变化，因此未来泥石流的发展趋势无明显的变化。炉霍县、侏倭镇和八美镇附近，温度、降水的变化对该区域影响不明显，但受鲜水河断裂带的影响，泥石流未来的活跃性会有所增加。东部的甘孜县、炉霍县、道孚县附近未来发震的可能性较高，泥石流未来的活跃性会变高。泥石流成灾条件变化最大，泥石流活跃性变化最高的区域主要分布在江达县、岗托镇、如意乡等区域。

参 考 文 献

艾南山 . 1987. 侵蚀流域系统的信息熵 . 水土保持学报，（2）：1-8.

陈成 . 2017. 强震对泥石流物源量的影响研究 . 成都：中国科学院大学 .

陈桂华 . 2006. 川滇块体北东边界活动构造带的构造转换与变形分解作用 . 北京：中国地震局地质研究所 .

陈远川，陈洪凯，唐红梅 . 2013. 基于地貌演化阶段的公路泥石流危险性评价 . 长安大学学报（自然科学版）. 33（5）：45-51.

崔鹏，韦方强，陈晓清，等 . 2008. 汶川地震次生山地灾害及其减灾对策 . 中国科学院院刊，23（4）：317-323.

邓天岗 . 1989. 鲜水河活动断裂带 . 成都：四川科学技术出版社 .

国家地震局 . 1981. 中国地震烈度区划工作报告 . 北京：地震出版社 .

雷建成，高孟潭，俞言祥 . 2007. 四川及邻区地震动衰减关 . 地震学报，29（5）:500-511.

李善邦 . 1981. 中国地震 . 北京：地震出版社 .

李天招 . 1997. 鲜水河断裂带及强震危险性评估 . 成都：四川科学技术出版社 .

李铁明，祝意青，杨永林，等 . 2019. 综合利用多种地壳形变观测资料计算鲜水河断裂带现今滑动速率 . 地球物理学报，62（4）：1323-1335.

吕丽星，李传友，魏占玉，等 . 2017. 甘孜 - 玉树断裂带晚第四纪走滑速率与滑动分解作用 . 震灾防御技术，12（3）：456-468.

彭华，马秀敏，白嘉启，等 . 2006. 甘孜玉树断裂带第四纪活动特征 . 地质力学学报，12（3）：295-304.

石峰，李安，杨晓平，等 . 2013. 甘孜—玉树断裂带东南段晚第四纪活动性研究 . 地震地质，35（1）：50-63.

孙凯，孟国杰，洪顺英，等 . 2021. 联合 InSAR 和 GPS 研究鲜水河断裂带炉霍 – 道孚段震间运动特征 . 地球物理学报，64（7）：2278-2296.

唐川，梁京涛 . 2008. 汶川震区北川 9 · 24 暴雨泥石流特征研究 . 工程地质学报，16（6）：751-758.

王钧，欧国强，杨顺，等 . 2013. 地貌信息熵在地震后泥石流危险性评价中的应用 . 山地学报，31（1）：83-91.

王阎昭，王敏，沈正康，等 . 2011. 2010 年玉树地震震前甘孜 – 玉树断裂形变场分析 . 地震地质，33（3）：525-532.

闻学泽，徐锡伟，郑荣章，等 . 2003. 甘孜—玉树断裂的平均滑动速率与近代大地震破裂 . 中国科学（D 辑），33（增）：199-208.

吴雨夫 . 2012. 地震对泥石流暴发的临界降雨条件影响的初步研究 . 成都：成都理工大学 .

《西南区域气候变化评估报告：2020》编写委员会 . 2021. 西南区域气候变化评估报告：2020 决策者摘要 . 北京：气象出版社 .

熊探宇，姚鑫，张永双 . 2010. 鲜水河断裂带全新世活动性研究进展综述 . 地质力学学报，16（2）：176-188.

易桂喜，闻学泽，苏有锦 . 2008. 川滇活动地块东边界强震危险性研究 . 地球物理学报，51（6）：1719-1725.

张培震 . 2008. 青藏高原东缘川西地区的现今构造变形、应变分配与深部动力过程 . 中国科学（D 辑：地球科学），38（9）：1041-1056.

张人禾，苏凤阁，江志红，等 . 2015. 青藏高原 21 世纪气候和环境变化预估研究进展 . 科学通报，60（32）：3036-3047.

赵林，盛煜. 2019. 青藏高原多年冻土及其变化. 北京：科学出版社.

周荣军，马声浩，蔡长星. 1996. 甘孜—玉树断裂带的晚第四纪活动特征. 中国地震，12（3）：250-260.

Chen B，Chao W C，Liu X. 2003. Enhanced climatic warming in the Tibetan Plateau due to doubling CO_2: a model study. Climate Dynamics, 20（4）：401-413.

Fick S E，Hijmans R J. 2017. WorldClim 2: new 1km spatial resolution climate surfaces for global land areas. International Journal of Climatology，37（12）：4302-4315.

Harris I，Osborn T J，Jones P D，et al. 2020. Version 4 of the CRU TS monthly high-resolution gridded multivariate climate dataset. Scientific Data，7：109.

Liu X D，Chen B D. 2000. Climatic warming in the Tibetan Plateau during recent decades. International Journal of Climatology，20：1729-1742.

Sun Y Q，Ge Y G，Chen X Z，et al. 2024. Analysis of the trigger conditions and activity trend in debris flow along Sichuan-Tibet traffic corridor (Xinduqiao-Changdu section) under environmental changes. Bulletin of Engineering Geology and the Environment，83：189.

Yan B，Jia D，Lin A M. 2018. Late Pleistocene-Holocene tectonic landforms developed along the strikeslip Xianshuihe Fault Zone, Tibetan Plateau，China. Journal of Geodynamics，120：11-22.

Yang K，Wu H，Qin J，et al. 2014. Recent climate changes over the Tibetan Plateau and their impacts on energy and water cycle: a review. Global Planet Change，112：79-91.

You Q，Cai Z，Pepin N. 2021. Warming amplification over the Arctic Pole and Third Pole: trends, mechanisms and consequences. Earth-Science Reviews，217：103625.

You Q，Wu F，Shen L，et al. 2020. Tibetan Plateau amplification of climate extremes under global warming of 1.5℃, 2℃ and 3℃. Global and Planetary Change，192：103261.

Zhang Y S，Yao X，Yu K，et al. 2016. Late-Quaternary slip rate and seismic activity of the Xianshuihe fault zone in southwest China. Acta Geological Sinica (English Edition)，90（2）：525-536.

Zhou W，Tang C. 2014. Rainfall thresholds for debris flow initiation in the Wenchuan earthquake-stricken area, southwestern China. Landslides，11（5）：877-887.

第6章 重点城镇（道孚县城）泥石流风险

我国受泥石流危害与威胁的县级及以上城镇达 150 余个（谢洪等，2006），仅西部山区就有 131 个（韦方强等，2002；崔鹏等，2003）。减轻城镇泥石流灾害成为山区城镇建设与发展的重要课题。研究区的川藏公路北线穿越县级及以上城镇 6 个，都不同程度地遭受泥石流灾害的危害。其中，道孚县城坐落于鲜水河断裂带上，受断层活动的影响，岩石变形变质强烈，岩体稳定性差，为泥石流活动孕育了丰富的松散固体物质，泥石流灾害频发。本章以道孚县城为例，以县城及周边 10 条泥石流沟为研究对象，系统分析了泥石流的特征及形成条件，详细研究了泥石流流域内重点滑坡的发育特征和发展趋势；在以上工作基础上，利用数值模拟获得了不同降水频率条件下泥石流的动力学参数和影响范围，开展了基于动力过程的泥石流危险性评价，并对泥石流影响范围内的承灾体进行了易损性评价；在危险性和易损性评价的基础上，完成了道孚县城泥石流灾害风险评估；提出了针对性的泥石流防治对策。

6.1 道孚县城自然环境条件

道孚县地处青藏高原东南缘，甘孜州东北部，总面积为 7053 km²。根据《道孚年鉴（2023）》，截至 2022 年底，道孚县境内公路总里程为 1590.836 km，国道 G350、G248 线里程为 150.443 km，省道 S220 线、S314 线里程为 211.532 km，县道里程为 164.164 km，乡道里程为 351.647 km。

道孚县人民政府坐落于鲜水镇，距康定市直线距离约为 135 km，距成都市直线距离约为 285 km，国道 G350 穿城而过。道孚县城泥石流风险评价区域涉及鲜水镇、格西乡[①]、麻孜乡三个乡（镇），面积为 182 km²；各流域皆有村道相通，交通十分便利（图 6-1）。

6.1.1 气象条件

道孚县属于大陆性季风、高原性气候。气候垂直分异显著，随高程升高由山地温带

---

① 2020 年 6 月，撤销格西乡。

向寒带过渡；高程 3200 m 以下为温带气候区，3200~3600 m 为山地寒温带湿润气候区，3600~4200 m 为山地亚寒带湿润区，4200~4700 m 为山地寒带半湿润区，5000 m 以上的高山为冻原气候区。根据中国气象数据网 2000~2017 年的气温、降水数据，统计了道孚县多年平均气温和降水数据（图 6-2）。多年平均气温最高值为 10.24 ℃，最低值为 –8.99 ℃。

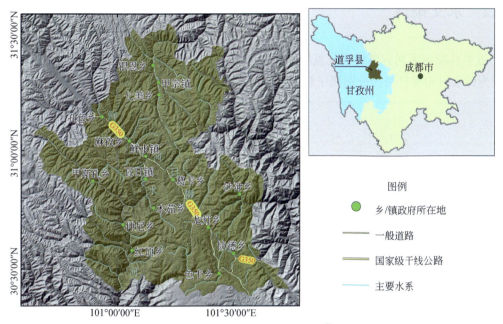

图 6-1　道孚县位置及交通图[①]

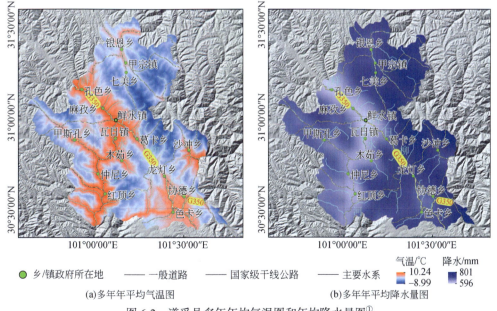

(a)多年年平均气温图　　　　　　　(b)多年年平均降水量图

图 6-2　道孚县多年年均气温图和年均降水量图[①]

[①]　2020 年 6 月，道孚县部分行政区划调整，撤销甲宗镇、红顶乡、仲尼乡、协德乡、维它乡、格西乡、瓦日乡。

多年平均最高降水量为 801m，多年平均最低降水量为 596 m。年降水量最多为 810.9 mm
（1965 年），最少为 406.9 mm（1961 年）；降水年内分配不均匀，丰水期集中在 6~9 月，
同时也是泥石流灾害的高发期，少雨期集中在 11 月至次年 3 月。

6.1.2　水文条件

道孚县境内河网分属雅砻江流域和大渡河流域。道孚县城的水系属雅砻江流域，主干
河流为鲜水河和柳日河，分别属于雅砻江一级和二级支流（图 6-3）。

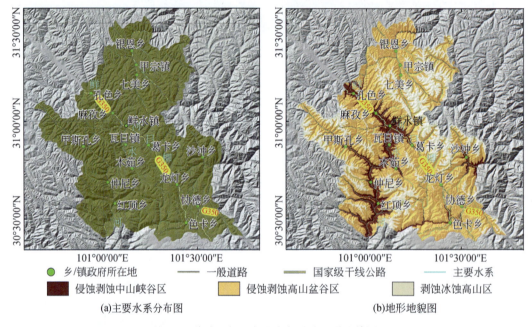

(a)主要水系分布图　　　　　　　　　　　　　(b)地形地貌图

图 6-3　道孚县主要水系分布图及地形地貌图

鲜水河发源于青海省达日县巴颜喀拉山南麓，流经色达县、炉霍县、道孚县至雅江县两
河口汇入雅砻江。鲜水河道孚段长 123.10 km，天然落差为 400 m，流域面积为 3604.36 km²，
河谷时宽时窄，河谷平坝呈串珠状分布，峡谷河段岸坡坡度介于 30°~50°，岩块崩塌剧烈，
泥石流发育。根据道孚水文站（控制集水面积 14 465 km²）统计，鲜水河（2003~2009 年）
年平均流量为 143.0 m³/s，年平均最大流量为 208.0 m³/s（2005 年），最小为 99.4 m³/s（2007
年），最大峰值流量为 753.0 m³/s（2009 年）。径流年际变化小，年内 5~10 月径流占全年
径流的 78.2%，6~9 月径流占全年径流的 62.2%。

柳日河源于大雪山的党岭雪山，称苍龙沟，至葛卡乡汇入默日杰曲，到觉洛寺汇入龙
普沟，以下称柳日河。柳日河流经葛卡乡、格西乡到道孚县城附近汇入鲜水河；河段全长
73 km，总流域面积为 503 km²，最大落差为 985 m，年均流量为 8.55 m³/s。

6.1.3　地形地貌

道孚县可划分为三大地貌区：侵蚀剥蚀中山峡谷区、侵蚀剥蚀高山盆谷区、剥蚀冰蚀高山区。研究区地貌分区见图 6-3（b）。

侵蚀剥蚀中山峡谷区高程普遍低于 3500 m，占道孚县总面积的 11.97%。区内地形坡度多小于 25°，集中分布在鲜水河、柳日河、协德沟以及乾宁沟两岸，河流阶地明显，地形走势受河流下切、剥蚀作用控制。鲜水河两岸发育多级阶地，其中 Ⅰ、Ⅱ 级阶地为堆积阶地，阶面平坦，阶坎高度介于 5~10 m，坡度小于 15°，多为人类聚居地，Ⅲ~Ⅵ 级阶地为基座阶地，阶面不完整，略有起伏。侵蚀剥蚀高山盆谷区高程介于 3500~4500 m，占道孚县总面积的 72.37%。区内地形起伏强烈，坡度在 25°~45°，部分谷肩平缓开阔。高程 4000~4500 m 区域，坡度多大于 35°，基岩裸露。剥蚀冰蚀高山区高程大于 4500 m，占道孚县总面积的 15.66%；区内常年冰雪覆盖，寒冬风化作用强烈，山脊多呈刀脊状、垄岗状，发育角峰、冰斗等独特的地貌。

研究区位于侵蚀剥蚀中山峡谷区和高山盆谷区，占研究区面积的 96.19%，剥蚀冰蚀高山区面积仅占 3.81%。道孚县城建于鲜水河 Ⅰ、Ⅱ 级阶地上，最高高程为 4802 m，最低高程为 2918 m，平均高程为 3766 m。

6.1.4　地质环境

道孚县出露地层不全，从新到老仅有第四系、三叠系和二叠系。第四系全新统（Q_h）分布于鲜水河及其支流的河床与河谷，由冲积层与残坡积层组成；更新统（Q_p）分布于鲜水河两侧的二级以上的阶地，集中于县城及龙灯坝区域。三叠系地层出露面积最大，包括两河口组（T_3lh）、侏倭组（T_3zh）、新都桥组（T_3xd）、杂谷脑组（T_3z）和扎尕山组（T_3zg）等，岩性以变质岩为主（表 1-6）。县城附近还出露有上二叠统–下三叠统大石包组、菠茨沟组（P_2d-T_1b）地层，岩性为浅变质岩夹薄层灰岩、硅质岩。道孚县出露的岩浆岩主要有花岗岩和闪长岩等。研究区地质简图如图 6-4 所示。

道孚县域地层变形变质复杂，发育有 10 余个褶曲，20 余处断裂。其中，玉科断裂和鲜水河断裂规模最大。玉科断裂属多期活动的压扭性断裂，由若干大致平行的断层组成，北西—南东向走向，整体倾向北东，倾角介于 60°~70°，断裂带宽 500~600 m，断距大于 700 m。鲜水河断裂为多期活动的张扭性断裂，北西—南东走向，倾向北东，倾角介于 45°~70°，断裂带宽 500~600 m，断距大于 1000 m。断裂带内构造复杂，褶皱、裂隙发育，对研究区影响大。

道孚县的新构造运动十分强烈，地壳抬升，河流下蚀，高原面遭到破坏，部分河谷深切，表现为"V"形谷。第四纪以来，鲜水河断裂带水平运动更为剧烈，并伴有不同程度的垂直运动，在鲜水河河谷两岸发育有六级阶地。鲜水河断裂带是我国地震最多、活动最

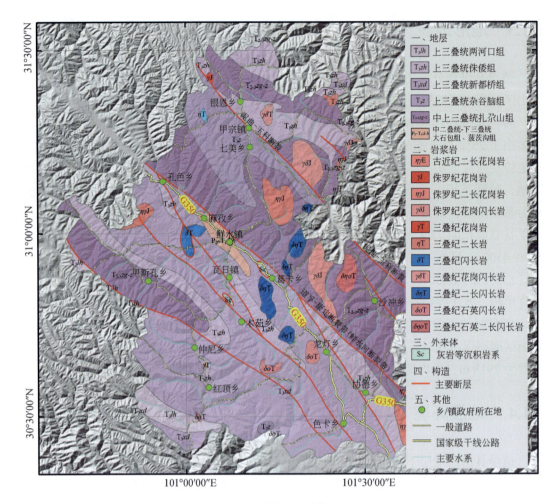

图 6-4 道孚县地质简图

频繁的地震带之一。从 1700 年至今，在鲜水河断裂带上共发生 49 次 5.0 级及以上地震，发生 27 次 6.0 级以上地震。道孚段为鲜水河断裂带北西段处于中间位置的一条剪切断裂带，地震尤其频繁。资料统计显示，1792~2021 年，道孚县至少发生 9 次 ≥ 5 级地震，震中主要分布在道孚县城及附近地区。道孚县及周边地区 $M \geqslant 5$ 级地震见表 6-1。

表 6-1 道孚县及周边地区 $M \geqslant 5$ 级地震统计表

地震事件编号	日期（年-月-日）	震级/级	中心经纬度/(°)		发震地点
			北纬	东经	
1	1792-9-7	6.75	31.06	101.00	道孚县
2	1816-12-8	7.50	31.29	10075	炉霍县
3	1893-8-29	7.00	30.70	101.37	乾宁县
4	1904-8-30	7.00	31.70	101.37	道孚县

地震事件编号	日期 （年 - 月 - 日）	震级 / 级	中心经纬度 /(°)		发震地点
			北纬	东经	
5	1919-5-29	6.25	32.03	100.08	道孚县
6	1923-3-24	7.25	31.17	100.09	道孚县 – 炉霍县
7	1923-6-14	6.50	31.00	101.02	道孚县
8	1944-10-14	5.00	31.00	101.02	道孚县
9	1973-2-6	7.60	31.50	100.52	炉霍县
10	1981-1-24	6.90	30.95	101.15	道孚县
11	1988-6-2	5.20	30.57	101.30	八美镇
12	2014-11-22	6.30	30.30	101.70	康定市
13	2014-11-25	5.80	30.20	101.70	康定市

道孚县基本地震动峰值加速度为 0.15~0.30 g [图 6-5（a）]，研究区为 0.20 g、0.30 g；道孚县基本地震动加速度反应谱特征周期为 0.40~0.45 s [图 6-5（b）]，研究区为 0.40 s。根据《建筑抗震设计规范》（GB 50011—2010），研究区属于抗震设防烈度Ⅷ度区，设计基本地震加速度值在 0.20~0.30 g。

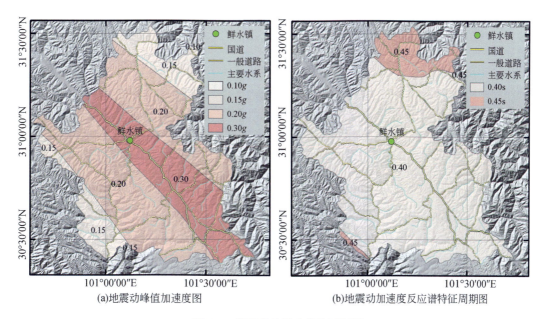

(a)地震动峰值加速度图　　　　　　(b)地震动加速度反应谱特征周期图

图 6-5　道孚县地震动参数区划图

6.2 道孚县城泥石流特征及形成条件

道孚县城周边泥石流灾害频发，严重威胁人员的生命财产和基础设施的安全。本节详细地分析了道孚县城泥石流的基本特征，重点研究了泥石流的形成条件，为后续泥石流评价奠定了基础。

6.2.1 泥石流特征

根据对道孚县城及其周边的调查，依据沟口是否有居民区、学校等直接威胁对象为标准，确定对县城威胁较大或可能有威胁的泥石流沟共 10 条：从鲜水河上游右岸至左岸，依次为洛尔瓦沟、沟尔普沟、下亚沟、若珠沟、足湾沟、东门沟、道孚沟、地震台沟、降不沟以及孜龙沟。各流域分布位置情况见图 6-6。各泥石流沟地形特征见表 6-2。

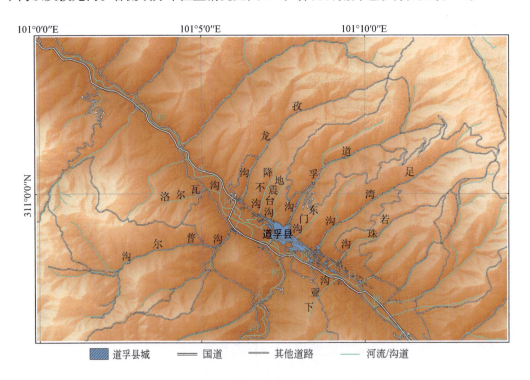

图 6-6 道孚县城周边主要泥石流沟位置示意图

表 6-2 各泥石流沟地形特征统计表

沟名	流域面积 / km²	主沟长度 / km	最高高程 / m	相对高度 / m	纵坡降 / ‰
洛尔瓦沟	4.50	4.01	4415	1453	363.25
沟尔普左支沟	33.88	11.50	4720	1780	154.78

沟名	流域面积 / km²	主沟长度 / km	最高高程 / m	相对高度 / m	纵坡降 / ‰
沟尔普右支沟	10.20	5.50	4043	1103	200.55
下亚沟	1.97	2.31	3706	718	310.82
若珠沟	5.76	5.98	4133	1176	190.66
足湾沟	26.04	11.22	4809	1842	164.17
东门沟	1.00	1.75	3548	592	338.29
道孚沟	37.57	13.44	4825	1870	139.14
地震台沟	1.66	2.30	3576	620	269.57
降不沟	2.75	2.95	3655	698	236.61
孜龙沟	24.74	10.74	4419	1459	135.85

1. 泥石流活动历史

通过资料收集和野外调查访问可知，这 10 条沟历史上均暴发过泥石流。洛尔瓦沟每年雨季，都有泥石流冲出，威胁沟口 80 余户村民。沟尔普沟曾于 2008 年暴发中型泥石流，2020 年 7 月 23~24 日受连日强降水的影响，暴发泥石流，淤埋道路，导致农户房屋进水。下亚沟于 2020 年雨季暴发泥石流，淤埋公路。

若珠沟由于人类活动频繁，植被被破坏，泥石流活动有加强的趋势，威胁沟口两侧的若珠村村委会、农户集中居住区 30 余户 134 人的生命财产安全，以及 G350 国道两边基础设施等，威胁资产约 1200 万元。

东门沟于 2002 年 7 月 14 日强降水后发生小型泥石流，冲出量约为 300 m³；淤埋沟口外侧村道，导致部分农户房屋进水，直接经济损失约为 10 万元。近年来，该沟泥石流活动频繁，在 2019 年 7 月、2020 年 6 月受强降水影响，中、下游沟道两侧岸坡多次发生大面积滑塌，垮塌的碎块石和土体严重堵塞沟道。该沟的泥石流主要威胁沟口堆积区两侧的 15 户 52 人生命财产安全，威胁资产约 400 万元。

道孚沟在 1980 年 9 月 21 日暴发山洪，县自来厂机房、县医院、商业局、粮食局加工厂进水，电厂水渠被冲毁，县城停电达 1 个月之久。2012 年 6 月 10 日、2017 年 6~7 月强降水后发生小型泥石流，冲出量为 300~500 m³，威胁靠近沟口下游段的农户，泥石流淤埋沟口外侧村道及农户房屋，造成直接经济损失约 10 万元；2020 年强降水后洪流携带少量固体物质冲出，冲出量约为 200 m³。泥石流威胁着中、下游沟道两侧 8 户 52 人，以及通村公路 100 余米，威胁资产约 240 万元。

地震台沟在 2020 年雨季发生山体垮塌。若再遇强降水，发生泥石流的可能性较高，威胁对象为沟口住户。

降不沟在 2020 年 6~7 月遭遇强降水后发生四次小型泥石流，淹没沟口耕地，淤埋乡道。

近年来，上游沟道岸坡垮塌严重并形成堵塞点，变形有逐年加剧之势，泥石流固体物源大量增加。固体物源主要来源于沟岸崩滑物源区和坡面侵蚀物源区，其特点为分布集中，且动储量大。降不沟泥石流威胁沟口的前进一村村委会、农户集聚区、企业单位、昌运站、部队营房等 156 人的生命财产安全以及 G350 国道基础设施，威胁总资产约 1000 万元。

孜龙沟泥石流活动性较强，2012 年泥石流淤埋房屋及果园，2016 年泥石流将 3 m 高的拦沙坝淤埋，2020 年洪水挟带泥沙、石块漫过道路，影响居民的正常出行。泥石流主要威胁对象为沟口孜龙村 14 户 186 人。

综上所述，研究区泥石流暴发频繁，危害较大，严重威胁沟口的人员和生命财产，以及基础设施的安全。

2. 泥石流堆积扇发育特征

泥石流的堆积区分布在高程 2918~3018 m，大多在 3000 m 以下；扇面上沟道纵坡降介于 17.65‰~133.33‰，多小于 50.00‰；扇面上平均纵坡度介于 2.22°~6.96°，仅洛尔瓦沟、下亚沟平均坡度大于 6.00°，其余各堆积扇的平均坡度均小于 4.00°。整体来说，堆积区地形平坦，易于泥石流堆积。各泥石流沟堆积扇特征参数见表 6-3。

表 6-3　各泥石流沟堆积扇特征参数统计表

沟名	高程 /m	沟长 /km	纵坡降 /‰	坡度 /（°）	长 /m	宽 /m	面积 /km²
洛尔瓦沟	2926~3018	0.69	133.33	6.07	500~800	850~1200	0.75
沟尔普沟	2921~2944	0.63	36.51	2.87	600~650	700~850	0.49
下亚沟	2958~2992	0.26	130.77	6.96	150~230	300~500	0.10
若珠沟	2947~2998	0.82	62.20	3.35	800~900	100~250	0.15
足湾沟	2935~2961	0.72	36.11	3.00	500~700	350~500	0.35
东门沟	2923~2955	0.87	36.78	2.78	600~750	500~700	0.43
道孚沟	2918~2973	1.23	44.72	3.26	750~1100	350~900	0.84
地震台沟	2923~2942	0.84	22.62	2.54	550~750	500~800	0.52
降不沟	2924~2936	0.68	17.65	2.22	550~700	350~550	0.33
孜龙沟	2923~2950	0.86	31.40	2.57	750~950	400~1200	0.90

3. 泥石流流体性质和活动特征

泥石流流体性质多为稀性和过渡性。从泥石流堆积物特征来看，除道孚沟和足湾沟发育稀性泥石流外，其余均为过渡性泥石流（表 6-4）。泥石流活动相对频繁。除洛尔瓦沟、东门沟和地震台沟泥石流活动频率为低频外，其余均为中、高频泥石流沟（表 6-4）。

表 6-4　各泥石流沟基本特征统计表

沟名	流体性质	水源条件	活动频率
洛尔瓦沟	过渡性	暴雨型	低频
沟尔普沟	过渡性	暴雨型	高频
下亚沟	过渡性	暴雨型	高频
若珠沟	过渡性	暴雨型	高频
足湾沟	稀性	暴雨型	中频
东门沟	过渡性	暴雨型	低频
道孚沟	稀性	暴雨型	中频
地震台沟	过渡性	暴雨型	低频
降不沟	过渡性	暴雨型	高频
孜龙沟	过渡性	暴雨型	高频

6.2.2　泥石流形成条件

1. 地形高差

泥石流流域地表高程统计分析表明，除流域面积较小的下亚沟、东门沟、地震台沟和降不沟外，其余各流域高程 3500m 以上的区域占比在 65.49%~79.16%，4000m 以上的区域占比在 3.82%~37.77% [图 6-7（a）和图 6-8（a）]。高高程区域气温低，降水量较河谷大，为泥石流活动提供了水源条件。

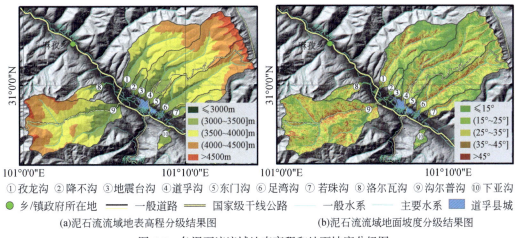

①孜龙沟　②降不沟　③地震台沟　④道孚沟　⑤东门沟　⑥足湾沟　⑦若珠沟　⑧洛尔瓦沟　⑨沟尔普沟　⑩下亚沟

● 乡/镇政府所在地　—— 一般道路　—— 国家级干线公路　—— 一般水系　—— 主要水系　▩ 道孚县城

(a)泥石流流域地表高程分级结果图　　　　(b)泥石流流域地面坡度分级结果图

图 6-7　各泥石流流域地表高程和地面坡度分级图

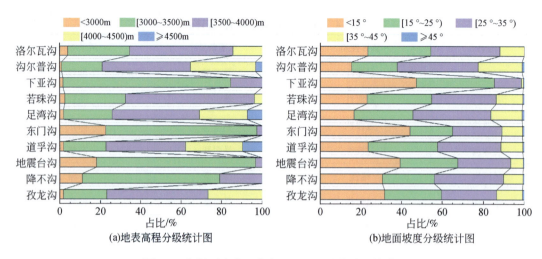

图 6-8　各泥石流沟地表高程和地面坡度分级统计图

2. 坡度

各流域山脊地形相对较缓，而沟道两岸坡度较陡 [图 6-7（b）]，陡峭的沟岸容易失稳破坏。根据调查，沟岸垮塌和滑坡在研究区普遍发生，部分滑坡体直接进入甚至堵塞沟道。通过地表坡度分析 [图 6-7（b）和图 6-8（b）]，小于 15° 的缓坡占 20.35%，分布在堆积区和山脊分水岭；大于 45° 的险坡仅占 1.08%，集中分布在沟道两岸；15°~45° 的斜坡、陡坡和急陡坡面积占 78.56%，分布在主、支沟两侧山坡，有利于物源的形成和积累。

总之，研究区泥石流流域具备山高、坡陡、沟床纵坡降大的地形条件，可为松散固体物质的形成或输送提供动力条件，有利于泥石流的发生。

3. 松散固体物源

根据遥感解译和现场调查，研究区物源类型主要有坡面及冲沟物源、崩滑物源和沟道物源三类（图 6-9），物源储量统计见表 6-5。

坡面及冲沟物源主要分布在各流域中上游以及支、冲沟内。此类物源快速失稳滑动的可能性较小，且物源向下运动的方式主要是季节性融化和移动，很难大量进入沟道参与形成泥石流。还有部分坡面及冲沟物源分布的高程相对较低处，为不稳定沟岸和冲沟物质。这部分物源在暴雨和地表水侵蚀下，进入支、冲沟并向主沟移动，最终在山洪或泥石流的冲刷下参与形成泥石流（图 6-10）。

崩滑物源集中分布在各流域中下游，上游修建公路切坡处也偶见少量崩滑体（图6-11）。崩滑堆积物源主要有岩质崩塌、土质滑坡两类。岩质崩塌规模较小，主要分布在流域中下游两岸山坡上。土质滑坡结构松散，以中、小规模为主，大部分滑坡前缘残坡积物严重失稳下滑，堆积在沟道旁或已进入沟道，在暴雨洪水或泥石流的冲刷下，可参与泥石流活动。

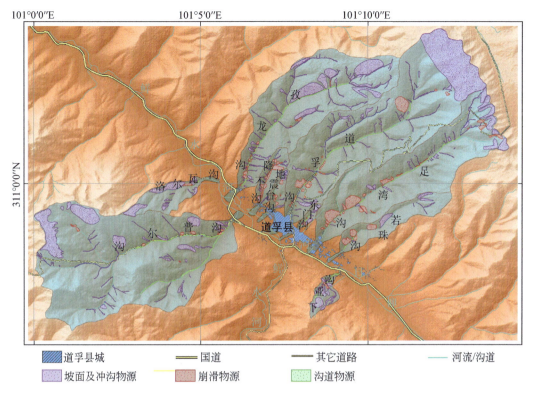

图 6-9　研究区泥石流流域物源分布图

表 6-5　研究区泥石流沟物源储量统计表　　　　（单位：10^4m^3）

物源类型	坡面及冲沟物源		崩滑物源		沟道物源	
	物源总量	动储量	物源总量	动储量	物源总量	动储量
洛尔瓦沟	80.00	17.62	5.63	2.98	2.08	1.05
沟尔普沟	473.72	141.25	17.86	8.93	8.81	3.52
下亚沟	37.45	11.88	3.95	0.98	1.96	0.63
若珠沟	36.96	11.40	67.24	22.19	1.41	0.48
足湾沟	154.32	33.05	161.16	51.57	5.84	1.75
东门沟	11.00	2.79	5.47	2.24	0.81	0.34
道孚沟	537.48	156.69	129.94	48.07	3.03	1.06
地震台沟	11.45	2.97	17.16	5.83	0.16	0.07
降不沟	16.20	3.96	45.41	13.62	1.21	0.36
孜龙沟	351.05	111.91	80.63	30.73	29.74	9.81
总计	1709.63	493.52	534.45	187.14	55.05	19.07

(a)洛尔瓦沟固体物源   (b)降不沟固体物源

(c)沟尔普沟固体物源   (d)足湾沟固体物源

图 6-10 研究区典型坡面及冲沟固体物源

(a)降不沟沟岸垮塌   (b)道孚沟滑坡及垮塌物源

(c)东门沟滑坡物源   (d)若珠沟滑坡及坡面物源

图 6-11 研究区典型崩滑物源

沟道物源分布在各流域主沟道（图6-12），主要为碎块石和砂砾石，岩性以板岩、砂岩、千枚岩为主，磨圆度较差，粒径一般小于 0.7 m。沟道堆积物参与泥石流的方式主要是沟床下蚀和沟岸侧蚀。在暴雨或洪水的冲蚀作用下，沟底下切或导致沟道两侧岸坡坡脚临空，岸坡失稳，引发大量松散物进入沟道，参与泥石流活动。

(a)沟尔普沟沟道物源

(b)降不沟沟道物源

(c)若珠沟沟道物源

(d)孜龙沟沟道物源

图 6-12　研究区典型沟道物源

从表6-5可看出，坡面冲沟物源所占比例最大，其次为崩滑物源，沟道物源总量最少。研究区泥石流松散物源主要来源于坡面冲沟和崩滑，分布集中，动储量大。

4. 水源

根据暴雨雨量等值线分布图，查得研究区的不同降水时段（1/6 h、1 h、6 h、24 h）多年暴雨量平均值为 10.0 mm、12.5 mm、25.0 mm、35.0 mm，变异系数分别为 0.50、0.35、0.30、0.30。根据变异系数，查皮尔逊Ⅲ型曲线（$C_S=3.5\,C_V$）得到不同频率下的模比系数，并求得不同降水频率下降水强度值（表6-6）。

根据《泥石流灾害防治工程勘查规范》（DZ/T 0220—2006），道孚县地区可能激发泥石流的临界雨量值如下：1/6 h 的降水强度为 6.00 mm，1 h 的降水强度为 15.00 mm，24 h 的降水强度为 30.00 mm。由此可知，研究区具备诱发泥石流的降水条件。

表 6-6 道孚县不同降水频率下降水强度统计表

降水时长 /h	暴雨均值 /mm	变异系数	模比系数（C_S=3.5C_V）			降水强度 /mm		
			P=5%	P=2%	P=1%	P=5%	P=2%	P=1%
1/6	10.0	0.50	1.99	2.42	2.74	19.90	24.20	27.40
1	12.5	0.35	1.67	1.92	2.11	20.88	24.00	26.38
6	25.0	0.30	1.57	1.77	1.92	39.25	44.25	48.00
24	35.0	0.30	1.57	1.77	1.92	54.95	61.95	67.20

6.3 重点滑坡发育特征

滑坡作为泥石流的重要物源类型，对其发生和发展影响很大。尤其是流域内较大规模的活动滑坡，往往决定着泥石流发生的频率和规模。本节对道孚县城泥石流流域内 10 余处重点滑坡进行了研究，并分析了其滑坡的发展演化趋势。

6.3.1 滑坡概况

受断层活动和地震的影响，道孚县城附近滑坡发育（王珂等，2016）。根据现场调查和遥感解译，研究区发育有 10 余处新活动滑坡（包括 2 处"裂而未滑"的变形体）（图 6-13）。滑坡规模在 $2.1 \times 10^4 \sim 333.7 \times 10^4 \, m^3$，除两处大型滑坡外（H5 和 H6），其余均为中小型滑坡（表 6-7）。

滑体物质以块碎石土、含碎石粉质黏土等为主，全部是土质滑坡。滑坡发生的力学机制较复杂，推移式、牵引式和复合式均有。大部分滑坡发生了整体滑动，形成明显的滑坡后缘 [图 6-14（a）和图 6-14（b）]；有 2 处滑坡（H8 和 H10）出现明显的滑动变形，形成清晰的滑坡周界裂缝，处于"裂而未滑"的状态 [图 6-14（c）和图 6-14（d）]。

滑坡成因方面，有六处自然滑坡，四处因工程扰动（修路）诱发的工程滑坡。虽然大部分滑坡都已经发生明显的滑动变形，但仍处于高位，滑坡体势能大，自然状况下处于蠕滑变形阶段，稳定性差。

这些滑坡直接影响坡脚基础设施的安全。例如，H4 滑坡，虽然在坡脚修建了桩板式挡土墙，抑制着滑坡下部进一步下滑的趋势，但在 2020 年强降水的作用下，形成坡面泥石流，并越过挡墙顶部直冲上道（孚）二（嘎里）公路，导致公路断道 [图 6-15（a）]。H5 滑坡严重威胁坡脚泥石流排导槽的安全，同时导致道二公路出现多处错断、拉裂和沉降变形，威胁道路的通行安全 [图 6-15（b）]。

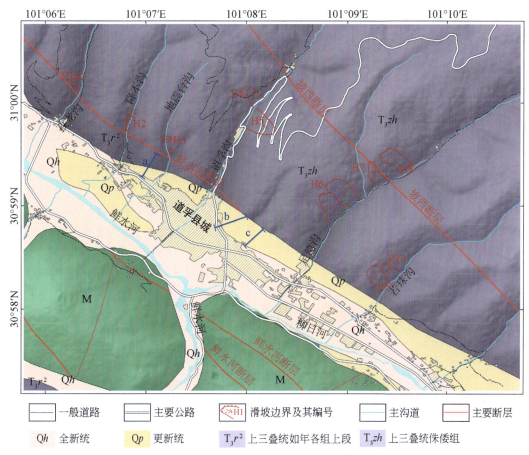

图 6-13 研究区的地形地质及滑坡分布图

注：图中 a~c 为物探剖面，详见图 6-18。

表 6-7 研究区滑坡基本特征信息表

编号	平均厚度 /m	体积 /×10⁴m³	发生时间	诱发因素	力学机制	稳定性	现状	备注
H1	3.5~6.0	17.7	2017 年 7 月	自然冲刷	推移式	不稳定	整体滑动	两部分；中下部隆起
H2	3~3.5	8.2	2017 年 7 月	自然冲刷	牵引式	不稳定	整体滑动	两部分
H3	2.0~2.5	2.1	2000 年 6 月	自然冲刷	牵引式	不稳定	整体滑动	三部分
H4	9.5	33.8	2014 年 7 月	工程扰动	复合型	不稳定	整体滑动	中部隆起
H5	25.0	193.8	2020 年 8 月	工程扰动	推移式	不稳定	滑动变形	道路拉裂变形
H6	12.5~16.7	333.7	2021 年 9 月	工程扰动	复合型	不稳定	部分滑动	上部变形明显；下部两侧局部滑动；老滑坡复活
H7	7.0	37.7	2021 年 9 月	工程扰动	牵引式	不稳定	部分滑动	

编号	平均厚度/m	体积/×10⁴m³	发生时间	诱发因素	力学机制	稳定性	现状	备注
H8	8.8	79.2	2021年9月	自然冲刷	推移式	稳定性差	裂而未滑	上部推移，变形
H9	9.0	67.2	2013年6月	自然冲刷	复合型	不稳定	整体滑动	中部隆起
H10	7.5	28.5	2020年8月	自然冲刷	复合型	稳定性差	裂而未滑	下部失稳，上部推移

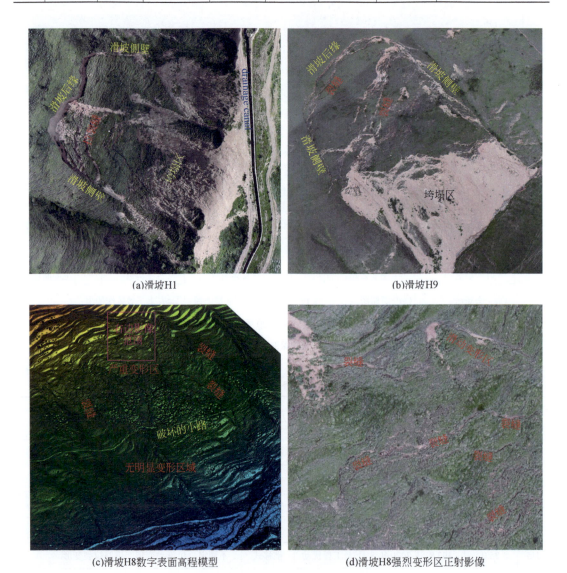

(a)滑坡H1　　　　　　　　　　　　　　　　(b)滑坡H9

(c)滑坡H8数字表面高程模型　　　　　　　　(d)滑坡H8强烈变形区正射影像

图6-14　研究区典型滑坡的发育现状

　　山洪和泥石流冲刷坡脚，也会加剧滑坡变形，为泥石流活动提供物源。尤其是在强降水，或强烈地震作用下，这些滑坡一旦发生大规模滑动，进入并堵塞沟道，将形成堰塞湖，造成严重的灾害，威胁下游县城的安全。孜龙沟、道孚沟、足湾沟和若珠沟下游均有较大规模的滑坡（图 6-13 和表 6-7），且处于不稳定状态，潜在危害极大。

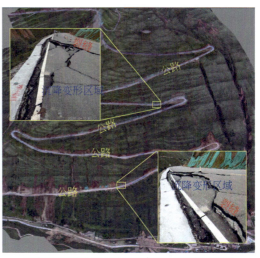

(a)滑坡H4转化为坡面泥石流淤积道路情况　　　　(b)滑坡H5导致其上的公路发生严重的沉降变形

图 6-15　滑坡 H4 和 H5 导致的破坏

6.3.2　滑坡发育特征

1. 呈带状分布于鲜水河断层北东盘

研究区沿鲜水河谷呈北西—南东向展布，在河谷北东岸发育近平行排列的六条沟道（图 6-13），均为泥石流沟。沟道切割破坏了高原面的完整性，形成陡峻的沟岸地形，为滑坡活动提供了良好的能量和临空条件，所有滑坡都发育在沟道中下游岸坡。从图 6-13 可以看出，这些滑坡主要被限定在鲜水河断裂北支和坡西断裂之间。其中，有八个滑坡分布在沟道北西岸，仅有 1 处大型滑坡（H5）位于沟道南东岸。由于山顶相对较平缓，滑坡主要发育在沟岸斜坡中下部，滑坡体前缘均到达沟底。

2. 滑坡成因既有人工诱发，也有自然成因

根据现场调查，有四处滑坡的成因与人类修建道路、开挖边坡有关。其中，H4 因修建道二公路扰动坡脚，导致坡体出现滑动变形；滑坡中部又切坡修建了一条便道，进一步加剧了滑坡上部的蠕变。H5 滑坡也因修建道二公路在坡体上开挖形成"之"字形公路（图 6-13 和图 6-15）。修建盘山公路开挖公路边坡，加剧了斜坡失稳，同时也改变了滑坡体地表径流和地下水渗流条件，加速了坡体的变形，导致路面出现明显的沉降变形。H6 和 H7 滑坡的发生也与修路切坡扰动有关 [图 6-16（a）]。

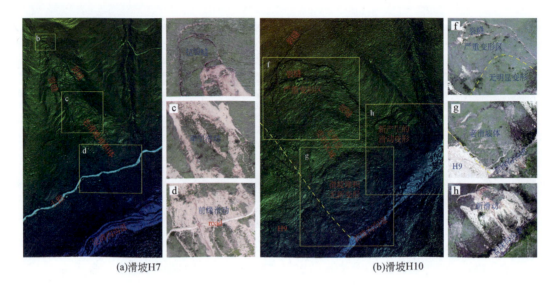

(a)滑坡H7　　　　　　　　　　　　　　　　　　　(b)滑坡H10

图 6-16　滑坡 H7 和滑坡 H10 的数字表面模型及局部变形现状照片

研究区部分滑坡是在自然因素作用下发生的，强降水是滑坡发生的重要诱发因素。例如，2020 年持续的强降水导致多处滑坡活动。此外，强降水形成的山洪和泥石流冲刷沟道岸坡，导致沟岸失稳，也是这些滑坡发生的自然诱因。

3. 滑坡成因力学机制复杂

研究区滑坡成因机制复杂，推移式、牵引式和复合式均有发育。根据调查，H1、H5 和 H8 均为推移式滑坡。滑坡 H1 形成明显的滑坡后缘，后部下滑，中部隆起，前缘垮塌 [图 6-14（a）]，推移作用明显。滑坡 H5 变形主要发生在滑坡体中上部，坡脚变形不明显，表明滑坡发生的动力主要来自上部的推移作用 [图 6-15（a）]。滑坡 H8 周界裂缝已经形成，但强烈变形区主要集中于滑坡体上部 [图 6-14（c）和图 6-14（d）]，中下部还未发生明显变形。

H2、H3 和 H7 为牵引式滑坡。H2 和 H3 滑坡规模较小，坡脚处沟道狭窄，山洪和泥石流冲刷坡脚，导致岸坡失稳，诱发滑坡。目前，部分滑坡物质已经进入并堵塞沟道，为后续泥石流活动提供物源。H7 为一老滑坡，主要是由于中部修建公路开挖边坡，老滑坡体前缘失稳，从而牵引后部下滑 [图 6-16（a）]。

H4、H6、H9 和 H10 为复合式滑坡。滑坡 H4 因修建公路扰动坡脚导致下部滑动变形，从而引起上部变形。虽然在坡脚修建了桩板式挡墙，抑制了滑坡体下部的滑动，但滑坡中后部发生了蠕滑变形，且还在持续。持续的蠕滑导致滑体中后部隆起，潜在危险性很大。H6 是一个老滑坡，滑坡堆积导致坡脚的沟道流路和公路线发生变化。近期，由于老滑坡堆积物两侧发生滑动变形，从而诱发滑坡中上部发生蠕滑变形，滑坡体中后部形成多条贯通的横向拉裂缝，变形明显，形成了复合型的滑坡。H10 和 H6 原本也是老滑坡，滑体右侧受山洪和泥石流的冲刷发生滑动，左侧受滑坡 H9 滑动的影响，导致滑坡体后部开始发生蠕滑变形，形成了清晰的滑坡后缘裂缝。虽然老滑坡体中下部未发现明显的变形迹象，但滑坡后缘已经发生了明显的下滑变形。滑坡发生的力学机制是下部首先失稳，诱发后部蠕滑变形，推挤压滑坡中部，最终形成复合式滑坡。

4. 滑体表面坡度陡，主滑方向与控制断层走向一致

研究区处于侵蚀剥蚀中山峡谷区和高山盆谷区。侵蚀剥蚀中山峡谷区集中分布在鲜水河、柳日河等河谷两岸，是泥石流堆积区。高山盆谷区山顶地形和缓，山形圆润，在河流深切、剥蚀作用下，形成一系列平缓、开阔的谷肩和陡峻的沟岸。研究区发育的 10 处新活动滑坡都位于沟谷两岸的中下部。根据统计，滑坡体表面的整体坡度在 31.9°~40.8°（表 6-8），平均为 35.1°。陡峻的滑坡体表面，预示着坡度更大的滑动面，对滑坡的稳定很不利。

表 6-8   研究区滑坡表面平均坡度和主滑方向信息表

滑坡	H1	H2	H3	H4	H5	H6	H7	H8	H9	H10
滑体表面坡度 /（°）	34.0	38.7	40.8	35.3	31.9	33.8	35.3	35.0	32.8	33.1
滑动方向 /（°）	119	128	110	140	302	142	154	143	139	141

注：H3 滑坡发育在地震台沟主沟两岸，滑动方向分别为 110° 和 264°。

根据区域地质资料，这 10 个滑坡均夹持在鲜水河断层和坡西断层之间，主要发育在泥石流沟道的北西岸（图 6-13）。两条断裂带在研究区范围内近平行展布。其中，鲜水河断层的总体走向为 140°，坡西断层的总体走向为 142°。滑坡滑动方向的统计发现，大部分滑坡的主滑方向在 110°~154°（表 6-8），与两条断层的总体走向基本一致。鲜水河断裂为左旋走滑断层，北东盘向北西方向运动。这些滑坡均处于鲜水河断层的北东盘，且大部分分布在各沟道的北西岸。滑坡的形成应该与鲜水河断层的活动密切相关。当然，坡西断层的影响也不容忽视。

上述滑坡中，仅滑坡 H5 位于沟道南东岸，受人工扰动影响发生滑动变形，滑动方向也与断层走向一致。滑坡 H3 发育在沟道两岸，坡脚受山洪和泥石流冲刷导致滑动。

6.3.3 滑坡发生的背景条件

1. 地形地貌

研究区的沟谷两岸坡度较陡，普遍大于 30°（图 6-17），属于极易发滑坡的地形条件。研究区新近发生的滑坡均发育在沟岸中下部。根据现场勘测，这些滑坡的平均坡度集中在 31.9°~40.8°（此处的平均坡度是滑坡顶底连线的剖面坡度，可反映滑坡体的能量条件）；滑坡表面平均坡度分布在 32.7°~42.7°（此处的表面坡度是指滑坡体表面坡度的加权平均值，反映滑坡体表面的坡度和起伏情况）（图 6-17）。

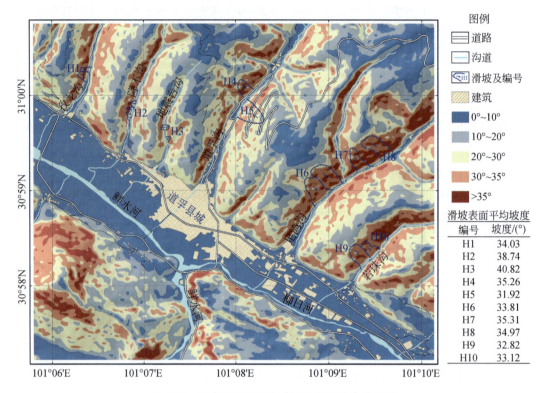

图 6-17   研究区地形坡度分级及滑坡分布位置图

2. 地层岩性

根据钻探和物探资料揭露（图 6-18），研究区地表分布有第四系上更新统冰水堆积层（Q_3^{fgl}），以含碎石粉质黏土、碎石土、块石土为主；碎石含量为 15%~25%，粒径为 2~6 cm；厚度为 5~30 m。滑坡 H4 钻探和物探揭露 [图 6-18（d）和图 6-18（e）]，滑坡体主要由冰水堆积层组成，为透水性相对较好的含碎石粉质黏土层，胶结差，强度低；滑带土亦为含碎石粉质黏土层，但颗粒较细，黏性土含量高，透水性差；滑床为变质砂岩夹薄层状板岩。

3. 地质构造与地震

鲜水河断裂带道孚段由两个分支组成，西支断层处在"休眠"状态，东支断层表现为滑移和静止交替的不稳定状态（王敏等，2008），对区域稳定和岩体稳定影响较大。滑坡全部分布在东支断层和坡西断层之间。道孚受周边地区地震的影响很大（图 6-19）。自 20 世纪 50 年代以来，鲜水河断层北西端的甘孜-炉霍段至少发生 13 次大于 5.0 级的地震，另一端八美-康定间也发生了 5 次大于 5.0 级的地震，而且 2000 年以来，又发生了 4 次 5.0~6.0 级地震。这些地震虽然不会对道孚造成直接的破坏，但强烈震动作用，对坡体表面松散层的影响很大。

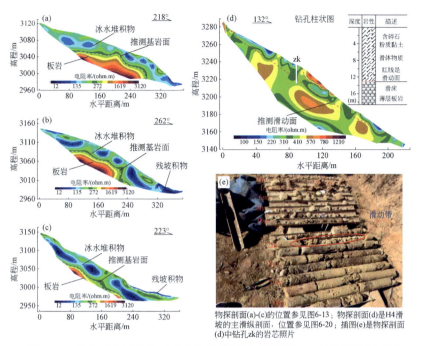

物探剖面(a)-(c)的位置参见图6-13；物探剖面(d)是H4滑坡的主滑纵剖面，位置参见图6-20；插图(e)是物探剖面(d)中钻孔zk的岩芯照片

图 6-18　研究区表层的典型地球物理勘探剖面及滑坡 H4 的物探纵剖面图

注：物探剖面（a）～（c）的位置参见图 6-13；物探剖面（d）是滑坡 H4 主滑方向的纵剖面，位置参见图 6-20。

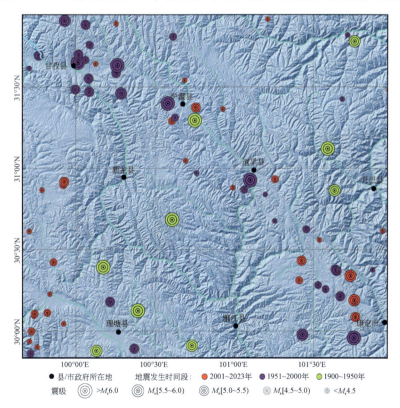

图 6-19　研究区及周边 1900 年以来发生的 4.5 级以上地震分布图

6.3.4 滑坡发展趋势

1. 滑坡整体发展趋势

研究区大部分滑坡目前还处于"裂而未滑"或"滑而未垮"的状态，仅在滑坡前缘出现了局部隆起、垮塌，后缘发生拉裂或下滑变形的现象。滑坡主体仍处于高位，具有较大的能量和滑动空间。

滑坡表面的地形普遍很陡，十分有利于滑坡的发生。滑坡类型均为土质滑坡，滑体以含碎石粉质黏土层为主，胶结差，碎石含量高，透水性相对较好；滑带土颗粒较细，黏性土含量高，透水性差；滑床为基岩，滑动面多形成在岩土接触带上。滑坡体物质组成和结构特征决定了其稳定性受水的影响很大。研究区降水量年际变化趋势不显著，无明显变化规律，但极端强降水事件逐渐增多。一旦遭遇强降水，地表水可以较快速地渗入滑体，并在滑面处聚集，滑坡的稳定性会大大降低。

滑坡夹持在两个活动断层之间，高强度的地震可能会直接导致滑坡发生大规模滑动破坏。研究表明（Wen et al.，2008；Jiang et al.，2015；Guo et al.，2018；Qiao and zhou，2021；Bai et al.，2018；Ji et al.，2020），道孚 – 康定段地震灾害风险很高，存在发生大地震可能性；尤其是道孚 – 乾宁段具有发生 $M_s \geqslant 7.0$ 级地震的可能性（Zhang et al.，2016）。

综上分析，研究区断层活动性强，区域稳定性差；滑坡体表面地形较陡，滑体物质胶结差，强度低，土体稳定性差。因此，在强震或强降水条件下，发生大规模滑坡的危险性很高。

2. 重点滑坡在不同工况下的发展趋势预测

孜龙沟、道孚沟、足湾沟和若珠沟的下游均发育有大规模滑坡（图 6-13 和图 6-17）。这些滑坡一旦大规模下滑，危害十分严重。

以道孚沟滑坡 H4 为例，利用 Flac3D 采用强度折减法对其稳定性进行模拟分析。模拟工况包括：①自然工况，重力作用下，土体处于自然湿度状态；②暴雨工况，重力作用下，土体处于饱和重度与有效强度状态；③强降水 + 强震工况，土体处于饱和重度和有效强度状态，加上水平地震加速度。计算方法采用拟静力法，模型材料的主要物理力学参数通过实验测得，列于表 6-9。

表 6-9　模拟模型材料的主要物理力学参数

模型材料	含水状况	密度 /（kg/m³）	变形模量 /Pa	泊松比 μ	内摩擦角 φ/（°）	黏聚力 c/kPa	抗拉强度 σ_t/kPa
含碎石粉质黏土	自然状态	1810	3×10^8	0.2	31.9	26.0	0
	饱和状态	1970			29.5	22.7	0
含卵石粉质黏土	自然状态	1930	5×10^8	0.15	30.6	29.0	0
	饱和状态	2010			28.29	25.3	0
变质砂板岩	—	2500	2×10^{10}	0.2	40.6	1.6e3	0.1e3

道孚沟滑坡 H4 及数值分析模型示意图如图 6-20 所示。模拟结果表明，自然工况下，稳定性系数 Fs 为 1.03[图 6-21（a）]，处于欠稳定状态。斜坡变形集中在土层中，潜在滑动面位于基岩顶面 [图 6-21（b）]。在斜坡的顶部、中部出现多个拉应力破坏区。这些破坏区多分布在基岩顶面凸起部分，为表土层拉裂破坏发生的集中区域。这与现场勘测结果基本一致。

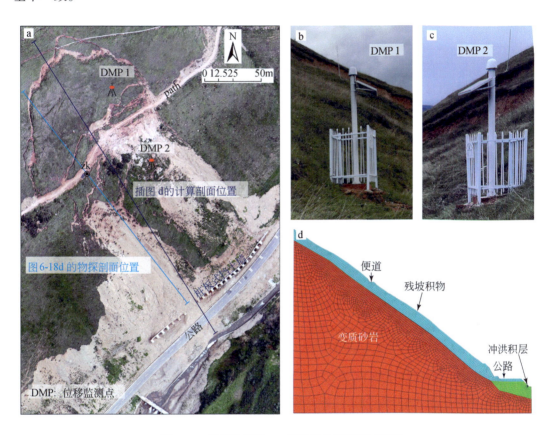

图 6-20　道孚沟滑坡 H4 及数值分析模型示意图

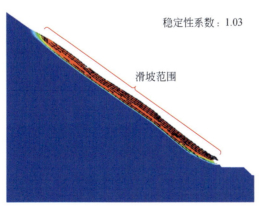

(a)自然工况下滑坡稳定性模拟结果

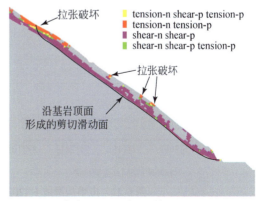

(b)自然工况下滑坡变形情况模拟结果

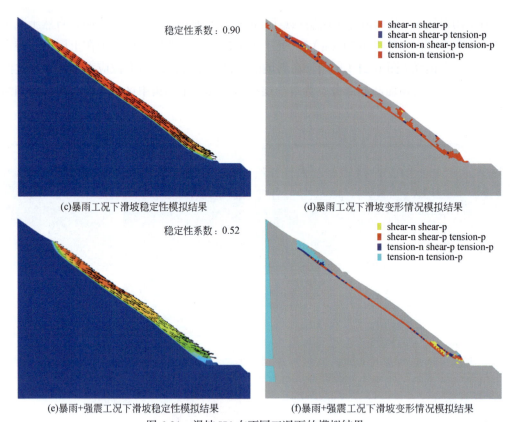

(c)暴雨工况下滑坡稳定性模拟结果　　　　　　(d)暴雨工况下滑坡变形情况模拟结果

(e)暴雨+强震工况下滑坡稳定性模拟结果　　　(f)暴雨+强震工况下滑坡变形情况模拟结果

图 6-21　滑坡 H4 在不同工况下的模拟结果

注：Flac3D 模拟结果，如 tension-n 表示最终处于拉张状态，shear-p 表示模拟过程中出现剪切，tension-p 表示模拟过程中出现拉张，shear-n 表示最终处于剪切状态。

暴雨工况下，稳定性系数 Fs 为 0.90[图 6-21（c）]，发生变形和破坏 [图 6-21（d）]。如果再遭遇强震作用（Kh=0.15g），斜坡稳定性系数降至 0.52[图 6-21（e）]，斜坡完全破坏 [图 6-21（f）]。

2022 年雨季，对该滑坡进行了变形监测，监测时长为 52 a（2022 年 6 月 16 日 ~2022 年 8 月 6 日）（图 6-22），监测期间未发生规模地震。监测结果显示，水平位移随着时间

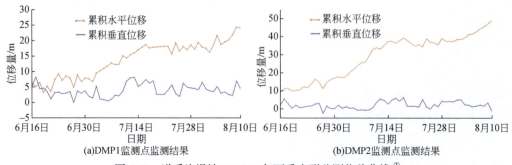

(a)DMP1监测点监测结果　　　　　　　　　　(b)DMP2监测点监测结果

图 6-22　道孚沟滑坡 H42022 年雨季变形监测位移曲线 [①]

---

① 监测数据来自道孚县地质灾害群专结合监测站，监测设备由道孚自然资源局建设。

不断积累，而垂直位移处于波动状态。这表明滑坡 H4 在雨季处于蠕滑变形状态。监测结果和模拟结果一致；斜坡的力学稳定性不足，变形仍将长期进行下去。

研究区较大规模滑坡的坡体结构和发育环境基本相同，具有类似的发育特征和演变趋势。类比滑坡 H4 发展趋势，研究区新近发育的滑坡普遍处于欠稳定性状态，在降水或其他扰动因素影响下，蠕滑将会持续，甚至发生局部或整体破坏。如果遭遇强降水，或降水＋强震，将会发生大规模失稳破坏的情况。一旦出现这种情况，必然会堵塞主沟道，形成滑坡堰塞湖，进一步演化成山洪或泥石流灾害链。这些滑坡很可能会成为研究区泥石流活动的重要物源，甚至会决定这些流域的泥石流暴发频度和规模。

6.4 泥石流数值模拟

常用的泥石流数值模拟软件有 Massflow、Ramms、Flow-R、Riverflow-2D、Flo-2D 等。其中，Massflow 软件需要输入命令流，开发时间短；Ramms 软件数值稳定性和计算效率不能同时实现，且主要用于含有大量滑坡物源的泥石流数值模拟；Flow-R 软件操作过程复杂；Riverflow-2D 模拟计算时间相对较长。以上数值模拟软件的模拟结果都可以得到泥石流运动特征参数，但难以同时保证数值稳定性和计算效率。Flo-2D 在数值模拟过程中可以通过极小的时间步长来计算，确保数据的稳定性；模拟结束时会提醒使用者哪些数据合理或者不合理，以进行适当的调整。Flo-2D 软件模拟结果精度较高，计算时间短。

6.4.1 Flo-2D 模拟泥石流原理

Flo-2D 是基于非牛顿流体模式及有限差分的数值方法来计算二维洪水和泥石流运动模拟软件。在二维平面上，Flo-2D 程序中定义了八个潜在流动方向，四个罗盘方向（北、东、南和西）和四个对角线方向（东北、东南、西南和西北）。每个速度计算本质都是一维的，并独立于其他七个方向进行求解，并且在每个流动方向上流体密度是恒定的。

Flo-2D 软件在模拟泥石流运动过程中，将 DEM 划分为大小一致的正方形网格，每一个网格的曼宁系数和高程值具有唯一性，且都遵守质量守恒和体积守恒定律。Flo-2D 在对每个网格中的流动速度、堆积深度和冲出范围进行模拟时，主要由连续方程、运动方程和流变方程三个方程控制：

（1）连续方程：

$$\frac{\partial h}{\partial t} + \frac{\partial(uh)}{\partial x} + \frac{\partial(vh)}{\partial y} = I \tag{6-1}$$

式中，t 为泥石流运动时间（s）；h 为流体深度（m）；I 为有效降水强度（mm/h）；u 为 X 轴方向流速（m/s）；v 为 Y 轴方向流速（m/s）。

模拟过程中，式（6-1）控制泥石流质量守恒。

（2）运动方程：

$$S_{fx} = S_{ox} - \frac{\partial h}{\partial x} - \frac{\partial u}{g\partial t} - u\frac{\partial u}{\partial x} - v\frac{\partial y}{g\partial y} \tag{6-2}$$

$$S_{fy} = S_{oy} - \frac{\partial h}{\partial y} - \frac{\partial v}{g\partial x} - u\frac{\partial v}{\partial x} - v\frac{\partial v}{g\partial y} \tag{6-3}$$

式中，g 为重力加速度（m/s^2）；S_{fx}、S_{fy} 为沟道摩擦情况；S_{ox}、S_{oy} 为沟道坡降。

式（6-2）代表泥石流运动平衡的动量方程，Flo-2D 主要采用动力波及扩散波模式进行泥石流模拟。

（3）流变方程：

$$\tau = \tau_c + \tau_{mc} + \tau_v + \tau_t + \tau_d \tag{6-4}$$

式中 τ_c 为黏性屈服力；τ_{mc} 为莫尔 - 库仑剪切应力；τ_v 为黏性剪应力；τ_t 为紊流剪切力；τ_d 为离散剪应力。

6.4.2 基础数据处理与参数选取

1. 地形数据处理

地形数据采用 12.5m 的 DEM。在 ArcGIS 软件中按掩膜提取各流域的地形数据，并与无人机影像进行对比，修改与现在地形差距较大的部分以保证基础地形的准确性；修改后的地形数据转化为 ASCII 文件并导入 Flo-2D，建立 5 m × 5 m 的计算网格，圈定计算面积。最后，对计算域中每个网格进行高程赋值，完成地形数据处理。

地形修改的内容主要涉及沟道洼地，如图 6-23 所示。

(a)12.5mDEM等值线   (b)无人机影像   (c)修改后的等值线

图 6-23 道孚沟流域地形主要修改过程图

2. 数值模拟参数选取

1）曼宁系数

曼宁系数（n）代表地表的粗糙程度。研究区泥石流流域整体植被稀疏，沟道内极少量碎石块分布。根据 Flo–2D 手册（2009）建议（表 6-10），曼宁系数取 0.08。

表 6-10   曼宁系数取值表

地面因素	曼宁系数取值
稠密的草地	0.17~0.80
浓密的草丛、植被	0.17~0.48
有灌丛、少量的森林、牧草地	0.3~0.4
一般草地植被	0.2~0.4
植物少的粗糙地	0.2~0.3
矮草原	0.1~0.2
稀疏植被	0.05~0.13
无碎石分布的稀疏植被	0.09~0.34
20% 碎石覆盖率的稀疏植被	0.05~0.25
耕地	0
休耕地无农作物	0.008~0.012
传统耕地	0.06~0.22
已耕犁的农地	0.06~0.16
梯田	0.3~0.5
无耕作且无上期农作物	0.04~0.10
无耕作且上期农作物有 20%~40%	0.07~0.174
无耕作且上期农作物有 60%~100%	0.17~0.47
有碎石分布之开阔地	0.1~0.2
沥青或混凝土表面有（0.25~1.00 in[①]高）植物	0.10~0.15
休耕地	0.08~0.12
无碎石的开阔地	0.04~0.10
沥青或混凝土	0.02~0.05

2）泥沙比重

研究区岩性主要以变砂岩、板岩、千枚岩为主，泥沙比重（γ_s）取 2.60。

---

① 1in=2.54cm。

3）屈服应力及黏滞系数

屈服应力（τ_y）和黏滞系数（η）随体积浓度的变化而变化，其经验公式为

$$\eta = \alpha_1 e^{\beta_1 C_v} \tag{6-5}$$

$$\tau_y = \alpha_2 e^{\beta_2 C_v} \tag{6-6}$$

式中，α_i 和 β_i 为经验系数，通过查阅 Flo-2D 使用手册（表 6-11）获取。本书选用参数如下：$\alpha_1 = 0.811$，$\alpha_2 = 0.0046$，$\beta_1 = 13.72$，$\beta_2 = 11.24$。

表 6-11　流变参数参考表

屈服应力和黏滞系数与体积浓度的函数关系

资料来源	$\eta = \alpha_1 e^{\beta_1 C_v}$		$\tau_y = \alpha_2 e^{\beta_2 C_v}$	
	α_1	β_1	α_2	β_2
Iida			0.000 373	36.6
Dai et al.（1980）			0.007 5	14.39
Kang and Zhang（1980）	1.75	7.82	0.040 5	8.29
Qian et al.（1980）	0.001 36	21.2		
	0.05	15.48		
Fei（1981）	0.166	25.6		
	0.004 7	22.2		

注：表中资料引述文献均来自 O'Brien，1986。

4）层流阻滞系数

表 6-12 是 Woolhiser（1975）实地测定的流阻滞系数（K）。研究区内流域整体植被稀疏，沟道内极少量碎石块分布，故 K 取值 2300。

表 6-12　层流阻滞系数（K）表

地面条件	K 值范围
混凝土 / 沥青	24~108
裸露砂土	30~120
级配土	90~400
被侵蚀的黏性土	100~500
稀疏植被	1 000~4 000
矮草原	3 000~10 000
早熟禾属植物草地	7 000~50 000

5）体积浓度

泥石流体积浓度（C_v）通常是在发生泥石流时现场取样后计算获得，但往往很难做到。本书主要是基于《泥石流灾害防治工程勘查规范》（D2/T 0220—2006）中的泥石流沟易发程度数量化评分标准，进行泥石流沟易发程度数量化评分后，查表确定泥石流流体密度。假定查表确定的值为近期（降水频率 P=5%）泥石流发生的密度值，依据泥石流密度与泥石流发生频率之间的关系，即式（6-7）求得降水频率 P=1% 下的密度，最终确定密度范围。根据式（7-8）计算得到各泥石流沟体积浓度。各泥石流流体密度及体积浓度计算结果见表6-13。

$$\gamma_c' = \gamma_c + 0.122\ln P' \qquad (6-7)$$

式中，γ_c' 为不同降水频率下泥石流流体密度；γ_c 为降水频率 P=1% 时泥石流流体密度；P' 为发生频率系数，P'=0.01P（年），P 为发生周期（年）。

$$C_v = (\gamma_c - \gamma_w)/(\gamma_s - \gamma_w) \qquad (6-8)$$

式中，γ_c 为泥石流流体密度（t/m³）；γ_w 为清水的密度（t/m³，取 γ_w=1.0 t/m³）；γ_s 为泥石流泥沙比重（t/m³）。

表 6-13　各泥石流的流体密度及体积浓度取值列表

沟名	流体密度 γ_c/(t/m³)	体积浓度 C_v
洛尔瓦沟	1.62~1.82	0.39~0.51
沟尔普沟	1.69~1.89	0.43~0.55
下亚沟	1.68~1.88	0.43~0.55
若珠沟	1.63~1.83	0.39~0.52
足湾沟	1.64~1.84	0.40~0.52
东门沟	1.72~1.92	0.45~0.57
道孚沟	1.61~1.81	0.38~0.50
地震台沟	1.67~1.87	0.42~0.54
降不沟	1.70~1.90	0.44~0.56
孜龙沟	1.70~1.90	0.44~0.56

6）模拟时间

根据野外调查，结合清水流量过程线计算过程中的流域汇流时间，确定各泥石流沟的模拟时间（t）为 0.5~1.2 h。

3. 起动点的确定

各流域的松散物源聚集处作为泥石流数值模拟的起动点；各泥石流沟起动点见图6-24。

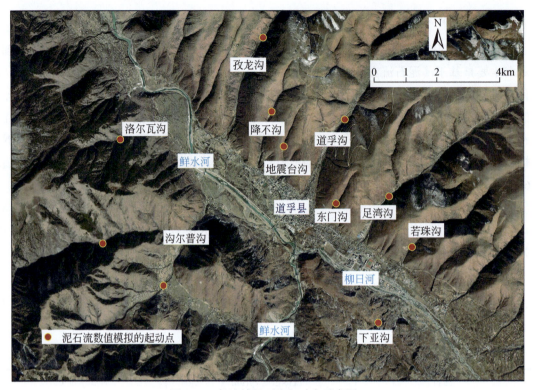

图 6-24　各流域泥石流起动点示意图

4. 清水流量过程线的选取

进行数值模拟，需要一条泥石流的清水流量过程线。在计算清水流量过程中，一般假定降水频率与暴发泥石流频率相同。根据《四川省中小流域暴雨洪水计算手册》，对不同降水频率下的暴雨洪峰流量进行计算，计算方法如下：

$$Q = 0.278\psi \cdot \frac{S}{\tau^n} \cdot F \qquad (6\text{-}9)$$

式中，Q 为暴雨峰值流量（m^3/s）；ψ 为流体径流系数；S 为降水的雨力；n 为暴雨相关指数；F 为汇水面积（km^2）；τ 为流域范围内汇流时间（h）。不同降水频率下的暴雨洪峰流量计算结果见表 6-14。

表 6-14　各泥石流沟在不同降水频率条件下的暴雨洪峰流量　（单位：m^3/s）

流域名称		$P=5\%$	$P=2\%$	$P=1\%$
洛尔瓦沟		13.33	16.35	18.70
沟尔普沟	左支沟	57.75	70.49	80.25
	右支沟	24.81	30.34	34.64
下亚沟		7.07	8.70	9.97

续表

流域名称	$P=5\%$	$P=2\%$	$P=1\%$
若珠沟	10.99	13.63	15.66
足湾沟	42.72	52.31	59.71
东门沟	3.85	4.76	5.47
道孚沟	55.97	68.46	78.08
地震台沟	6.79	7.79	8.67
降不沟	8.20	10.10	11.58
孜龙沟	39.30	48.20	55.10

清水流量过程线采用五边形概化法（图 6-25）求取。五边形概化法是将峰值流量的 1/4 及 1/3 分别视作 $T/3$ 和 $2T/3$ 这两个时间点下的清水流量，然后绘制出暴发泥石流的清水流量过程线。

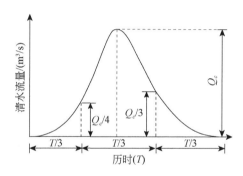

图 6-25　五边形概化的清水流量过程线

注：Q_c 为清水流量。

6.4.3　数值模拟结果

基于上述参数，利用 Flo-2D 对三种不同降水频率条件下（$P=5\%$，$P=2\%$，$P=1\%$）道孚县城的 10 条泥石沟进行了数值模拟；并利用 ArcGIS 的统计分析工具，对数值模拟结果进行了统计计算。

1. 洛尔瓦沟

泥石流模拟结果如图 6-26 示，定量结果列于表 6-15。结果表明，沟道内的泥深和流速与堆积区相比较大；堆积区泥深主要分布在 0.5~1.5 m，流速普遍小于 2 m/s。

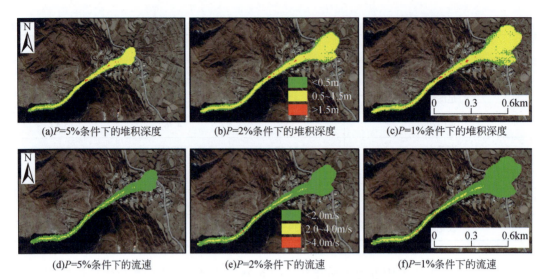

(a)P=5%条件下的堆积深度   (b)P=2%条件下的堆积深度   (c)P=1%条件下的堆积深度

(d)P=5%条件下的流速   (e)P=2%条件下的流速   (f)P=1%条件下的流速

图 6-26　不同降水频率条件下洛尔瓦沟泥石流模拟结果

表 6-15　不同降水频率条件下洛尔瓦沟泥石流模拟结果统计表

降水频率 P/%	最大堆积深度 /m	平均堆积深度 /m	最大流速 /（m/s）	堆积扇长 /m	堆积扇宽 /m	堆积扇面积 /×10⁴m²	冲出方量 /×10⁴m³
5	2.27	0.68	4.56	320	93	2.88	2.02
2	2.29	0.70	5.04	436	177	4.32	3.07
1	2.35	0.67	4.81	524	242	6.81	4.64

2. 沟尔普沟

泥石流模拟结果如图 6-27 所示，定量结果列于表 6-16。结果表明，泥石流的泥深较大，流速相对较低。堆积区的平均泥深在 1.5 m 以上，最大泥深也都超过了 3.0 m；除扇顶的流速稍大外，其余地段流速均在 2 m/s 以下。

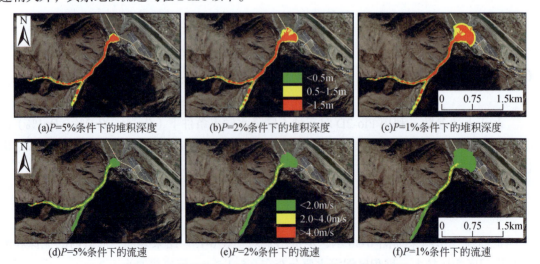

(a)P=5%条件下的堆积深度   (b)P=2%条件下的堆积深度   (c)P=1%条件下的堆积深度

(d)P=5%条件下的流速   (e)P=2%条件下的流速   (f)P=1%条件下的流速

图 6-27　不同降水频率条件下沟尔普沟泥石流模拟结果

表 6-16　不同降水频率条件下沟尔普沟泥石流模拟结果统计表

降水频率 $P/\%$	最大泥深 /m	最大流速 /（m/s）	冲出方量 /×10⁴m³	堆积面积 /×10⁴m²	堆积区最大流速/（m/s）	堆积区平均流速/（m/s）	堆积区最大泥深/m	堆积区平均泥深/m
5	4.26	6.50	5.99	3.89	3.57	0.64	3.22	1.53
2	4.32	7.01	13.49	9.01	4.00	0.56	3.25	1.50
1	4.17	7.47	27.22	17.50	4.52	0.47	3.22	1.56

3. 下亚沟

泥石流模拟结果如图 6-28 所示，定量结果列于表 6-17。结果表明，在降水频率 $P=5\%$ 的条件下，泥石流未冲出沟道；在降水频率 $P=2\%$ 和 $P=1\%$ 条件的下，堆积区泥深主要分布在 0.5~1.5 m，平均泥深不足 1.0 m；流速整体上小于 2.00 m/s，平均流速为 0.36~0.37 m/s。

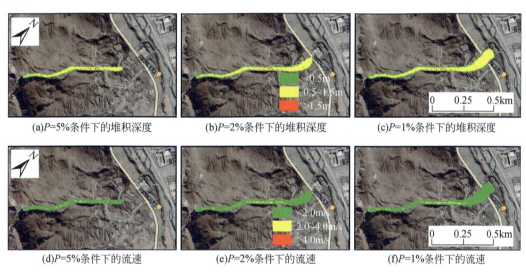

(a)$P=5\%$条件下的堆积深度　　(b)$P=2\%$条件下的堆积深度　　(c)$P=1\%$条件下的堆积深度

(d)$P=5\%$条件下的流速　　(e)$P=2\%$条件下的流速　　(f)$P=1\%$条件下的流速

图 6-28　不同降水频率条件下下亚沟泥石流模拟结果

表 6-17　不同降水频率条件下下亚沟泥石流模拟结果统计表

降水频率 /%	最大泥深 /m	最大流速 /（m/s）	冲出方量、×10⁴m³	堆积面积 /×10⁴m²	堆积区最大流速/（m/s）	堆积区平均流速/（m/s）	堆积区最大泥深/m	堆积区平均泥深/m
5	1.83	4.25	—	—	—	—	—	—
2	1.84	4.25	0.80	1.04	1.62	0.37	1.59	0.77
1	1.83	4.90	1.53	1.91	2.24	0.36	1.59	0.80

4. 若珠沟

泥石流模拟结果如图 6-29 所示，定量结果列于表 6-18。结果表明，不同频率降水条件下泥石流的最大泥深均在 2.5 m 左右，最大流速为 6.00 m/s 左右。堆积区泥深主要分布在 0.5~1.5 m，平均泥深在 0.8 m 左右；流速基本上小于 2.00 m/s，平均流速为 0.35~0.40 m/s。

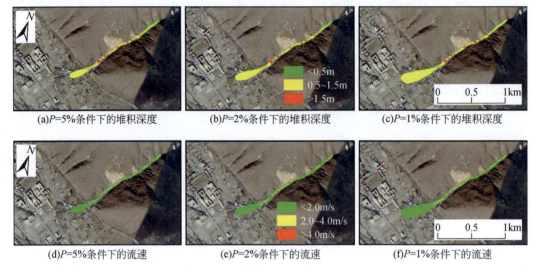

图 6-29　不同降水频率条件下若珠沟泥石流模拟结果

表 6-18　不同降水频率条件下若珠沟泥石流模拟结果统计表

降水频率 P/%	最大泥深 /m	最大流速 /（m/s）	冲出方量 /×10^4m^3	堆积面积 /×10^4m^2	堆积区最大流速/（m/s）	堆积区平均流速/（m/s）	堆积区最大泥深/m	堆积区平均泥深/m
5	2.51	6.06	1.64	2.10	2.64	0.40	1.73	0.78
2	2.46	6.01	2.50	3.02	2.95	0.37	1.69	0.82
1	2.52	6.24	4.25	5.13	2.96	0.35	1.72	0.83

5. 足湾沟

泥石流模拟结果如图 6-30 所示，定量结果列于表 6-19。结果表明，不同频率降水条件下泥石流的最大泥深均在 3.4 m 左右，最大流速为 5 m/s 左右。堆积区中部泥深大于 1.5 m，周围在 0.5~1.5 m，平均泥深大于 1.0 m；流速除中上部沟道内大于 2 m/s 外，其余均小于 2 m/s，平均流速为 0.50 m/s 左右。

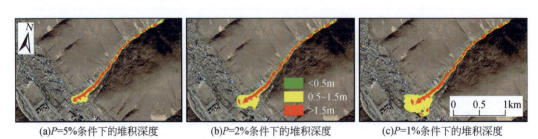

(a)P=5%条件下的堆积深度　　　(b)P=2%条件下的堆积深度　　　(c)P=1%条件下的堆积深度

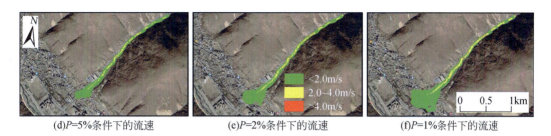

(d)P=5%条件下的流速   (e)P=2%条件下的流速   (f)P=1%条件下的流速

图 6-30   不同降水频率条件下足湾沟泥石流模拟结果

表 6-19   不同降水频率条件下足湾沟泥石流模拟结果统计表

降水频率 P/%	最大泥深 /m	最大流速 /（m/s）	冲出方量 /×10⁴m³	堆积面积 /×10⁴m²	堆积区最大流速/（m/s）	堆积区平均流速/（m/s）	堆积区最大泥深/m	堆积区平均泥深/m
5	3.35	5.39	6.50	5.70	3.41	0.52	2.50	1.14
2	3.37	4.92	11.01	9.48	3.88	0.50	2.57	1.16
1	3.42	5.60	17.48	14.60	3.84	0.51	2.61	1.20

6. 东门沟

泥石流模拟结果如图 6-31 所示，定量结果列于表 6-20。结果表明，在降水频率 $P=5\%$ 的条件下，泥石流未冲出沟道；在降水频率 $P=2\%$ 和 $P=1\%$ 的条件下，泥石流泥深均小于 1.5 m，流速基本上小于 2.00 m/s。堆积区平均泥深在 0.6 m 左右，平均流速为 $0.24\sim0.26$ m/s。

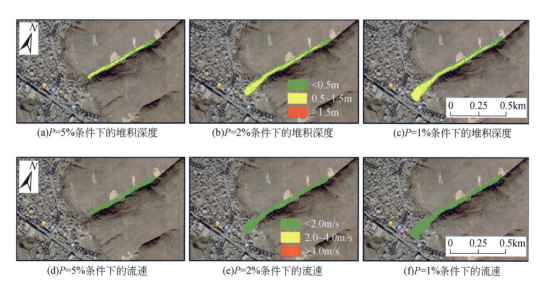

(a)P=5%条件下的堆积深度   (b)P=2%条件下的堆积深度   (c)P=1%条件下的堆积深度

(d)P=5%条件下的流速   (e)P=2%条件下的流速   (f)P=1%条件下的流速

图 6-31   不同降水频率条件下东门沟泥石流模拟结果

表 6-20　不同降水频率条件下东门沟泥石流模拟结果统计表

降水频率 $P/\%$	最大泥深 /m	最大流速 （m/s）	冲出方量 $/\times10^4m^3$	堆积面积 $/\times10^4m^2$	堆积区最大流速/(m/s)	堆积区平均流速/（m/s）	堆积区最大泥深/m	堆积区平均泥深/m
5	1.50	3.57	—	—	—	—	—	—
2	1.26	4.12	0.56	0.92	1.16	0.26	1.17	0.61
1	1.46	4.19	0.99	1.50	1.05	0.24	1.46	0.66

7. 道孚沟

泥石流模拟结果如图 6-32 所示，定量结果列于表 6-21。结果表明，下游沟道和堆积区中部泥深均大于 1.50m，流速大于 2.00m/s。堆积区平均泥深在 1.35~1.61 m；高频泥石流集中堆积在沟口，平均泥深较大，而低频泥石流淤积范围大，平均泥深相对较小。堆积区中上部沟道内流速较大，但整个堆积区平均流速仅 0.58~0.75 m/s。

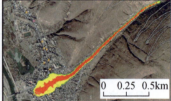

(a)P=5%条件下的堆积深度　　(b)P=2%条件下的堆积深度　　(c)P=1%条件下的堆积深度

(d)P=5%条件下的流速　　(e)P=2%条件下的流速　　(f)P=1%条件下的流速

图 6-32　不同降水频率条件下道孚沟泥石流模拟结果

表 6-21　不同降水频率条件下道孚沟泥石流模拟结果统计表

降水频率 $P/\%$	最大泥深 /m	最大流速 /（m/s）	冲出方量 $/\times10^4m^3$	堆积面积 $/\times10^4m^2$	堆积区最大流速/(m/s)	堆积区平均流速/（m/s）	堆积区最大泥深/m	堆积区平均泥深/m
5	3.98	6.61	8.66	5.37	3.82	0.75	3.14	1.61
2	3.85	6.55	14.89	10.02	4.38	0.69	3.11	1.48
1	3.82	6.62	24.71	18.35	4.45	0.58	3.04	1.35

8. 地震台沟

泥石流模拟结果如图 6-33 所示，定量结果列于表 6-22。结果表明，在降水频率 P=5%

的条件下，泥石流未冲出沟口；在降水频率 $P=2\%$ 和 $P=1\%$ 的条件下，最大泥深大于 2.0 m，最大流速大于 3.00 m/s。堆积区泥深主要在 0.5~1.5 m，平均泥深为 0.8 m 左右；最大流速为 1.00 m/s 左右，平均流速仅为 0.25~0.27 m/s。

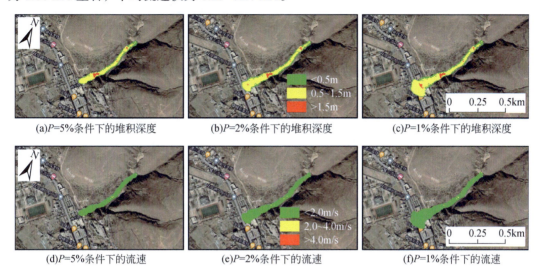

(a)$P=5\%$条件下的堆积深度　　　(b)$P=2\%$条件下的堆积深度　　　(c)$P=1\%$条件下的堆积深度

(d)$P=5\%$条件下的流速　　　(e)$P=2\%$条件下的流速　　　(f)$P=1\%$条件下的流速

图 6-33　不同降水频率条件下地震台沟泥石流模拟结果

表 6-22　不同降水频率条件下地震台沟泥石流模拟结果统计表

降水频率 P/%	最大泥深 /m	最大流速 /（m/s）	冲出方量 /×10⁴m³	堆积面积 /×10⁴m²	堆积区最大流速 /（m/s）	堆积区平均流速 /（m/s）	堆积区最大泥深 /m	堆积区平均泥深 /m
5	2.20	3.31	—	—	—	—	—	—
2	2.22	3.29	0.94	1.21	0.92	0.27	1.58	0.77
1	2.22	3.58	1.62	1.99	1.08	0.25	1.70	0.82

9. 降不沟

泥石流模拟结果如图 6-34 所示，定量结果列于表 6-23。结果表明，在降水频率 $P=5\%$ 的条件下，泥石流未冲出沟口；在降水频率 $P=2\%$ 和 $P=1\%$ 的条件下，最大泥深在 2.5 m 左右，最大流速为 4.30 m/s 左右。堆积区泥深主要在 0.5~1.5 m，平均泥深不足 1.0 m；最大流速为 1.00 m/s 左右，平均流速仅为 0.28~0.36 m/s。

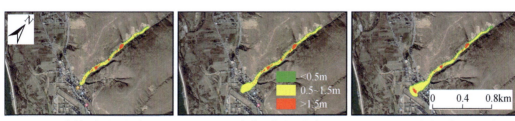

(a)$P=5\%$条件下的堆积深度　　　(b)$P=2\%$条件下的堆积深度　　　(c)$P=1\%$条件下的堆积深度

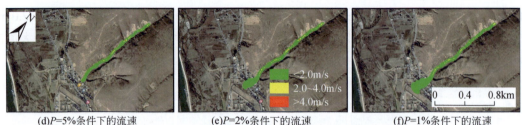

(d)P=5%条件下的流速　　　　　(e)P=2%条件下的流速　　　　　(f)P=1%条件下的流速

图 6-34　不同降水频率条件下降不沟泥石流模拟结果

表 6-23　不同降水频率条件下降不沟泥石流模拟结果统计表

降水频率 P/%	最大泥深 /m	最大流速 /（m/s）	冲出方量 /×10⁴m³	堆积面积 /×10⁴m²	堆积区最大流速 /（m/s）	堆积区平均流速 /（m/s）	堆积区最大泥深 /m	堆积区平均泥深 /m
5	2.54	4.30	—	—	—	—	—	—
2	2.58	4.33	1.25	1.39	0.99	0.36	1.49	0.91
1	2.32	4.41	2.12	2.28	1.04	0.28	1.75	0.99

10. 孜龙沟

泥石流模拟结果如图 6-35 所示，定量结果列于表 6-24。结果表明，下游沟道和堆积区中部泥深均大于 1.50 m，流速大于 2.00 m/s。低频泥石流堆积区最大泥深超过 2.00 m；堆积区平均泥深 1.17~1.23 m。堆积区扇顶沟道内流速较大，但整个堆积区流速均小于 2.00 m/s，平均流速在 0.45 m/s 左右。

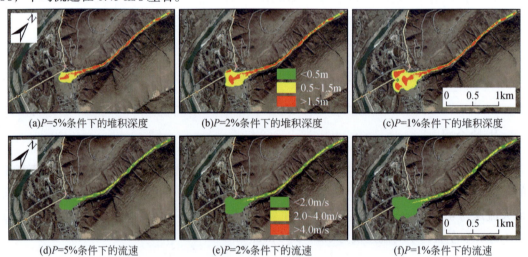

(a)P=5%条件下的堆积深度　　　(b)P=2%条件下的堆积深度　　　(c)P=1%条件下的堆积深度

(d)P=5%条件下的流速　　　　　(e)P=2%条件下的流速　　　　　(f)P=1%条件下的流速

图 6-35　不同降水频率条件下孜龙沟泥石流模拟结果

表 6-24　不同降水频率条件下孜龙沟泥石流模拟结果统计表

降水频率 P/%	最大泥深 /m	最大流速 /（m/s）	冲出方量 /×10⁴m³	堆积面积 /×10⁴m²	堆积区最大流速 /（m/s）	堆积区平均流速 /（m/s）	堆积区最大泥深 /m	堆积区平均泥深 /m
5	3.84	6.14	5.56	4.74	2.76	0.47	1.99	1.17
2	3.86	6.43	10.03	8.55	2.74	0.45	2.53	1.17
1	3.87	6.85	16.66	13.54	3.20	0.44	3.14	1.23

6.4.4　数值模拟结果验证

为了验证模拟的精确度，根据下式计算一次泥石流冲出的固体物质总量，并与模拟结果进行对比。

$$Q=0.264 \times T \times Q_c \tag{6-10}$$

式中，Q 为泥石流一次过程总量（m^3）；T 为泥石流历时（s）；Q_c 为泥石流最大峰值流量（m^3/s）。

表 6-25 列出了 10 条泥石流沟利用经验公式法和数值模拟计算的一次冲出固体物质总量。两种方法计算结果的误差在 20% 以内，为可接受的范围，两者相互验证，表明模拟结果较合理。

表 6-25　道孚县城 10 条泥石流沟的经验公式法和数值模拟法计算结果对比

泥石流沟		$P=5\%$	$P=2\%$	$P=1\%$
洛尔瓦沟	公式计算的泥石流固体物质冲出量 / $\times 10^4 m^3$	2.22	3.50	4.80
	模拟计算的泥石流固体物质冲出量 / $\times 10^4 m^3$	2.02	3.07	4.64
	误差 /%	9.00	12.29	3.33
沟尔普沟	公式计算的泥石流固体物质冲出量 / $\times 10^4 m^3$	6.99	14.93	24.42
	模拟计算的泥石流固体物质冲出量 / $\times 10^4 m^3$	5.99	13.49	27.22
	误差 /%	14.31	9.65	10.29
下亚沟	公式计算的泥石流固体物质冲出量 / $\times 10^4 m^3$	—	0.92	1.49
	模拟计算的泥石流固体物质冲出量 / $\times 10^4 m^3$	—	0.8	1.53
	误差 /%	—	13.04	2.61
若珠沟	公式计算的泥石流固体物质冲出量 / $\times 10^4 m^3$	1.88	2.90	3.99
	模拟计算的泥石流固体物质冲出量 / $\times 10^4 m^3$	1.64	2.50	4.25
	误差 /%	12.77	13.79	6.11
足湾沟	公式计算的泥石流固体物质冲出量 / $\times 10^4 m^3$	7.17	11.09	15.1
	模拟计算的泥石流固体物质冲出量 / $\times 10^4 m^3$	6.50	11.01	17.48
	误差 /%	9.34	0.72	13.62
东门沟	公式计算的泥石流固体物质冲出量 / $\times 10^4 m^3$	—	0.61	0.93
	模拟计算的泥石流固体物质冲出量 / $\times 10^4 m^3$	—	0.56	0.99
	误差 /%	—	8.19	6.06
道孚沟	公式计算的泥石流固体物质冲出量 / $\times 10^4 m^3$	9.56	14.50	19.96
	模拟计算的泥石流固体物质冲出量 / $\times 10^4 m^3$	8.66	14.89	24.71
	误差 /%	9.41	2.61	19.22
地震台沟	公式计算的泥石流固体物质冲出量 / $\times 10^4 m^3$	—	0.87	1.33
	模拟计算的泥石流固体物质冲出量 / $\times 10^4 m^3$	—	0.94	1.62
	误差 /%	—	7.45	17.90

泥石流沟		P=5%	P=2%	P=1%
降不沟	公式计算的泥石流固体物质冲出量 $/ \times 10^4 m^3$	—	1.29	1.98
	模拟计算的泥石流固体物质冲出量 $/ \times 10^4 m^3$	—	1.25	2.12
	误差 /%	—	3.10	6.60
孜龙沟	公式计算的泥石流固体物质冲出量 $/ \times 10^4 m^3$	6.65	10.24	14.08
	模拟计算的泥石流固体物质冲出量 $/ \times 10^4 m^3$	5.56	10.03	16.66
	误差 /%	16.39	2.05	15.49

6.5 道孚县城泥石流风险评价

泥石流风险是泥石流灾害危险性、危害性和不确定性的综合体现。泥石流风险分析旨在预测灾害的期望损失值，评估灾害损失程度，为防灾减灾和灾害风险管理提供依据。本节构建了基于动力过程的泥石流危险性评价方法和易损性评价方法，并在数值模拟的基础对泥石流进行了危险性和易损性评价，最终完成了道孚县城泥石流风险评价。

6.5.1 评价方法

泥石流风险评价是在危险性评价和易性评价基础上进行的。危险性评价是在泥石流数值模拟基础上，基于动力过程进行的。易损性评价是根据泥石流影响区承灾体的分布及其特征进行的。

1. 危险性评价方法

1）评价指标

基于动力过程的泥石流危险性评价指标包含泥石流泥深、流速，以及两者的组合。

不同的学者对泥深与其危险性的界定也不相同（唐川等，1994；韩方，2022；Lin et al., 2011）。研究区房屋结构多以砌体和木结构为主，抵抗泥石流的能力差。当泥深达到 1.5 m 时就会对建筑物造成损害，降低其使用寿命或使其丧失功能性；当泥深在 0.5~1.5 m 时，建筑物局部会被淤埋，农田和基础设施等淤埋严重，难以恢复生产；当泥深小于 0.5 m 时，建筑物和人员基本无损伤，但是可能造成农田道路被淤埋，危害程度相对较轻。

泥石流的流速通常在 5~10 m/s 左右，大的则可达 13~14 m/s 甚至更高（徐永年，2001；刘传正等，2011）。Wei 等（2006）。研究发现，框架和砖混结构建筑物的极限承压力分别为 110.56 kN/m² 和 18.22 kN/m²；以此作为泥石流冲击力的分界点，通过冲击力反算出两种建筑结构破坏时的临界流速分别为 4.3 m/s 和 1.7 m/s。因此，当泥石流流速小于 2

m/s 时，对建筑物的冲击危害较小，难以对建筑物结构造成破坏；当流速在 2~4 m/s 时，砖砌体结构的建筑物可能会遭受破坏；当流速超过 4 m/s 时，框架结构建筑可能会被破坏。

泥石流的危害包括冲击和淤埋，仅用泥深或流速单个指标并不能有效地刻画其破坏能力。很多学者以泥深和流速的组合来反映泥石流的危险性（Wei et al.，2006；Hürlimann et al.，2008；Hu and Ding，2012；Cui et al.，2013；Zou et al.，2016）。泥深反映泥石流的淤埋能力，动量反映泥石流的冲击破坏能力。因此，本书选取了泥深和动量两个指标进行泥石流危险性分区。

2）分级标准

目前，基于泥深和动量的泥石流危险区划分标准并不一致（表 6-26）。基于 Hu 和 Ding（2012）推导出的动量评估参数，可能造成危害的动量值应为造成淤埋危害的最小泥深（1.5 m）和造成建筑物破坏的临界流速（4 m/s）的乘积，即 6 m²/s。当泥深小于 0.5 m 时，对建筑物和人员基本无损害，且当泥石流流速小于 2 m/s 时，对建筑物的冲击较小，不容易造成房屋结构破坏，从而得到动量值 1 m²/s。

表 6-26　不同学者的泥石流危险性划分表

危险等级	韩方（2022）	吴季寰等（2022）	田云飞（2019）	常鸣（2014）	Hürlimann 等（2008）
高危险区	$H \geq 1.5$ 或 $VH \geq 1.5$	$H \geq 1.5$ 或 $VH \geq 1.5$	$H > 1$ 或 $VH \geq 1$	$H \geq 2.5$ 或 $VH \geq 2.5$	$H > 1.0$ 或 $V > 1.5$
中危险区	$0.5 \leq H < 1.5$ 或 $0.5 \leq VH < 1.5$	$0.5 < H < 1.5$ 和 $0.5 < VH < 1.5$	$0.2 \leq H < 1$ 和 $0.2 \leq VH < 1$	$0.5 \leq H < 2.5$ 和 $0.5 \leq VH < 2.5$	$H < 1.0$ 和 $0.4 < V < 1.5$
低危险区	$H < 0.5$ 和 $VH < 0.5$	$0.1 \leq H \leq 0.5$ 和 $0.1 \leq VH \leq 0.5$	$H < 0.2$ 和 $VH < 0.2$	$0.0 \leq H < 0.5$ 和 $VH < 0.5$	$H < 0.4$ 和 $V < 0.4$

注：H 为泥石流堆积深度（m），V 为泥石流流速（m/s）。

基于前述分析，提出表 6-27 的泥石流危险性划分标准（谢奎林等，2023）。泥石流危险性划分为高、中、低三个等级。高危险区指泥石流泥深 $H \geq 1.5$ m 或动量 $VH \geq 6$ m²/s 的区域；区内建筑物可能会遭受严重破坏，甚至会造成人员伤亡，危害程度大。低危险区指泥石流泥深 $H < 0.5$ m 和动能 $VH < 1$ m²/s 的区域；泥石流基本不会对建筑物造成损坏，但可能会淤埋农田、公路等基础设施，危害程度低。除高危害区和低危险区以外的泥石流危害区域为中危险区，区内建筑物会有个别损坏，几乎不会出现人员伤亡的情况。

表 6-27　基于动力过程的泥石流危险性分级标准

泥石流强度	堆积泥深 /m	逻辑关系	动量最大值 /（m²/s）
高	$H \geq 1.5$	或	$VH \geq 6$
中	$0.5 \leq H < 1.5$	或	$1 \leq VH < 6$
低	$H < 0.5$	和	$VH < 1$

注：H 为泥石流堆积深度（m），V 为泥石流流速（m/s）。

2. 易损性评价方法

易损性评价从经济易损性的角度出发，选取泥石流危险区范围内的建筑物、道路及耕地三类承灾体作为易损性评价对象。

经济易损度值与受灾体的经济价值及其受灾的敏感性（抗灾能力）有关，可由下计算（Zou et al.，2016）：

$$V=FV(u) \cdot C \qquad (6-11)$$

式中，V 为易损度值；$FV(u)$ 为一个经济指数，范围为 0~1；C 为该类建筑物易受损的程度（抗灾能力），范围为 0~1，具体取值范围见表 6-28。

表 6-28　建筑物受灾敏感性（C）值参考取值表

建筑物类型	受损等级	受损程度	特点
土砖	V	0.9~1.0	小规模泥石流可完全摧毁此结构
木材	IV	0.8~0.9	小规模或中规模的泥石流会严重破坏这类结构
砖木	III	0.5~0.8	小规模或中规模的泥石流可以部分破坏这种结构
砖混	II	0.2~0.5	小规模或中规模的泥石流一般不会影响这类结构，但它们可以被大规模的泥石流部分摧毁
钢筋混凝土	I	0.1~0.2	一般不受中、小规模泥石流的影响，但可被一次破坏性极大的泥石流部分破坏

通过对我国西南和西北地区的泥石流灾害大量的统计分析以及专家的经验总结，可采用下式的转换分配函数来确定 $FV(u)$：

$$FV(u)=1/[1+\exp(-1.25(\log V(u)-2))] \qquad (6-12)$$

$$V(u)=P \times N \qquad (6-13)$$

式中，$V(u)$ 为受灾体的经济价值；P 为单价（元 /m^2）；N 为面积（m^2）。

根据上述公式计算出易损度值后，采用下式的方法完成易损性分区：

$$M(r)-V(r)<r<M(r)+V(r) \qquad (6-14)$$

式中，r 为一个计算网格的特征参数值，对于泥石流易损性分区来说，r 为一个计算网格的易损程度；$M(r)$ 为 r 的均值；$V(r)$ 为 r 的标准差。如果一个计算网格的 r 值大于 $M(r)+V(r)$，这个网格就被划分为高易损区；如果 r 值属于 [$M(r)-V(r)$，$M(r)+V(r)$]，这个网格就被划分为中易损区；如果 r 值小于 $M(r)-V(r)$，这个网格就被划分为低易损区。

3. 风险性评价方法

泥石流灾害的风险评价是建立在危险性评价和易损性评价基础上的综合分析过程，评价模型如下：

$$R=D \cdot V \qquad （6-15）$$

式中，R 为风险度；D 为危险度；V 为易损度。

将低、中、高危险性分别赋值 1、2、3；同时，将低、中、高易损性分别赋值 1、2、3；并将面要素转为栅格。在 ArcGIS 平台进行栅格计算，根据表 6-29 划分风险等级，得到风险分区图。

表 6-29　泥石流灾害风险分级标准表

低风险	中风险	高风险
$R \leqslant 2$	$2 < R \leqslant 4$	$R > 4$

6.5.2　评价结果

1. 洛尔瓦沟

泥石流危险性分区结果如图 6-36 所示，统计结果见表 6-30。洛尔瓦沟高危险区占比较少，以中危险区为主，其次为低危险区。出山口两侧的房屋在三种降水频率条件下都处于中–高危险区。中、低危险区的泥石流主要淤积耕地和道路等基础设施。

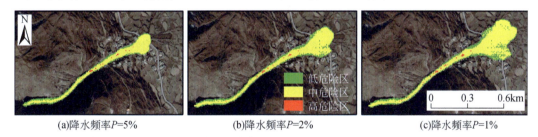

图 6-36　不同降水频率条件下洛尔瓦沟泥石流危险性分区

易损性分区结果如图 6-37 所示。在降水频率 $P=5\%$ 的条件下，中易损度的房屋有 4 座，高易损度的房屋有 13 座；沟口的国道 G350 属于中易损度；其余地段属于低易损度。在降水频率 $P=2\%$ 的条件下，中易损度的房屋有 4 座，高易损度的房屋有 14 座；沟口国道 G350 属于中易损度；其余地段属于低易损度。在降水频率 $P=1\%$ 的条件下，中易损度的房屋有 5 座，高易损度的房屋有 17 座；沟口国道 G350 属于中易损度；其余地段属于低易损度。

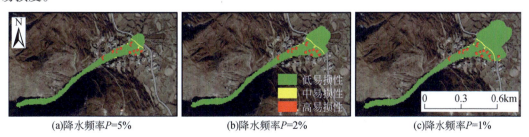

图 6-37　洛尔瓦沟泥石流影响区承灾体易损性评价结果

统计结果表明，随着降水频率的降低，即泥石流规模的不断增大，低易损区不断增大，而中、高易损区占比则逐渐减小（表6-30）。这是由于该流域的房屋和道路主要集中在沟口附近，堆积扇的上部，而堆积扇中前部则为低易损度的耕地。

泥石流灾害风险分区如图6-38所示。在降水频率 $P=5\%$ 的条件下，处于高风险的房屋有12座，中风险的房屋有3座，低风险的房屋有2座；中风险路段约为90 m，低风险路段约为20 m。在降水频率 $P=2\%$ 的条件下，处于高风险的房屋有13座，中风险的房屋有4座，低风险的房屋有1座；中风险路段约为140 m，低风险路段约为40 m。在降水频率 $P=1\%$ 的条件下，处于高风险的房屋有16座，中风险的房屋有4座，低风险的房屋有2座；中风险路段约为170 m，低风险路段约为50 m。不同降水条件下各风险区占比统计结果见表6-30。

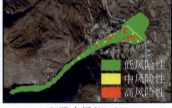

(a)降水频率 $P=5\%$　　　　　　(b)降水频率 $P=2\%$　　　　　　(c)降水频率 $P=1\%$

图6-38　不同降水频率条件下洛尔瓦沟泥石流风险评价结果

表6-30　洛尔瓦沟泥石流危险性、易损性及风险分区结果统计表

分区	$P=5\%$		$P=2\%$		$P=1\%$	
	面积 / $\times 10^4 \mathrm{m}^2$	所占比例 /%	面积 / $\times 10^4 \mathrm{m}^2$	所占比例 /%	面积 / $\times 10^4 \mathrm{m}^2$	所占比例 /%
低危险区	1.46	29.80	1.87	28.38	2.48	27.08
中危险区	3.38	68.98	4.66	70.71	6.59	71.94
高危险区	0.06	1.22	0.06	0.91	0.09	0.98
低易损区	4.47	91.04	6.06	91.96	8.52	93.01
中易损区	0.10	2.04	0.14	2.12	0.18	1.97
高易损区	0.34	6.92	0.39	5.92	0.46	5.02
低风险区	4.43	90.41	6.04	91.52	8.49	92.79
中风险区	0.20	4.08	0.26	3.94	0.34	3.72
高风险区	0.27	5.51	0.30	4.54	0.32	3.49

2. 沟尔普沟

泥石流危险性分区结果如图6-39所示，统计结果见表6-31。在降水频率 $P=5\%$ 的条件下，主沟道和堆积区内部以高危险区为主；左、右支沟以中、高危险区为主，汇合后为高危险区。主沟两侧的农田、道路以及房屋等大都处于高危险区。在降水频率 $P=2\%$ 的条件下，泥石流危害面积增大，危害程度增加，房屋和国道G350均会受到淤埋危害。在降水频率 $P=1\%$ 的条件下，中、高危险区范围进一步扩大。在三种降水频率条件下，处于出山口附近的房屋、道路，以及主沟道两侧的耕地和房屋等均处于高危险区。

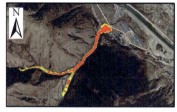
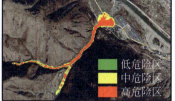
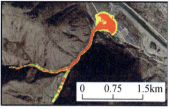

(a)降水频率P=5%   (b)降水频率P=2%   (c)降水频率P=1%

图 6-39 不同降水频率条件下沟尔普沟泥石流危险性分区

表 6-31 沟尔普沟泥石流危险性、易损性及风险分区结果统计表

分区	P=5%		P=2%		P=1%	
	面积 / ×10⁴m²	所占比例 /%	面积 / ×10⁴m²	所占比例 /%	面积 / ×10⁴m²	所占比例 /%
低危险区	3.47	17.45	4.36	16.40	5.35	14.81
中危险区	6.31	31.74	9.05	34.03	12.36	34.21
高危险区	10.10	50.81	13.18	49.57	18.42	50.98
低易损区	18.25	91.89	24.60	92.52	33.76	93.47
中易损区	1.10	5.54	1.37	5.15	1.64	4.54
高易损区	0.51	2.57	0.62	2.33	0.72	1.99
低风险区	9.22	46.42	12.72	47.84	16.79	46.47
中风险区	9.57	48.19	12.50	47.01	17.83	49.35
高风险区	1.07	5.39	1.37	5.15	1.51	4.18

不同降水条件下承灾体易损性分区结果如图 6-40 所示。在降水频率 P=5% 的条件下，中易损度的房屋有 29 座，高易损度的房屋有 30 座；沿沟道路和国道 G350 属于中易损度；其余地段属于低易损度。在降水频率 P=2% 的条件下，中易损度的房屋有 30 座，高易损度的房屋有 34 座；沿沟道路和国道 G350 属于中易损度；其余地段属于低易损度。在降水频率 P=1% 的条件下，中易损度的房屋有 35 座，高易损度的房屋有 36 座；沿沟道路和国道 G350 属于中易损度；其余地段属于低易损度。在各种降水条件下低易损区占比均达到 90% 以上，而中、高易损区占比则不足 5%（表 6-31）。这主要是因为低易损度的耕地和空地面积较大。

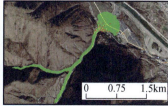

(a)降水频率P=5%   (b)降水频率P=2%   (c)降水频率P=1%

图 6-40 沟尔普沟泥石流影响区承灾体易损性评价结果

泥石流灾害风险分区如图 6-41 所示。在降水频率 $P=5\%$ 的条件下，处于高风险的房屋有 53 座，中风险的房屋有 6 座；高风险路段约为 980 m，中风险路段约为 710 m，低风险路段约为 240 m。在降水频率 $P=2\%$ 的条件下，处于高风险的房屋有 58 座，中风险的房屋有 6 座；高风险路段约为 1320 m，中风险路段约为 750 m，低风险路段约为 270 m。在降水频率 $P=1\%$ 的条件下，处于高风险的房屋有 62 座，中风险的房屋有 7 座，低风险的房屋有 2 座；高风险路段约为 1370 m，中风险路段约为 970 m，低风险路段约为 340 m。不同降水条件下各种风险区占比统计结果见表 6-31。

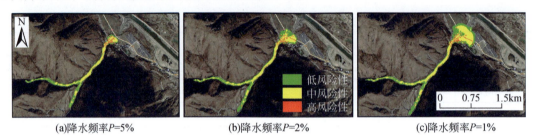

(a)降水频率P=5%　　　　　(b)降水频率P=2%　　　　　(c)降水频率P=1%

图 6-41　不同降水频率条件下沟尔普沟泥石流风险评价结果

3. 下亚沟

泥石流危险性分区结果如图 6-42 所示，统计结果见表 6-32。在降水频率 $P=5\%$ 的条件下，以中、低危险性为主。在降水频率 $P=2\%$ 的条件下，泥石流到达国道 G350，但危害较小。在降水频率 $P=1\%$ 的条件下，泥石流威胁电站及国道 G350。在三种降水频率条件下，以中、低危险性为主；仅在百年一遇降水条件下的泥石流会威胁沟口国道 G350 和变电站。

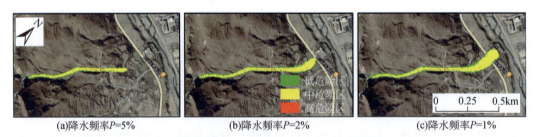

(a)降水频率P=5%　　　　　(b)降水频率P=2%　　　　　(c)降水频率P=1%

图 6-42　不同降水频率条件下下亚沟泥石流危险性分区

表 6-32　下亚沟泥石流危险性、易损性及风险分区结果统计表

分区	$P=5\%$		$P=2\%$		$P=1\%$	
	面积 /×10⁴m²	所占比例 /%	面积 /×10⁴m²	所占比例 /%	面积 /×10⁴m²	所占比例 /%
低危险区	0.84	36.05	1.18	34.61	1.42	31.91
中危险区	1.45	62.23	2.19	64.22	2.99	67.19
高危险区	0.04	1.72	0.04	1.17	0.04	0.90
低易损区	2.29	98.28	3.35	98.53	4.00	89.89
中易损区	0.04	1.72	0.05	1.47	0.11	2.47

续表

分区	P=5%		P=2%		P=1%	
	面积 /×10⁴m²	所占比例 /%	面积 /×10⁴m²	所占比例 /%	面积 /×10⁴m²	所占比例 /%
高易损区	0	0	0	0	0.34	7.64
低风险区	2.26	97.00	3.33	97.65	3.99	89.66
中风险区	0.06	2.57	0.07	2.05	0.16	3.60
高风险区	0.01	0.43	0.01	0.30	0.30	6.74

易损性分区结果如图 6-43 所示。在降水频率 P=5% 的条件下，流域内的道路属中易损度，堆积区耕地和空地区域属于低易损度。在降水频率 P=2% 的条件下，1 座房屋直接受泥石流的影响，属于高易损度；沿沟道路和国道 G350 属于中易损度；其余地段属于低易损度。在降水频率 P=1% 的条件下，沟口变电站为主要受灾对象，有 2 座房屋受泥石流的影响，属于高易损度；沿沟道路和国道 G350 属于中易损度；其余地段属于低易损度。不同降水条件下各种易损区占比统计结果见表 6-32。

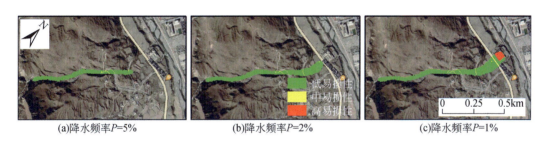

(a)降水频率P=5%　　　　(b)降水频率P=2%　　　　(c)降水频率P=1%

图 6-43　下亚沟泥石流影响区承灾体易损性评价结果

泥石流灾害风险分区如图 6-44 所示。在降水频率 P=5% 的条件下，泥石流影响区内道路，其中高风险路段约为 20 m，中风险路段约为 120 m，低风险路段约为 30 m。在降水频率 P=2% 的条件下，1 座房屋处于低风险；高风险路段约为 20 m，中风险路段约为 130 m，低风险路段约为 50 m。在降水频率 P=1% 的条件下，处于高风险的房屋有 1 座，低风险的房屋有 1 座；高风险路段约为 20 m，中风险路段约为 210 m，低风险路段约为 70 m。不同降水条件下各种风险区占比统计结果见表 6-32。

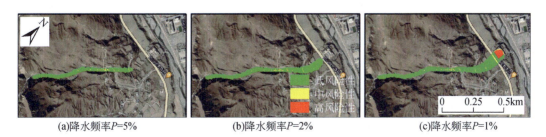

(a)降水频率P=5%　　　　(b)降水频率P=2%　　　　(c)降水频率P=1%

图 6-44　不同降水频率条件下下亚沟泥石流风险评价结果

4.若珠沟

泥石流危险性分区结果如图 6-45 所示，统计结果见表 6-33。在降水频率 $P=5\%$ 的条件下，堆积区的房屋、道路位于中危险区，以淤埋破坏为主，临近沟口的两处藏式房屋位于中、低危险区。在降水频率 $P=2\%$ 的条件下，堆积区耕地、房屋和公路等都位于中危险区。在降水频率 $P=1\%$ 的条件下，中危险区范围进一步扩大，更多的房屋和耕地处于中危险区。在三种降水频率条件下，堆积区危险性均以中、低危险性为主。

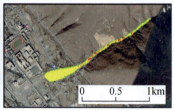

低危险区
中危险区
高危险区

(a)降水频率 $P=5\%$ (b)降水频率 $P=2\%$ (c)降水频率 $P=1\%$

图 6-45　不同降水频率条件下若珠沟泥石流危险性分区

表 6-33　若珠沟泥石流危险性、易损性及风险分区结果统计表

分区	$P=5\%$		$P=2\%$		$P=1\%$	
	面积 /×10^4m^2	所占比例 /%	面积 /×10^4m^2	所占比例 /%	面积 /×10^4m^2	所占比例 /%
低危险区	1.63	27.91	1.96	28.04	2.20	23.81
中危险区	3.75	64.21	4.64	66.38	6.58	71.21
高危险区	0.46	7.88	0.39	5.58	0.46	4.98
低易损区	5.53	94.85	6.53	93.42	8.61	93.18
中易损区	0.18	3.09	0.27	3.86	0.34	3.68
高易损区	0.12	2.06	0.19	2.72	0.29	3.14
低风险区	5.09	87.46	6.17	88.39	8.19	88.73
中风险区	0.65	11.17	0.69	9.89	0.84	9.10
高风险区	0.08	1.37	0.12	1.72	0.20	2.17

不同降水条件下承灾体的易损性分区结果如图 6-46 所示。在降水频率 $P=5\%$ 的条件下，中易损度的房屋有 3 座，高易损度的房屋有 14 座；沟口道路和城市主干道属于中易损度；其余地段属于低易损度。在降水频率 $P=2\%$ 的条件下，中易损度的房屋有 4 座，高易损度的房屋有 17 座；城镇主干道和沟口道路属于中易损度；其余地段属于低易损度。在降水频率 $P=1\%$ 的条件下，中易损度的房屋有 6 座，高易损度的房屋有 19 座；城镇主干道和沟口道路属于中易损度；其余地段属于低易损度。不同降水条件下各种易损区占比统计结果见表 6-33。

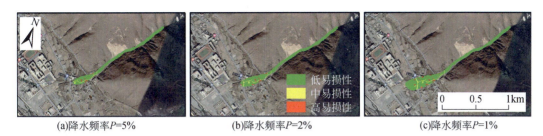

图 6-46 若珠沟泥石流影响区承灾体易损性评价结果

泥石流灾害风险分区如图 6-47 所示。在降水频率 $P=5\%$ 的条件下，处于高风险的房屋有 10 座，中风险的房屋有 7 座；无高风险路段，中风险路段约为 290 m，低风险路段约为 70 m。在降水频率 $P=2\%$ 的条件下，处于高风险的房屋有 14 座，中风险的房屋有 7 座；无高风险路段，中风险路段约为 410 m，低风险路段约为 90 m。在降水频率 $P=1\%$ 的条件下，处于高风险的房屋有 16 座，中风险的房屋有 8 座，低风险的房屋有 2 座；无高风险路段，中风险路段约为 470 m，低风险路段约为 100 m。不同降水条件下各种风险区占比统计结果见表 6-33。

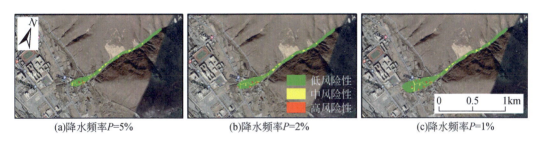

图 6-47 不同降水频率条件下若珠沟泥石流风险评价结果

5.足湾沟

泥石流危险性分区结果如图 6-48 所示，统计结果见表 6-34。在降水频率 $P=5\%$ 的条件下，主沟道及出山口附近的堆积区均为中、高危险区。在降水频率 $P=2\%$ 的条件下，主沟道和堆积区中部以高危险区为主，堆积区大部分为中危险区。在降水频率 $P=1\%$ 的条件下，泥石流在堆积区两侧大面积扩散，且以中危险区为主。在三种降水频率条件下，堆积扇中部的房屋、道路，以及沟道两侧的耕地、房屋均处于高危险区，其余为中危险区。

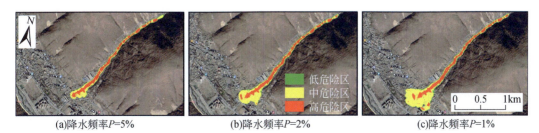

图 6-48 不同降水频率条件下足湾沟泥石流危险性分区

表 6-34　足湾沟泥石流危险性、易损性及风险分区结果统计表

分区	P=5%		P=2%		P=1%	
	面积 / ×10⁴m²	所占比例 /%	面积 / ×10⁴m²	所占比例 /%	面积 / ×10⁴m²	所占比例 /%
低危险区	2.37	16.18	2.67	14.03	3.27	12.87
中危险区	6.14	41.91	9.39	49.34	14.41	56.73
高危险区	6.14	41.91	6.97	36.63	7.72	30.39
低易损区	12.61	86.08	16.08	84.50	21.22	83.58
中易损区	1.41	9.62	1.79	9.41	2.51	9.88
高易损区	0.63	4.30	1.16	6.10	1.66	6.54
低风险区	7.61	51.95	10.41	54.73	14.93	58.83
中风险区	5.66	38.63	6.62	34.81	7.85	30.93
高风险区	1.38	9.42	1.99	10.46	2.60	10.24

不同降水条件下承灾体的易损性分区结果如图 6-49 所示。在降水频率 $P=5\%$ 的条件下，中易损度的房屋有 13 座，高易损度的房屋有 31 座；沿沟道路和沟口城市主干道属于中易损度；其余地段属于低易损度。在降水频率 $P=2\%$ 的条件下，中易损度的房屋有 25 座，高易损度的房屋有 49 座；城镇主干道和沿沟道路属于中易损度；其余地段属于低易损度。在降水频率 $P=1\%$ 的条件下，中易损度的房屋有 38 座，高易损度的房屋有 65 座；堆积区城镇主干道和一般道路属于中易损度；其余地段属于低易损度。不同降水条件下各种易损区占比统计结果见表 6-34。

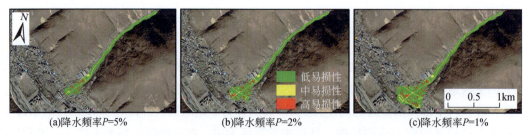

(a)降水频率P=5%　　　　(b)降水频率P=2%　　　　(c)降水频率P=1%

图 6-49　足湾沟泥石流影响区承灾体易损性评价结果

泥石流灾害风险分区如图 6-50 所示。在降水频率 $P=5\%$ 的条件下，处于高风险的房屋有 31 座，中风险的房屋有 12 座，低风险的房屋有 1 座；高风险路段约为 1350 m，中风险路段约为 690 m，低风险路段约为 100 m。在降水频率 $P=2\%$ 的条件下，处于高风险的房屋有 52 座，中风险的房屋有 20 座，低风险的房屋有 2 座；高风险路段约为 1670 m，中风险路段约为 620 m，低风险路段约为 100 m。在降水频率 $P=1\%$ 的条件下，处于高风险的房屋有 73 座，中风险的房屋有 29 座，低风险的房屋有 1 座；高风险路段约为 1760 m，中风险路段约为 990 m，低风险路段约为 100 m。不同降水条件下各种风险区

占比统计结果见表 6-34。

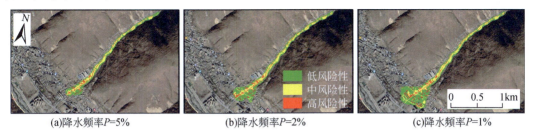

(a)降水频率*P*=5%   (b)降水频率*P*=2%   (c)降水频率*P*=1%

图 6-50 不同降雨频率条件下足湾沟泥石流风险评价结果

6. 东门沟

泥石流危险性分区结果如图 6-51 所示，统计结果见表 6-35。在降水频率 *P*=5% 的条件下，泥石流未冲出流域。在降水频率 *P*=2% 的条件下，出山口附近的房屋等处于中危险区。在降水频率 *P*=1% 的条件下，沟口大部分房屋、道路处于中危险区。在三种降水频率条件下，均没有高危险区；在较低频降水条件下出山口附近的房屋和道路处于中危险区。

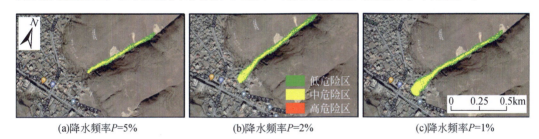

(a)降水频率*P*=5%   (b)降水频率*P*=2%   (c)降水频率*P*=1%

图 6-51 不同降水频率条件下东门沟泥石流危险性分区

表 6-35 东门沟泥石流危险性、易损性及风险分区结果统计表

分区	*P*=5%		*P*=2%		*P*=1%	
	面积 / ×10⁴m²	所占比例 /%	面积 / ×10⁴m²	所占比例 /%	面积 / ×10⁴m²	所占比例 /%
低危险区	1.04	55.91	1.50	49.34	1.74	46.40
中危险区	0.82	44.09	1.54	50.66	2.01	53.60
高危险区	0	0	0	0	0	0
低易损区	1.87	100.00	2.90	95.71	3.49	92.82
中易损区	0	0	0.03	0.99	0.08	2.13
高易损区	0	0	0.10	3.30	0.19	5.05
低风险区	1.87	100	2.91	95.72	3.50	93.08
中风险区	0	0	0.04	1.32	0.11	2.93
高风险区	0	0	0.09	2.96	0.15	3.99

不同降水条件下承灾体的易损性分区结果如图 6-52 所示。在降水频率 $P=5\%$ 的条件下，泥石流灾害未冲出沟口，不会造成危害。在降水频率 $P=2\%$ 的条件下，中易损度的房屋有 4 座，高易损度的房屋有 5 座；沟口道路属于中易损度；其余地段属于低易损度。在降水频率 $P=1\%$ 的条件下，中易损度的房屋有 5 座，高易损度的房屋有 8 座；堆积区城镇主干道和一般道路属于中易损度；其余地段属于低易损度。不同降水条件下各种易损区占比统计结果见表 6-35。

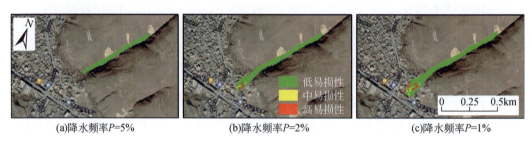

(a)降水频率$P=5\%$ (b)降水频率$P=2\%$ (c)降水频率$P=1\%$

图 6-52　东门沟泥石流影响区承灾体易损性评价结果

泥石流灾害风险分区如图 6-53 所示。在降水频率 $P=5\%$ 的条件下，泥石流未冲出流域。在降水频率 $P=2\%$ 的条件下，处于高风险的房屋有 5 座，中风险的房屋有 3 座，低风险的房屋有 1 座。在降水频率 $P=1\%$ 的条件下，处于高风险的房屋有 7 座，中风险的房屋有 4 座，低风险的房屋有 2 座；中风险路段约为 60 m，低风险路段约为 15 m。不同降水条件下各种风险区占比统计结果见表 6-35。

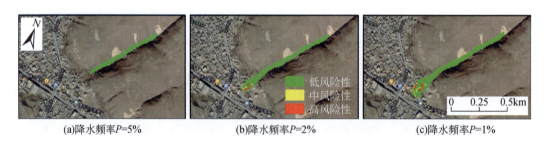

(a)降水频率$P=5\%$ (b)降水频率$P=2\%$ (c)降水频率$P=1\%$

图 6-53　不同降水频率条件下东门沟泥石流风险评价结果

7. 道孚沟

泥石流危险性分区结果如图 6-54 所示，统计结果见表 6-36。在降水频率 $P=5\%$ 的条件下，主沟道及堆积区解放东街以上区域处于高危险区。在降水频率 $P=2\%$ 的条件下，高危险区延伸至堆积区的鲜水东路，高危险区两侧为中度危险区。在降水频率 $P=1\%$ 的条件下，泥石流即将冲至鲜水河，堆积区以中、高危险区为主。在三种降水频率条件下，堆积扇中间的房屋、道路以及主沟道两侧的耕地、房屋都处于高危险区；堆积区的高危险区两侧为中危险区。

(a)降水频率P=5%

(b)降水频率P=2%

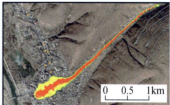
(c)降水频率P=1%

图 6-54 不同降水频率条件下道孚沟泥石流危险性分区

表 6-36 道孚沟泥石流危险性、易损性及风险分区结果统计表

分区	P=5%		P=2%		P=1%	
	面积 / ×10⁴m²	所占比例 /%	面积 / ×10⁴m²	所占比例 /%	面积 / ×10⁴m²	所占比例 /%
低危险区	2.80	15.94	3.45	15.33	4.38	14.12
中危险区	4.50	25.63	6.91	30.70	12.64	40.73
高危险区	10.26	58.43	12.15	53.98	14.01	45.15
低易损区	13.82	78.75	16.54	73.58	21.46	69.16
中易损区	1.69	9.63	2.47	10.99	3.90	12.57
高易损区	2.04	11.62	3.47	15.44	5.67	18.27
低风险区	6.09	34.70	7.81	34.73	11.88	38.29
中风险区	8.65	49.29	10.25	45.57	12.28	39.57
高风险区	2.81	16.01	4.43	19.70	6.87	22.14

表中面积单位为 $\times 10^4 m^2$。

不同降水条件下承灾体的易损性分区结果如图 6-55 所示。在降水频率 $P=5\%$ 的条件下，中易损度的房屋有 63 座，高易损度的房屋有 129 座；沿沟道路和沟口城市主干道属于中易损度；其余地段属于低易损度。在降水频率 $P=2\%$ 的条件下，中易损度的房屋有 82 座，高易损度的房屋有 178 座；城镇主干道和沿沟公路属于中易损度；其余地段属于低易损度。在降水频率 $P=1\%$ 的条件下，中易损度的房屋有 115 座，高易损度的房屋有 227 座；堆积区城镇主干道和一般道路属于中易损度；其余地段属于低易损度。统计结果表明，该泥石流沟的中、高易损区占比相对较高（表 6-36）。这主要是因为堆积区分布有大量的居民区和城市道路等高价值的承灾体；泥石流一旦成灾，造成的后果较严重。

(a)降水频率P=5%

(b)降水频率P=2%

(c)降水频率P=1%

图 6-55 道孚沟泥石流影响区承灾体易损性评价结果

不同降水频率条件下，泥石流灾害风险分区如图 6-56 所示。在降水频率 $P=5\%$ 的条件下，处于高风险的房屋有 144 座，中风险的房屋有 40 座，低风险的房屋有 8 座；高风险路段约为 1430 m，中风险路段约为 770 m。在降水频率 $P=2\%$ 的条件下，处于高风险的房屋有 186 座，中风险的房屋有 63 座，低风险的房屋有 11 座；高风险路段约为 1670 m，中风险路段约为 1390 m。在降水频率 $P=1\%$ 的条件下，处于高风险的房屋有 249 座，中风险的房屋有 72 座，低风险的房屋有 21 座；高风险路段约为 1750 m，中风险路段约为 2050 m。不同降水条件下各种风险区占比统计结果见表 6-36。

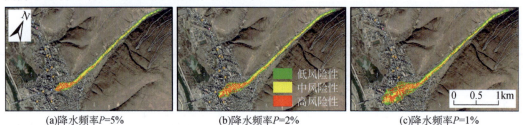

(a)降水频率 $P=5\%$ (b)降水频率 $P=2\%$ (c)降水频率 $P=1\%$

图 6-56   不同降水频率条件下道孚沟泥石流风险评价结果

8.地震台沟

泥石流危险性分区结果如图 6-57 所示，统计结果见表 6-37。在降水频率 $P=5\%$ 的条件下，沟道下游以中、高危险区为主。在降水频率 $P=2\%$ 的条件下，中、高危险区延伸至沟口的鲜水西路。在降水频率 $P=1\%$ 的条件下，中、高危险区沿鲜水西路向两边扩展，并越过鲜水西路。在三种降水频率条件下，沟口附近主沟道两侧的建筑物和道路均处于中危险区。

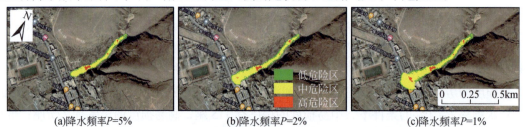

(a)降水频率 $P=5\%$ (b)降水频率 $P=2\%$ (c)降水频率 $P=1\%$

图 6-57   不同降水频率条件下地震台沟泥石流危险性分区

表 6-37   地震台沟泥石流危险性、易损性及风险分区结果统计表

分区	$P=5\%$		$P=2\%$		$P=1\%$	
	面积 /×10⁴m²	所占比例 /%	面积 /×10⁴m²	所占比例 /%	面积 /×10⁴m²	所占比例 /%
低危险区	0.64	31.68	0.83	29.33	1.03	28.07
中危险区	1.28	63.37	1.88	66.43	2.48	67.57
高危险区	0.10	4.95	0.12	4.24	0.16	4.36
低易损区	1.80	90.00	2.27	79.93	2.78	75.96
中易损区	0.03	1.50	0.11	3.87	0.24	6.55
高易损区	0.17	8.50	0.46	16.20	0.64	17.49
低风险区	1.71	85.50	2.17	76.41	2.67	72.75
中风险区	0.14	7.00	0.30	10.56	0.48	13.08
高风险区	0.15	7.50	0.37	13.03	0.52	14.17

不同降水条件下承灾体的易损性分区结果如图6-58所示。在降水频率 $P=5\%$ 的条件下，中易损度的房屋有4座，高易损度的房屋有10座；其余地段属于低易损度。在降水频率 $P=2\%$ 的条件下，中易损度的房屋有4座，高易损度的房屋有18座；沟口城镇主干道和公路属于中易损度；其余地段属于低易损度。在降水频率 $P=1\%$ 的条件下，中易损度的房屋有6座，高易损度的房屋有23座；沟口城镇主干道和公路属于中易损度；其余地段属于低易损度。不同降水条件下各种易损区占比统计结果见表6-37。

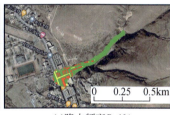

(a)降水频率$P=5\%$　　(b)降水频率$P=2\%$　　(c)降水频率$P=1\%$

图6-58　地震台沟泥石流影响区承灾体易损性评价结果

不同降水频率条件下，泥石流灾害风险分区如图6-59所示。在降水频率 $P=5\%$ 的条件下，处于高风险的房屋有10座，中风险的房屋有4座。在降水频率 $P=2\%$ 的条件下，处于高风险的房屋有18座，中风险的房屋有4座；中风险路段约为95 m，低风险路段约为20 m。在降水频率 $P=1\%$ 的条件下，处于高风险的房屋有21座，中风险的房屋有6座，低风险的房屋有2座；高风险路段约为20 m，中风险路段约为190 m，低风险路段约为30 m。不同降水条件下各种风险区占比统计结果见表6-37。

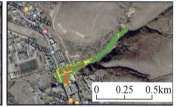

(a)降水频率$P=5\%$　　(b)降水频率$P=2\%$　　(c)降水频率$P=1\%$

图6-59　不同降水频率条件下地震台沟泥石流风险评价结果

9.降不沟

泥石流危险性分区结果如图6-60所示，统计结果见表6-38。在降水频率 $P=5\%$ 的条件下，泥石流未完全冲出沟道，主沟道下游以中、高危险区为主。在降水频率 $P=2\%$ 的条件下，主沟道下游以中、高危险区为主，堆积区以中危险区为主。在降水频率 $P=1\%$ 的条件下，堆积区的危险区范围进一步扩大，且以中危险区为主，局部出现高危险区。在三种降水频率条件下，均以中、低危险区为主；但较低频泥石流堆积区以中危险区为主。

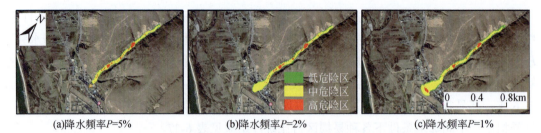

(a)降水频率P=5%　　　　　　(b)降水频率P=2%　　　　　　(c)降水频率P=1%

图 6-60　不同降水频率条件下降不沟泥石流危险性分区

表 6-38　降不沟泥石流危险性、易损性及风险分区结果统计表

分区	P=5%		P=2%		P=1%	
	面积 / ×10⁴m²	所占比例 /%	面积 / ×10⁴m²	所占比例 /%	面积 / ×10⁴m²	所占比例 /%
低危险区	1.00	25.25	1.28	23.44	1.80	27.95
中危险区	2.47	62.37	3.68	67.40	4.18	64.91
高危险区	0.49	12.38	0.50	9.16	0.46	7.14
低易损区	3.69	94.86	4.77	88.17	5.70	88.65
中易损区	0.15	3.86	0.40	7.39	0.45	7.00
高易损区	0.05	1.29	0.24	4.44	0.28	4.35
低风险区	3.25	83.33	4.33	80.19	5.34	82.92
中风险区	0.59	15.13	0.83	15.37	0.84	13.04
高风险区	0.06	1.54	0.24	4.44	0.26	4.04

　　不同降水条件下承灾体的易损性分区结果如图 6-61 所示。在降水频率 $P=5\%$ 的条件下，中易损度的房屋有 2 座，高易损度的房屋有 4 座；沿沟道路和国道 G350 属于中易损度；其余地段属于低易损度。在降水频率 $P=2\%$ 的条件下，中易损度的房屋有 8 座，高易损度的房屋有 12 座；沿沟道路和国道 G350 属于中易损度；其余地段属于低易损度。在降水频率 $P=1\%$ 的条件下，中易损度的房屋有 9 座，高易损度的房屋有 13 座；沿沟道路和国道 G350 属于中易损度；其余地段属于低易损度。不同降水条件下各种易损区占比统计结果见表 6-38。

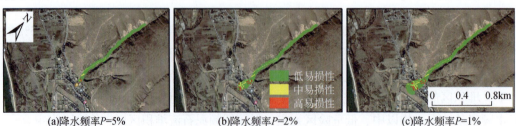

(a)降水频率P=5%　　　　　　(b)降水频率P=2%　　　　　　(c)降水频率P=1%

图 6-61　降不沟泥石流影响区承灾体易损性评价结果

不同降水频率条件下，泥石流灾害风险分区如图 6-62 所示。在降水频率 $P=5\%$ 的条件下，处于高风险的房屋有 4 座，中风险的房屋有 2 座；高风险路段约为 80 m，中风险路段约为 250 m，低风险路段约为 50 m。在降水频率 $P=2\%$ 的条件下，处于高风险的房屋有 11 座，中风险的房屋有 9 座；高风险路段约为 90 m，中风险路段约为 420 m，低风险路段约为 90 m。在降水频率 $P=1\%$ 的条件下，处于高风险的房屋有 11 座，中风险的房屋有 11 座；高风险路段约为 90 m，中风险路段约为 440 m，低风险路段约为 140 m。不同降水条件下各种风险区占比统计结果见表 6-38。

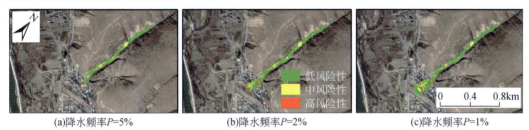

(a)降水频率$P=5\%$ (b)降水频率$P=2\%$ (c)降水频率$P=1\%$

图 6-62 不同降水频率条件下降不沟泥石流风险评价结果

10. 孜龙沟

泥石流危险性分区结果如图 6-63 所示，统计结果见表 6-39。在降水频率 $P=5\%$ 的条件下，主沟道以高危险区为主；出山口以中、高危险区为主。在降水频率 $P=2\%$ 的条件下，堆积区范围扩大，且中间为高危险区，外围以中危险区为主。在降水频率 $P=1\%$ 的条件下，堆积区范围进一步扩大，且出现三处高危险区，其外围主要为中危险区。在三种降水频率条件下，泥石流堆积区的房屋和道路等均处于中、高危险区。

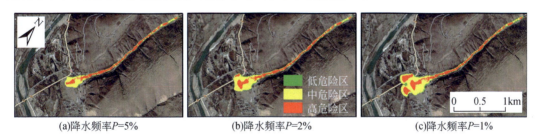

(a)降水频率$P=5\%$ (b)降水频率$P=2\%$ (c)降水频率$P=1\%$

图 6-63 不同降水频率条件下孜龙沟泥石流危险性分区

表 6-39 孜龙沟泥石流危险性、易损性及风险分区结果统计表

分区	$P=5\%$		$P=2\%$		$P=1\%$	
	面积 /×10⁴m²	所占比例 /%	面积 /×10⁴m²	所占比例 /%	面积 /×10⁴m²	所占比例 /%
低危险区	2.09	16.08	2.54	14.91	3.25	14.59
中危险区	5.82	44.77	8.29	48.68	10.74	48.20
高危险区	5.09	39.15	6.20	36.41	8.29	37.21

续表

分区	P=5%		P=2%		P=1%	
	面积 /×10⁴m²	所占比例 /%	面积 /×10⁴m²	所占比例 /%	面积 /×10⁴m²	所占比例 /%
低易损区	12.26	94.38	16.15	94.78	21.29	95.60
中易损区	0.28	2.16	0.42	2.46	0.51	2.29
高易损区	0.45	3.46	0.47	2.76	0.47	2.11
低风险区	7.24	55.73	10.03	58.90	13.19	59.20
中风险区	5.31	40.88	6.54	38.40	8.56	38.42
高风险区	0.44	3.39	0.46	2.70	0.53	2.38

不同降水条件下承灾体的易损性分区结果如图 6-64 所示。在降水频率 $P=5\%$ 的条件下，中易损度的房屋有 10 座，高易损度的房屋有 19 座；沟口城市道路和沿沟道路属于中易损度；堆其余地段属于低易损度。在降水频率 $P=2\%$ 的条件下，共有 30 座直接受泥石流的影响，中易损度的房屋有 11 座，高易损度的房屋有 19 座；沟口主干道和沿沟道路属于中易损度；其余地段属于低易损度。在降水频率 $P=1\%$ 的条件下，泥石流影响范围扩大，主要影响耕地和空地区域等低易损度承灾体，其他承灾体及其易损度和 $P=2\%$ 降水条件下的相同。不同降水条件下各种易损区占比统计结果见表 6-39。

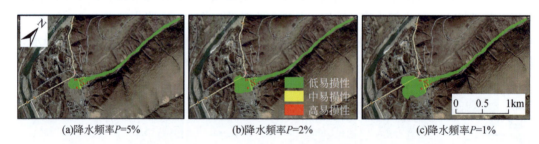

(a)降水频率P=5%　　　　(b)降水频率P=2%　　　　(c)降水频率P=1%

低易损性
中易损性
高易损性

图 6-64　孜龙沟泥石流影响区承灾体易损性评价结果

不同降水频率条件下，泥石流灾害风险分区如图 6-65 所示。在降水频率 $P=5\%$ 的条件下，处于高风险的房屋有 20 座，中风险的房屋有 8 座，低风险的房屋有 1 座；高风险路段约为 15m，中风险路段约为 340 m，低风险路段约为 15 m。在降水频率 $P=2\%$ 的条件下，处于高风险的房屋有 20 座，中风险的房屋有 9 座，低风险的房屋有 1 座；高风险路段约为 30 m，中风险路段约为 520 m，低风险路段约为 20 m。在降水频率 $P=1\%$ 的条件下，处于高风险的房屋有 20 座，中风险的房屋有 8 座，低风险的房屋有 2 座；高风险路段约为 120 m，中风险路段约为 530 m，低风险路段约为 70 m。不同降水条件下各种风险区占比统计结果见表 6-39。

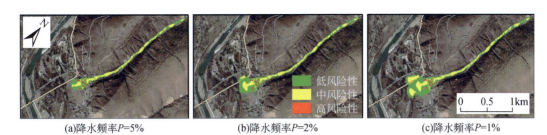

(a)降水频率P=5%　　　　　　(b)降水频率P=2%　　　　　　(c)降水频率P=1%

图 6-65　不同降水频率条件下孜龙沟泥石流风险评价结果

6.6　泥石流防治对策

泥石流灾害防治应采取因地制宜，全面规划，工程措施与非工程措施相结合的原则进行综合防治（Cui et al.，2007）。本节基于泥石流风险评价的结果，提出了针对性的泥石流工程治理和非工程治理措施建议。

6.6.1　工程治理措施

1. 现有治理工程防治能力的复核和检查

根据调查，沟尔普沟、足湾沟、道孚沟、孜龙沟和降不沟五个流域内修建了泥石流防治工程。

1）沟尔普沟

该流域沟口为沟普村聚居区。流域内没有修建泥石流防治工程，仅在出山口附近修建钢筋石笼，用于修整沟道。调查期间，石笼大部已损毁，且石笼高度较低，拦挡泥石流效果不显著，泥石流冲上路面（图6-66）。该流域面积大，汇水能力强，左、右支沟均可能发生泥石流。为了保护沟口居民区的安全，需要对现有防护工程进行复核和检查，以保证

图 6-66　沟尔普沟下游沟道现状

能够抵御防治标准情况下的山洪和泥石流灾害。

2）足湾沟

该流域下游和沟口分布有营房、小区、工厂和城市主干道路等重要的建筑和基础设施。流域中下游修建有两座拦挡坝和宽约为 4m，长约为 1.4km 的排导槽（图 6-67）。调查期间，坝内已基本淤满，排导槽运行基本良好。拦挡坝现状见图 6-68。该流域如果暴发大规模泥石流，现有的防治工程很难有效保护下游和沟口的建筑和基础设施安全，需要对现有防护工程的防治能力进行复核和检查。

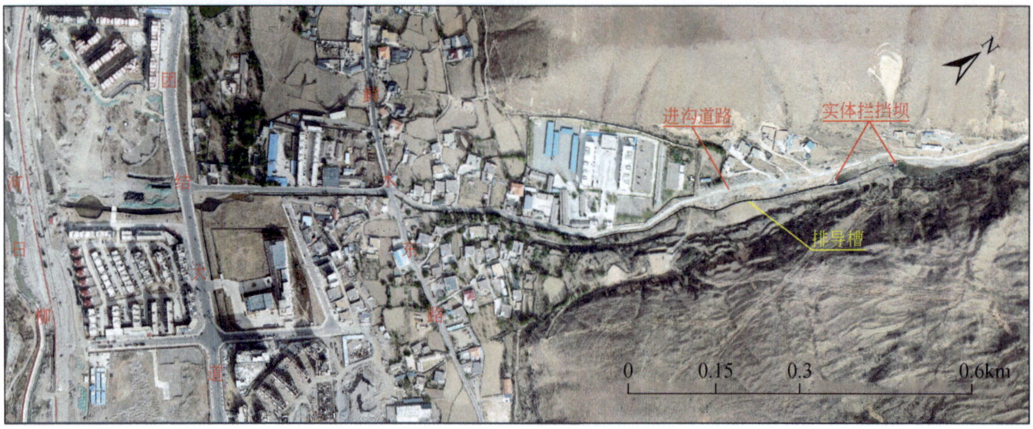

图 6-67　足湾沟下游及堆积区现状

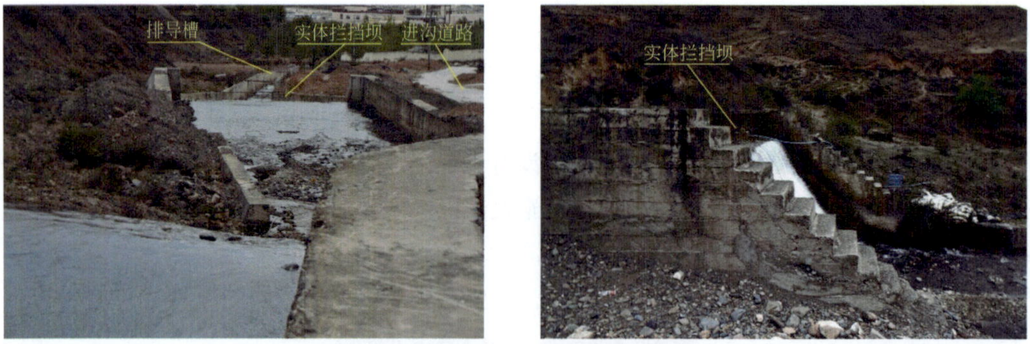

图 6-68　足湾沟中下游的拦挡坝现状

3）道孚沟

该流域内修建有拦沙坝、谷坊坝、固床潜槛、单侧防护堤和排导槽等防治工程。根据调查结合遥感解译，四条左支沟内共修建五座拦沙坝，三道谷坊坝和多个固床潜槛；两条右支沟内共修建三座拦沙坝。中上游各支沟的拦沙坝运行基本良好，库内没有明显淤积；但是，下游两条支沟（左右各 1 条）的三座拦沙坝已全部淤满，失去拦蓄功能。主沟修建两座拦沙坝，坝后有部分淤积；坝下连接长约 3 km 的排导槽直至鲜水河，槽内较干净。道孚沟部分泥石流治理工程现状详见图 6-69。该流域的成灾条件发生了明显的变化，物源量增多，部分防治工程达到使用极限。根据现有治理条件下无法完全避免防治标准条件下（假定防治标准为 20 年一遇的泥石流）泥石流的危害。

(a)注沟1#拦沙坝现状

(b)左支沟(日尺沟)拦沙坝现状

(c)注沟2#拦沙坝现状

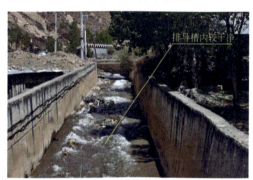

(d)主沟2#拦沙坝下接的排导槽部分槽段

图 6-69　道孚沟部分泥石流治理工程现状

4）孜龙沟

孜龙沟沟口为孜龙村聚居区。该流域下游修建 1 座低坝，坝下连接宽约 3m 的排导槽（图 6-70）。调查期间，坝后已经淤满，拦沙坝失去继续拦蓄的功能；排导槽运行状况基本良好（图 6-71），但部分地段槽底被冲蚀破坏。

该流域主沟道顺直，沟道物源丰富，两岸滑坡等不良地质作用较活跃，尤其是主沟右岸新活动滑坡较多，为后续泥石流活动储备了较多物源。现有的拦沙坝坝后已经淤满，排导槽部分地段槽底被冲蚀破坏，需要对该流域泥石流治理工程进行复核和检查。

5）降不沟

降不沟出山口为前进村村民聚居区。该流域主沟两岸崩滑灾害发育，尤其是右岸新活动滑坡成片分布。该流域面积较小，但沟道较陡，而且松散物源多，一旦遭遇强降水，可能暴发大规模泥石流。为了防止泥石流对下游造成危害，修建了一座拦沙坝；坝下修建宽约 4m 的排导槽（图 6-72）。该拦沙坝为新建治理工程，调查期间处于空库状态，基本能够防治设防标准下的泥石流灾害（图 6-73）。

图 6-70　孜龙沟下游泥石流治理工程现状

（a）　　　　　　　　　　　　　　　（b）

图 6-71　孜龙沟下游的拦沙坝（a）和坝下的排导槽（b）

图 6-72　降不沟下游泥石流治理工程现状

图 6-73　降不沟流域修建的泥石流拦沙坝及排导槽

2. 泥石流工程治理建议

研究区的泥石流沟有一半进行了工程治理。随着人类工程经济活动的不断深入和极端天气事件频发，原有的治理工程可能无法满足防灾的需要。尚未治理的流域，也存在暴发泥石流并造成灾害的风险。因此，根据野外调查和遥感解译，对研究区的泥石流沟分别提出如下治理建议。

1）洛尔瓦沟

洛尔瓦沟沟口发育有巨大堆积扇，表明历史上泥石流十分活跃。该流域松散物源较丰富，其中可能参与泥石流活动的物源动储量约为 $21.65 \times 10^4 m^3$（表 6-5）。目前，流域内植被茂盛，未发现集中松散物源，泥石流活动性相对较弱。泥石流危险性分析表明，出山口两侧的房屋处于中、高危险区（图 6-36）。泥石流风险分析表明，出山口区域的房屋遭遇泥石流破坏的风险高（图 6-38）。因此，建议在出山口以上约 100m 处修建一座控制性拦沙坝，坝下修建排导槽，用于归流山洪和泥石流，防止山洪和泥石流溢流造成灾害。

2）沟尔普沟

沟尔普沟流域泥石流活跃。该流域松散物源丰富，其中可能参与泥石流活动的物源动储量约为 $153.70 \times 10^4 m^3$（表 6-5）。泥石流危险性分析表明，出山口附近的房屋、道路等以及沟道两侧的耕地、房屋处于较高危险区（图 6-39）。泥石流风险分析表明，出山口区域的建筑物和基础设施遭遇泥石流破坏的风险高（图 6-41）。为了防止泥石流对沟口居民区造成危害，可在两支沟汇口以下修建一座控制性拦沙坝；在出山口附近修建排导槽，用于归流山洪和泥石流；加高堆积区的排导槽，并对堆积区沟道进行清淤积、整治。

3）下亚沟

下亚沟松散物源丰富，其中可能参与泥石流活动的物源动储量约 $13.49 \times 10^4 m^3$（表 6-5）。但是，该流域汇水条件较差，发生的泥石流规模都不大。泥石流危险性分析表明，以中、低危险性为主；仅在百年一遇降水条件下的泥石流会威胁沟口国道 G350 和变电站（图 6-42）。泥石流风险分析表明，在百年一遇降水条件下，变电站局部遭遇泥石流的风险高（图 6-44），其余地段风险等级较低。为了防止泥石流对变电站造成影响，需要对现有沟道进行清淤整治，理顺变电站附近沟道，并加高变电站侧的排导槽高度，防止泥石流漫流造成危害。

4）若珠沟

若珠沟泥石流威胁沟口聚居区 30 户共 134 人的安全。该流域中下游沟道右岸发育大量新近滑坡，大都处于"裂而未滑"或"滑而未垮"状态。流域内可能参与泥石流活动的松散物源动储量约为 $34.07 \times 10^4 \text{m}^3$（表 6-5）。泥石流危险性分析表明，堆积区以中危险区为主（图 6-45）。泥石流风险分析表明，堆积区部分砖混和砖木结构的藏式民居遭遇泥石流破坏的风险高，危险性较大（图 6-47）。该流域下游发育有 2 处较大规模滑坡，滑坡前缘垮塌并已进入主沟道。如果暴发大规模山洪或泥石流，冲刷滑坡前缘，会导致更大规模的垮塌，甚至是大规模滑动。为了防止大规模滑坡堵沟，形成堵溃泥石流，可在滑坡下游修建 1 座大型拦沙坝，用于拦蓄固体物质，防止滑坡前缘被冲刷并可反压坡脚，防止滑坡整体下滑。

5）足湾沟

足湾沟出山口和堆积区分布有营地、民房和道路等，人口密度较大。流域内可能参与泥石流活动的物源动储量约为 $86.37 \times 10^4 \text{m}^3$（表 6-5）。泥石流危险性分析表明，堆积扇中间位置的房屋、道路等以及沟道两侧的耕地、房屋处于高危险区（图 6-48）。泥石流风险分析表明，堆积区中心砖混结构和砖木结构的藏式民居遭遇泥石流破坏的风险性高，沿沟道路遭遇泥石流破坏的风险高（图 6-50）。该流域新发育大量的滑坡和变形体，部分垮塌松散物已经进入主沟道，发生泥石流的潜在风险较高。现有的治理工程无法防止较大规模泥石流的危害，需在沟下游修建一座控制性拦沙坝，用于拦蓄泥石流，提高沟床标高，反压滑坡前缘坡脚，一定程度上抑制大规模滑坡的发生。

6）东门沟

东门沟正对城区，泥石流影响区建筑物密布。该沟下游发育一处滑坡，其前缘垮塌已经堵塞主沟道。流域内可能参与泥石流活动的物源动储量约为 $5.37 \times 10^4 \text{m}^3$（表 6-5）。泥石流危险性分析表明，堆积区属于中、低危险区（图 6-51）。泥石流风险分析表明，中危险区的建筑物遭遇低频泥石流危害的风险高（图 6-53）。该流域汇水面积小，暴发大规模泥石流的风险小。但是，如果遭遇强降水，加上滑坡堵塞主沟，可能会发生堵溃泥石流，严重威胁堆积区的人员和建筑物安全。可在堆积区顶部相对开阔区域，设置停淤场，用于停积泥石流；或在滑坡下方沟道修建拦沙坝或固床坝，防止滑坡体前缘被冲切，避免发生大规模泥石流。

7）道孚沟

道孚沟堆积扇上为道孚县城主城区，建筑密集，人口密度大。上游沟道较顺直，开阔，主支沟泥石流不活跃。中下游主支沟沟岸发育大量新活动滑坡，尤其是下游的滑坡H4已经对公路造成了危害。流域内可能参与泥石流活动的物源动储量约为$205.82 \times 10^4 \mathrm{m}^3$（表6-5）。泥石流危险性分析结果表明，下游沟道和堆积区中部均属于高危险区，高危险区外侧为中危险区（图6-54）。泥石流风险分析表明，中、高危险区内的藏式民居遭遇泥石流破坏的风险高（图6-56）。该流域主沟中上游的1#拦沙坝运行良好，但下游的2#拦沙坝库内基本淤满；下游左右支沟的拦沙坝也已全部淤满。由于下游的治理工程基本上达到了使用极限。如果暴发大规模泥石流，现有防治工程无法抵御。为了防止滑坡H4大规模下滑堵塞主沟，可在滑坡体中部和上部分别设置1排抗滑桩。对2#拦沙坝库内进行清淤，腾出库容，提高其拦蓄能力，或加高2#拦沙坝，以减少进入排导槽的泥石流。

8）地震台沟

地震台沟出山口是原林业局职工宿舍。该流域汇水面积小，历史上泥石流不活跃。但是，在主沟两岸发育了三处滑坡，其中两处已经滑至沟底。流域内可能参与泥石流活动的物源动储量约为$8.87 \times 10^4 \mathrm{m}^3$（表6-5）。泥石流危险性分析表明，沟口附近主沟道两侧的建筑物和道路均处于中危险区（图6-57）。泥石流风险分析表明，处于中危险区的建筑遭遇泥石流破坏的风险高（图6-59）。为了防止泥石流危害，可在紧邻滑坡的下游沟道修建低坝，防止滑坡前缘被冲刷，导致更大规模的滑坡堵塞沟道，形成溃决泥石流；或者在两沟汇口处修建一座拦沙坝，拦挡可能的泥石流物质。

9）降不沟

降不沟出山口为人口聚居区。主沟右岸有大量的新滑坡，为泥石流活动孕育了大的松散物源。流域内可能参与泥石流活动的物源动储量约为$17.94 \times 10^4 \mathrm{m}^3$（表6-5）。泥石流危险性分析表明，堆积区房屋和道路均处于中危险区（图6-60）。泥石流风险分析表明，砖混和砖木结构的藏式民居遭遇泥石流破坏的风险较高（图6-62）。该流域已经进行了工程治理。

10）孜龙沟

孜龙沟下游沟道较开阔，已开垦成耕地；出山口为村民聚居区。该流域下游发育有滑坡H1，沟道右岸还分布着大量小规模的沟岸垮塌和滑坡。流域内可能参与泥石流活动的物源动储量约为$17.94 \times 10^4 \mathrm{m}^3$（表6-5）。泥石流危险性分析表明，堆积区的房屋和公路处于中、高危险区（图6-63）。泥石流风险分析表明，处于中、高危险区的民居遭遇泥石流破坏的风险高（图6-65）。现有拦沙坝库内已经淤满，失去拦蓄能力；部分排导槽的槽底已经被冲坏。为了防止泥石流危害，可加高现有拦沙坝，或重新修建拦沙坝，同时对排导槽进行修复。对于滑坡 H1，可在其中下部修建抗滑桩，在坡脚修建挡墙，防止大规模下滑。

6.6.2 非工程治理措施

非工程治理措施主要有采取避让、监测预警和培训演练等。非人为扰动下的"灾害"过程实际上就是一个自然演化过程，采取避让的方法是最好的防灾措施。在无法绕避的情况下，有效的监测预警可以最大限度地减少灾害损失，加强灾害影响区人员的防灾减灾培训与演练对保障人民生命财产安全也是至关重要的。

1. 监测预警

基于过程的泥石流监测预警方法包括早期预测、前期预报、起动过程预警、运动过程预警和临灾预警等（图 6-74）。监测内容有：降水监测、泥石流形成过程参数监测和泥石流运动过程参数监测等（崔鹏等，2019）。

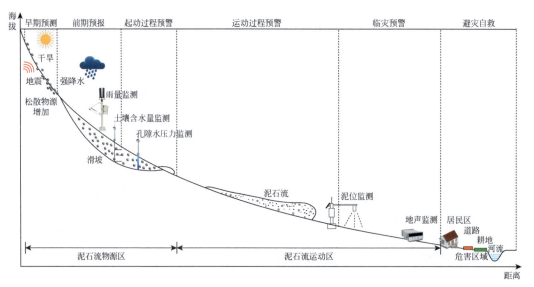

图 6-74　基于过程的泥石流监测预警方法示意图

注：根据文献崔鹏等（2019）和 Chen 等（2016）修改。

1）降水监测

降水监测是泥石流预警预报的基础，包括对区域内降水天气过程监测和流域内降水过程监测。区域降水监测可为泥石流预报提供较大尺度的区域降水参数。我国已经实现了利用数值天气预报模式和静止气象卫星云图进行大区域的 3~36h 泥石流预报，利用多普勒天气雷达进行中小区域 1~3h 泥石流预警预报（崔鹏等，2018）。流域内降水过程监测是在流域内泥石流形成区安装雨量自动观测设备，实时监测降水过程，并将降水数据实时传入预警预报模型，从而实现泥石流的灾前预警、预报。

目前，我国较为成熟的基于降水过程的泥石流专业预报模型有中国科学院东川泥石流观测研究站模型（崔鹏等，2018）。该模型可用于全国范围内的降水型单沟泥石流预报。

$$R_{10} \geqslant A - \frac{A}{P^*}(\sum_{i=1}^{20} R_i K^i + R_t) \geqslant C \qquad (6\text{-}16)$$

式中，R_{10} 为激发泥石流所需的 10min 雨量；A 为没有前期降水量，土壤干燥条件下激发泥石流所需的 10min 降水量（临界雨量）；P^* 为补给物质达到饱和时所需的雨量，可通过实际监测或实验获得；C 为前期降水使补给物质达到饱和时，泥石流暴发所需 10min 雨量，可通过历史泥石流活动监测获得；R_i 为泥石流发生前 i 天降水量，通过降水监测获得；R_t 为泥石流发生时刻前的当时降水，通过降水监测获得；K 为递减系数。

递减系数 K 宜根据实际降水监测和实验数据取值，一般取 0.5~0.9；也可根据当地干燥度确定（表 6-40）。

表 6-40　泥石流预报模型递减系数 K 值

干燥度	区域类型	K 值
≤ 1.0	湿润区	≥ 0.9
1.0~1.5	半湿润区	0.8~0.9
1.5~4.0	半干旱区	0.7~0.8
>4.0	干旱区	<0.7

2）泥石流形成过程参数监测

泥石流形成过程参数监测主要是监测泥石流源地土体的特征参数变化，包括土体含水率、土体孔隙水压力、土体位移等。这些参数的监测可为泥石流的提前预警提供依据。泥石流运动过程参数监测是指在流域上游监测泥石流信息的基础上，进一步监测泥石流运动参数及其变化。监测的参数包括泥（水）位、流速、冲击力、振动和声学信号等，通过这些监测数据可估算泥石流的流量，判断泥石流规模。运动参数监测是最为准确的监测预警方法，对下游提前预警具有重要意义。

研究区泥石流形成过程参数监测重点应监测滑坡的变化。滑坡的地表变形可采用 GNSS 系统监测。该系统通过监测滑坡表层的三维位移量，可分析、判断滑坡的变形特征、变幅、滑动方向、滑动速率、稳定性及其发展趋势等。

3）泥石流运动过程参数监测

研究区泥石流运动过程参数监测可采用红外摄像法、泥位监测法和地声测量法相结合进行联合监测。红外摄像和图传技术可实现 24h 值守，与其他监测技术相结合，可通过实时图像传输，实现灾害预警。泥位监测法利用电磁波雷达测距原理，在泥石流的流通渠上方加装电磁波雷达物位计对泥石流沟内的泥水位进行实时监测，可为泥石流灾害预警提供可靠依据。地声测量法利用泥石流暴发时产生的巨大震动间接监测泥石流运动速度，确定泥石流规模等。

2.宣传教育、防灾培训与演练

1）科普宣传

科普宣传可以让山区广大干部和群众了解泥石流；既要了解其严重危害，又要认识到泥石流可防可治，从而合理安排泥石流区域和泥石流流域的开发利用，达到花最小的投资，获取最大防灾减灾效益的目的（钟敦伦和谢洪，2014）。

防灾减灾宣传的方式很多，通过传媒宣传泥石流知识、张贴招贴画宣传相关知识，以及通过"请进来、走出去"的方式提高防灾减灾能力等。传媒宣传可通过互联网向泥石流影响区的人员推送相关短视频，通过乡村广播站、电视台宣传相关的防灾减灾知识。招贴画宣传可通过在居民聚居区，村委会等人员集中场所张贴通俗易懂、生动形象的防灾减灾招贴画。对防灾减灾的技术骨干和宣传人员，可通过参加培训班，或举办培训班的方式提高对泥石流的认识水平和防灾减灾水平。同时，也可邀请专家学者来做防灾减灾宣传，尤其是通过对大中小学生进行宣传，培养防灾减灾义务宣传员，再通过他们向学生家长宣传相关知识，达到共同提高防灾减灾能力的目的。

2）防灾培训与演练

防灾演练是防灾减灾不可或缺的一部分，至少需要做到下面三个方面的培训与演练（钟敦伦和谢洪，2014）：

（1）危险区居民灾情意识培训与安全转移演练

危险区居民的安全转移是减轻灾害，尤其是减少人员伤亡的重大举措。每年雨季前对危险区居民进行灾情意识培训和安全转移演练，让危险区内居民提高防灾抗灾意识，掌握转移路线、避灾场所位置和转移中的注意事项等。

（2）危险区居民实施自救和互救措施的培训与演练

灾害发生时如果未来得及撤离或未安全撤离的人员，必须要有自救和互救能力，从而保障人身安全。对于危险区居民应组织他们进行自救和互救的培训与演练，切实掌握遭遇泥石流时的自救和互救措施。

（3）抢险救灾队伍的培训与演练

抢险救灾队伍是抢救国家和人民生命财产，减轻灾害损失的主力军。队伍的技术素质可通过抢险救灾培训和模拟实战演练加以增强。每年雨季前抽出足够的时间，对抢险救灾队伍进行培训和演练。通过培训和演练把他们培养成一支既能最大限度抢险救，又能保障自身安全的队伍。

6.7 小　结

（1）道孚县城及周边具备形成泥石流的地形条件，潜在物源丰富。发生泥石流灾害的危险性高。

调查表明，对道孚县城有威胁的泥石流沟共 10 条。这些流域曾频繁暴发泥石流，危害较大，主要威胁沟口的人员和生命财产，以及基础设施的安全。研究区泥石流流域山高、坡陡、沟床纵坡降大，可为松散固体物质的形成或输送提供动力条件，有利于泥石流的发生。泥石流固体物源类型主要有坡面冲沟物源、沟道物源和崩滑物源等。其中，坡面冲沟物源所占比例最大，其次为崩滑物源，沟道物源总量最少。

崩滑物源分布集中，动储量大。根据调查，道孚县城附近发育有 10 余处新活动滑坡，均为土质滑坡，规模在 $2.1 \times 10^4 \sim 333.7 \times 10^4 \, \mathrm{m}^3$。大部分滑坡处于"裂而未滑"或"滑而未垮"的状态，滑坡主体仍处于高位，具有较大的能量和滑动空间，普遍处于欠稳定性状态，在降水或其他扰动因素影响下，蠕滑将会持续，甚至发生局部或整体破坏。如果遭遇强降水，或降水＋强震，将会发生大规模失稳破坏的情况。这些滑坡很可能会成为研究区泥石流活动的重要物源，甚至会决定这些流域的泥石流暴发频度和规模。

（2）泥石流影响区以中、低风险区为主，但部分房屋处于高风险区；建议加强泥石流的监测预警，开展必要的工程治理。

在数值模拟的基础上，以泥深和泥深与流速的乘积作为指标，对 10 条泥石沟在不同降水频率条件下的泥石流危险性进行了评价。同时，以泥石流危险区内的建筑物、道路和耕地三类承灾体作为易损性评价对象，对泥石流影响区承灾体的易损性进行了分析。在上述工作的基础上，评估了不同降水条件下的泥石流灾害风险。结果表明，10 个流域的泥石流影响区以中、低风险为主，除足湾沟和道孚沟的高风险区占 10% 左右外（最高 13.66%），其余各流域高风险区占比大都不足 5%。但是，若暴发中、低频率的泥石流，大部分流域都有房屋等处于高风险区，其威胁不容忽视。

沟尔普沟、足湾沟、道孚沟、孜龙沟和降不沟五个流域内均修建了泥石流防治工程，但部分已经损坏或者达到使用极限。原有的治理工程可能无法满足防灾的需要；尚未治理的流域，存在暴发泥石流的风险。因此，建议加强泥石流的监测预警，加强泥石流影响区人员的防灾减灾宣传和演练。对威胁较大的泥石流沟，开展必要的工程治理。

参 考 文 献

常鸣. 2014. 基于遥感及数值模拟的强震区泥石流定量风险评价研究. 成都：成都理工大学.

崔鹏，邓宏艳，王成华，等. 2018. 山地灾害. 北京：高等教育出版社.

崔鹏，王成华，邓宏艳，等. 2019. 山区道路山地灾害减灾技术. 北京：人民交通出版社.

崔鹏，韦方强，谢洪，等. 2003. 中国西部泥石流及其减灾对策. 第四纪研究，23（2）：142-151.

韩方. 2022. 山区城镇泥石流危险性评价：以道孚县城为例. 绵阳：西南科技大学.

刘传正，苗天宝，陈红旗，等．2011.甘肃舟曲2010年8月8日特大山洪泥石流灾害的基本特征及成因．地质通报，30（1）：141-150.

唐川，周钜乾，朱静，等．1994.泥石流堆积扇危险度分区评价的数值模拟研究．灾害学，（4）：7-13.

田云飞．2019.北京市房山区马安西台后沟泥石流风险评价．北京：中国地质大学（北京）.

王珂，郭长宝，马施民，等．2016.基于证据权模型的川西鲜水河断裂带滑坡易发性评价．现代地质，30（3）：705-715.

王敏，沈正康，甘卫军，等．2008.GPS连续监测鲜水河断裂形变场动态演化．中国科学D辑：地球科学，38（5）：575-581.

韦方强，谢洪，钟敦伦，等．2002.西部山区城镇建设中的泥石流问题与减灾对策．中国地质灾害与防治学报，13（4）：23-28.

吴季寰，张春山，杨为民，等．2022.基于熵权变异系数融合算法和FLO-2D的朱家沟流域泥石流危险性评价．自然灾害学报，31（1）：81-91.

谢洪，钟敦伦，韦方强，等．2006.我国山区城镇泥石流灾害及其成因．山地学报，24（1）：79-87.

谢奎林，陈兴长，陈慧，等．2023.基于动力过程的单沟泥石流危险性评价方法．科学技术与工程，23（29）：12406-12415.

徐永年．2001.崩塌土流动化机理及泥石流冲淤特性的实验研究．北京：中国水利水电科学研究院.

钟敦伦，谢洪．2014.泥石流灾害及防治技术．成都：四川科学技术出版社.

Bai M K, Chevalier M L, Pan J W, et al. 2018. Southeastward increase of the late Quaternary slip-rate of the Xianshuihe fault, eastern Tibet. Geodynamic and seismic hazard implications. Earth and Planetary Science Letters, 485: 19-31.

Chen N S, Tanoli J I, Hu G S, et al. 2016. Outlining a stepwise, multi-parameter debris flow monitoring and warning system: an example of application in Aizi Valley, China. Journal of Mountain Science, 13（9）: 1527-1543.

Cui P, Chen X Q, Liu S Q, et al. 2007. Techniques of debris flow prevention in national parks. Earth Science Frontiers, 14（6）: 172-180.

Cui P, Zou Q, Xiang L Z, et al. 2013. Risk assessment of simultaneous debris flows in mountain townships. Progress in Physical Geography: Earth and Environment, 37（4）: 516-542.

Guo R M, Zheng Y, Tian W, et al. 2018. Locking status and earthquake potential hazard along the Middle-South Xianshuihe Fault. Remote Sensing, 10(2): 2048.

Hürlimann M, Rickenmann D, Medina V, et al. 2008. Evaluation of approaches to calculate debris-flow parameters for hazard assessment. Engineering Geology, 102（3/4）: 152-163.

Hu K H, Ding M T. 2012. Hazard mapping for debris flows based on numerical simulation and momentum index. Chengdu: The 2nd International Conference Proceedings on Mountain Environment and Development.

Ji L Y, Zhang W T, Liu C J, et al. 2020. Characterizing interseismic deformation of the Xianshuihe fault, eastern Tibetan Plateau, using Sentinel-1 SAR images. Advances in Space Research: the Official Journal of the Committce on Space Peseanh（COSPAR）, 66（2）: 378-394.

Jiang G Y, Wen Y M, Liu Y J, et al. 2015. Joint analysis of the 2014 Kangding, southwest China, earthquake sequence with seismicity relocation and InSAR inversion. Geophysical Research Letters, 42（9）: 3273-3281.

Lin J Y, Yang M D, Lin B R, et al. 2011. Risk assessment of debris flows in Songhe Stream, Taiwan. Engineering Geology, 123（1/2）: 100-112.

O'Brien J S. 1986. Physical processes, rheology and modeling of mudflows. Fort Collins: Colorado State University.

Qiao X，Zhou Y. 2021. Geodetic imaging of shallow creep along the Xianshuihe fault and its frictional properties. Earth and Plane tary science Letters，567：117001.

Wei F Q，Zhang Y，Hu K H，et al. 2006. Model and method of debris flow risk zoning based on momentum analysis. Wuhan University Journal of Natural Sciences，11（4）：835-839.

Wen X Z，Ma S L，Xu X W，et al. 2008. Historical pattern and behavior of earthquake ruptures along the eastern boundary of the Sichuan-Yunnan faulted-block, southwestern China. Physics of the Earth and Planetary Interiors，168（1）：16-36.

Woolhiser D A. 1975. Simulation of unsteady overland flow.//Mahmood K, Yevjevich V M. 1975. Unsteady Flow in Open Channels. Fort Collins: Water Resources Publications: 485-508.

Zhang Y S，Yao X，Yu Kai，et al. 2016. Late-Quaternary slip rate and seismic activity of the Xianshuihe Fault Zone in southwest China. Acta Geologica Sinica（English Edition），90（2）：525-536.

Zou Q，Cui P，Zeng C，et al. 2016. Dynamic process-based risk assessment of debris flow on a local scale. Physical Geography，37（2）：132-152.

附　表

附表1 泥石流综合评判表

室内编号			原始编号				沟名			

	影响因素	量级划分								评分
		A	得分	B	得分	C	得分	D	得分	
泥石流沟易发程度数量化评分	崩塌、滑坡及水土流失（自然和人为活动的）严重程度	崩塌、滑坡等重力侵蚀严重，多滑坡和大型崩塌，表层疏松，冲沟十分发育	21 □	崩塌、滑坡发育，多层滑坡和中小型崩塌，有零星植被覆盖，冲沟发育	16 □	有零星崩塌、滑坡和冲沟存在	12 □	无崩塌、滑坡、冲沟或发育轻微	1 □	
	泥沙沿程补给长度比/%	>60	16 □	30~60	12 □	10~30	8 □	<10	1 □	
	沟口泥石流堆积活动程度	主河河型弯曲或堵塞，主流受挤压偏移	14 □	主河河型无较大变化，仅主流受迫偏移	11 □	主河河型无变化，主流高水位偏，低水位不偏	7 □	主河无河型变化，主流不偏	1 □	
	河沟纵坡/%	>12°	12 □	6°~12°	9 □	3°~6°	6 □	<3°	1 □	
	区域构造影响程度	强抬升区，6级以上地震区，断层破碎带	9 □	抬升区，4~6级地震区，有中小支断层	7 □	相对稳定区，4级以下地震区，有小断层	5 □	沉降区，构造影响小或无影响	1 □	
	流域植被覆盖率/%	<10	9 □	10~30	7 □	30~60	5 □	>60	1 □	
	河沟近期一次变幅/m	>2	8 □	1~2	6 □	0.2~1.0	4 □	<0.2	1 □	
	岩性影响	软岩、黄土	6 □	软硬相间	5 □	风化强烈和节理发育的硬岩	4 □	硬岩	1 □	
	沿沟松散物储量/(×10⁴m³/km²)	>10	6 □	5~10	5 □	1~5	4 □	<1	1 □	
	沟岸山坡坡度/°	>32	6 □	25~32	5 □	15~25	4 □	<15	1 □	
	产沙区沟槽横断面	"V"形谷、"U"形谷、谷中谷	5 □	宽U形谷	4 □	复式断面	3 □	平坦型	1 □	
	产沙区松散物平均厚度/m	>10	5 □	5~10	4 □	1~5	3 □	<1	1 □	
	流域面积/km²	0.2~5.0	5 □	5~10	4 □	<0.2或10~100	3 □	<100	1 □	
	流域相对高差/m	>500	4 □	300~500	3 □	100~300	2 □	<100	1 □	
	河流堵塞情况	严重	4 □	中等	3 □	轻微	2 □	无	1 □	
	总分									

重度/(t/m³)				
泥石流类型	黏性泥石流 □	过渡性泥石流 □	稀性泥石流 □	
易发程度	极易发 □	易发 □	轻度易发 □	不发生 □
发生频次	极低频泥石流 □	低频泥石流 □	中频泥石流 □	泥石流 □
发展阶段	形成期（青年期）□	发展期（壮年期）□	衰退期（老年期）□	停歇或终止期 □

注：表格及评判标准依据规范《泥石流灾害防治工程勘查规范（试行）》（T-CAGHP 006—2018）及《泥石流灾害防治工程勘查规范》（DZ-T 0220—2006）制订。

附表 2　青藏高原及周边地区（川藏公路北线）泥石流野外调查表

天气：□☀□☁□☁□☂□☀　　　　　　　　填表日期：　　　年　　月　　日

1.沟名编号	沟名：		原始编号：		野外编号：		室内编号：	
2.沟口位置	经度：		纬度：			高程/m：		
3.行政区划	□四川　□西藏	县（市）：		乡（镇）：				

4.水系	(1)干流名称	(2)一级支流	(3)二级支流	(4)三级支流	(5)岸别	(6)泥石流沟道与主河夹角
					□左岸　□右岸	

5.与公/铁路关系	□与道路同岸	□与道路不同岸	□位于道路下方	□位于道路上方

6.泥石流基本特征	(1) 性质和类型	□黏性　□过渡性　□稀性　→□泥流　□泥石流　□水石流　→　容重：　　　t/m³
	(2) 水源类型	□暴雨　□冰雪消融　□冰湖溃决　□地下水　□其他：　　　　　　（可多选）
	(3) 物源类型	□崩塌　□滑坡　□沟蚀　□面蚀　□沟床质搬运　→　□上游　□中游　□下游
	(4) 活动频率	□高频（5年内发生过）　　□中频（5~50年内发生过）　　□低频（≥50年发生过）

7.堆积扇基本特征	(1) 完整性	□缺失　□较完整　□完整　□其他：
	(2) 形态	□对称型　□偏向下游　□偏向上游　□其他：
	(3) 形态参数	长：　　　m；宽：　　　m；扩散角：　　　°；纵坡降：　　　；平均厚度：　　　m
	(4) 与河水关系	□洪水位上　□洪水位上下　□洪水位下枯水位上　□枯水位上下　□枯水位下
	(5) 挤压河道	□无　□不明显　□明显　→　挤压河道比例：　　　%
	(6)堵河现状与趋势	□堵过　□可能堵过　□无堵河迹象　→　□可能堵断　□可能部分堵河　□不可能堵河

8.取样	样品编号：	取样位置：

9.不良地质作用	崩、滑	□有　□无	□严重　□中等　□轻微	规模	□大　□中　□小
	人工弃碴	□有　□无	□严重　□中等　□轻微		□大　□中　□小
	自然堆积体	□有　□无	□严重　□中等　□轻微		□大　□中　□小

10.对道路的危害	危害对象	□路面　　□路基　　□桥梁　　□涵洞　　□隧道
	危害方式	□淤埋路基路面　□淤埋桥涵　□冲毁桥涵　□冲毁路基路面　□淤埋隧道　　□淹没路基桥梁　□其他
	危害程度	□很严重　□严重　□中等　□轻　□轻微

11.活动历史、危害对象	人员伤亡/人	房屋损毁/间	农田/亩①	公共设施	其他损失	经济损失/万元
	□城镇　□村寨　□公路　□航运　□饮灌渠道　□水库　□电站　□工厂　□矿山　□农田　□森林　□输电线路　□通信设施　□其他					

12.防护工程	防护工程	□有　　□无	类型	□稳拦　□排导　□避绕　□生物工程
	运行情况	□部分破坏　□严重破坏　□完全破坏	防护效果	□好　□一般　□差

13.沟道横断面	□"V"形河谷　□"U"形谷　□拓宽"U"形谷　□谷中谷　□复式断面　□平台沟道

14.道路易损性调查	公路与泥石流沟的位置关系	
	桥梁跨度及墩台基础	
	涵洞断面及淤积情况：	
	隧道明洞断面及防护情况	
	路基稳定性：	与主河水位高差：　　　m
	路面易损性（破损率）	

① 1亩≈666.7m²

续表

15.流域特征	流域面积	主沟长度	最高高程	最低高程	相对高差	主沟纵坡	>25°陡坡地占比	面积-高程积分值
	km²	km	m	m	m	‰	%	

16.土地利用/%	耕地	林地	草地	灌丛	湿地	水体	苔原	人工地面	裸地	永久冰雪

17.地质环境	构造：□断层穿过（部位：　　　　　　　　　　）；□褶皱　□单斜　□其他（　　　　　　　）
	地层：　　　　岩性：　　　　岩组：□土及软岩；□软硬相间；□硬岩(节理发育)；□硬岩

18.发展阶段	□形成期；　□发展期；　□衰退期；　□休眠期；　□终止期；　□其他

19.易发程度	□极易发（　　）；□中等易发（　　）；□轻度易发（　　）；□不易发生（　　）

20.照片编号	全貌	沟道	断面	堆积扇	特征1（取样）	特征2

平面素描图　　　　　　　　　　　　沟道断面图

代表性照片

①灾害历史调查：被调查人信息；②冰川冰湖信息

备注

调查负责人：　　　　　　填表人：　　　　　　复核人：

附表3 川藏公路北线泥石流流域基本特征值一览表

流域编号	流域面积 /km²	主沟长度 /m	最高高程 /m	最低高程 /m	主沟比降 /‰	平均山坡坡度 /(°)	面积-高程 积分
001DR	2.01	2 861.39	3 946	3 469	166.70	28.25	0.423 9
002DR	43.32	10 806.07	4 463	3 482	90.78	25.46	0.473 5
003DR	7.32	4 386.50	4 168	3 484	155.93	25.98	0.384 6
004DR	4.06	3 155.35	4 104	3 478	198.39	26.63	0.465 7
005DL	6.15	5 137.60	4 178	3 491	133.72	24.89	0.422 1
006DL	6.01	4 407.22	3 944	3 469	107.78	27.38	0.435 4
007DL	9.62	4 618.30	3 923	3 460	100.25	27.71	0.439 6
008JR	17.97	8 091.23	4 007	3 473	66.00	27.23	0.455 9
009JR	6.76	4 013.21	4 175	3 520	163.21	26.87	0.403 3
010JL	3.50	2 902.26	4 065	3 541	180.55	26.43	0.557 2
011DL	12.64	5 577.78	4 181	3 491	123.71	24.30	0.451 8
012DR	2.55	2 403.27	3 968	3 495	196.82	26.42	0.434 2
013DL	12.57	6 785.26	4 221	3 504	105.67	23.86	0.486 6
014DL	3.00	3 103.71	4 139	3 524	198.15	27.34	0.415 9
015DR	5.68	3 677.48	4 334	3 517	222.16	25.47	0.377 1
016DL	26.15	7 751.11	4 214	3 557	84.76	11.95	0.728 1
017DR	6.63	4 197.83	4 294	3 522	183.90	23.52	0.411 5
018DR	6.42	4 970.86	4 297	3 521	156.11	22.89	0.406 5
019DR	23.11	7 853.74	4 403	3 538	110.14	20.58	0.494 5
020DR	4.05	4 132.98	4 467	3 691	187.76	21.47	0.390 7
021DR	2.20	2 677.71	3 984	3 583	149.75	22.63	0.603 9
022DR	10.29	6 914.64	4 365	3 473	129.00	18.08	0.460 1
023JL	9.09	7 800.73	4 417	3 449	124.09	15.99	0.363 3
024JL	5.23	5 513.79	4 052	3 453	108.64	15.84	0.369 5
025JL	14.39	9 874.77	3 869	3 437	43.75	17.64	0.396 5
026DR	2.21	2 332.92	3 727	3 426	129.02	22.19	0.454 9
027JL	37.88	8 610.93	4 701	3 687	117.76	20.30	0.456 1
028DL	2.12	2 859.88	4 006	3 596	143.36	15.99	0.411 3
029DL	10.98	6 501.73	4 622	3 616	154.73	26.16	0.577 4
030DL	9.66	4 755.61	4 691	3 755	196.82	27.02	0.532 9
031DL	17.03	8 173.08	4 818	3 585	150.86	17.95	0.604 5
032DR	129.41	18 623.17	5 260	3 458	96.76	25.57	0.547 9
033DL	11.84	6 741.38	4 717	3 414	193.28	19.77	0.554 4
034DR	3.00	3 020.13	4 509	3 430	357.27	29.38	0.494 2
035DL	4.59	5 096.34	4 686	3 408	250.77	20.14	0.472 2
036DL	9.01	4 683.45	4 640	3 471	249.60	23.93	0.443 0

流域编号	流域面积 /km²	主沟长度 /m	最高高程 /m	最低高程 /m	主沟比降 /‰	平均山坡坡度 /(°)	面积-高程 积分
037DL	12.46	6 447.76	4 458	3 115	208.29	19.54	0.497 0
038JL	14.17	6 586.55	4 245	2 880	207.24	26.11	0.522 3
039JL	11.40	4 238.86	4 104	2 905	282.86	22.26	0.560 7
040JR	10.89	5 765.39	4 412	2 959	252.02	28.18	0.536 2
041DR	25.11	9 098.74	4 706	3 131	173.10	24.90	0.570 7
042DR	4.08	4 005.74	3 985	3 199	196.22	23.01	0.588 6
043DR	3.81	3 688.54	3 971	3 121	230.44	25.49	0.598 1
044DR	5.76	6 453.62	4 163	3 024	176.49	22.82	0.561 2
045DR	26.07	11 268.66	4 822	2 992	162.40	24.97	0.463 1
046DL	37.61	13 536.84	4 834	3 004	135.19	22.49	0.494 1
047DL	2.75	3 463.82	3 659	2 971	198.62	23.01	0.552 9
048JR	6.72	4 711.55	3 939	2 939	212.24	24.68	0.373 4
049DR	44.12	10 438.38	4 735	2 978	168.32	27.44	0.509 0
050DR	4.44	3 962.08	4 429	3 047	348.81	25.07	0.464 3
051DL	24.76	12 109.77	4 417	2 960	120.32	21.08	0.565 3
052DL	58.77	14 945.03	4 821	2 969	123.92	26.17	0.539 9
053DR	2.42	3 053.68	3 985	3 004	321.25	22.29	0.397 6
054DL	55.06	15 750.80	4 763	2 990	112.57	27.25	0.536 4
055DR	5.62	4 552.44	4 498	3 041	320.05	24.54	0.375 0
056DL	37.99	15 192.76	4 782	2 999	117.36	27.65	0.535 8
057DL	3.83	4 744.35	4 303	3 050	264.10	27.84	0.550 1
058DR	11.91	6 725.11	4 683	3 033	245.35	29.14	0.582 6
059DR	7.60	6 279.65	4 501	3 038	232.97	28.48	0.549 0
060DR	56.21	12 664.53	4 982	3 065	151.37	25.09	0.546 2
061DR	2.82	2 847.83	4 068	3 079	347.28	26.71	0.478 8
062DR	37.86	10 810.37	4 866	3 058	167.25	27.08	0.502 4
063DR	7.49	4 305.82	4 217	3 083	263.36	25.65	0.535 0
064DR	4.02	4 380.00	4 237	3 089	262.10	25.72	0.477 4
065DR	2.48	3 487.31	3 960	3 092	248.90	24.08	0.568 3
066DL	2.43	2 607.64	3 941	3 113	317.53	24.65	0.588 8
067JL	4.32	5 119.07	4 469	3 211	245.75	28.02	0.540 5
068DL	2.91	3 081.65	3 878	3 112	248.57	20.88	0.726 9
069DL	3.34	3 080.39	3 815	3 114	227.57	21.19	0.680 9
070DL	3.69	2 940.50	3 851	3 154	237.03	21.11	0.637 3
071DL	4.56	3 515.15	4 004	3 157	240.96	22.35	0.569 8
072DR	12.95	7 579.38	4 411	3 125	169.67	23.79	0.519 2

流域编号	流域面积/km²	主沟长度/m	最高高程/m	最低高程/m	主沟比降/‰	平均山坡坡度/(°)	面积-高程积分
073DR	2.60	2 520.26	3 826	3 171	259.89	17.14	0.587 8
074DR	16.66	8 282.02	4 408	3 119	155.64	23.61	0.516 0
075DL	4.28	3 662.54	4 014	3 124	243.00	22.83	0.485 3
076DL	6.23	3 545.93	4 148	3 256	251.56	20.14	0.561 4
077DL	11.51	4 302.47	4 291	3 280	234.98	22.06	0.526 5
078DR	12.92	7 411.98	4 354	3 124	165.95	24.78	0.547 9
079DR	21.48	8 011.98	4 457	3 145	163.75	25.22	0.548 3
080DL	22.77	10 273.22	4 599	3 160	140.07	24.81	0.506 7
081DR	21.88	10 353.52	4 689	3 186	145.17	25.57	0.541 0
082DL	13.74	7 597.16	4 513	3 157	178.49	23.08	0.592 8
083DR	6.40	8 013.66	4 689	3 171	189.43	18.21	0.478 8
084DL	24.52	9 819.27	4 632	3 161	149.81	27.34	0.566 5
085DL	2.80	3 206.38	4 269	3 184	338.39	27.04	0.449 0
086DL	6.66	5 347.47	4 347	3 190	216.36	23.51	0.556 7
087DL	4.62	4 432.17	4 156	3 187	218.63	25.05	0.570 1
088DR	37.85	12 301.88	4 779	3 229	126.00	19.78	0.575 6
089DR	10.89	8 312.25	4 727	3 242	178.65	18.53	0.470 1
090DL	2.67	2 980.49	4 122	3 215	304.31	28.63	0.557 0
091DL	44.55	10 883.96	4 607	3 200	129.27	27.11	0.546 8
092DL	7.70	4 451.76	4 404	3 266	255.63	26.51	0.549 8
093DL	7.18	3 997.15	4 362	3 212	287.71	27.46	0.555 0
094DL	3.57	3 219.13	4 364	3 243	348.23	30.08	0.512 0
095DL	4.17	3 105.50	4 217	3 218	321.69	27.83	0.613 0
096DR	5.35	4 154.42	4 332	3 235	264.06	25.06	0.565 8
097DR	6.86	5 028.10	4 352	3 225	224.14	25.33	0.554 3
098DR	5.58	5 095.74	4 287	3 202	212.92	25.79	0.579 6
099DR	2.65	2 646.84	4 029	3 210	309.43	26.18	0.497 1
100DL	8.67	4 620.13	4 246	3 224	221.21	21.36	0.500 7
101DL	2.74	2 440.16	3 976	3 263	292.19	24.15	0.567 8
102DL	13.72	5 941.53	4 305	3 252	177.23	21.77	0.563 7
103DL	12.22	5 935.51	4 321	3 235	182.97	21.86	0.491 2
104DR	42.60	12 758.83	4 940	3 225	134.42	25.59	0.536 2
105DR	5.61	4 744.71	4 551	3 255	273.15	26.87	0.473 1
106DR	2.13	2 301.43	4 039	3 293	324.15	24.83	0.494 2
107DR	107.14	17 350.63	5 194	3 259	111.52	26.55	0.510 1
108DR	3.06	2 753.98	4 062	3 305	274.87	23.41	0.480 2

流域编号	流域面积 /km²	主沟长度 /m	最高高程 /m	最低高程 /m	主沟比降 /‰	平均山坡坡度 /(°)	面积 - 高程 积分
109DR	10.07	6 095.66	4 602	3 327	209.17	23.57	0.486 0
110DR	3.24	4 444.26	4 350	3 335	228.38	22.76	0.470 6
111DL	13.93	6 484.46	4 633	3 297	206.03	23.49	0.522 1
112JR	10.07	6 502.45	4 546	3 271	196.08	23.76	0.560 3
113DL	12.14	7 076.48	4 641	3 299	189.64	28.01	0.504 0
114DR	2.71	3 327.01	4 269	3 390	264.20	24.44	0.441 2
115DR	2.97	4 216.83	4 293	3 323	230.03	19.53	0.461 8
116DR	4.54	3 667.27	4 130	3 319	221.15	18.18	0.496 2
117DL	22.37	7 428.14	4 686	3 320	183.90	27.01	0.523 8
118DL	6.65	5 375.78	4 600	3 334	235.50	25.89	0.492 6
119DL	44.68	12 139.99	4 697	3 340	111.78	24.56	0.558 9
120DL	2.82	3 207.07	4 577	3 400	367.00	26.98	0.517 5
121DR	2.04	2 505.57	4 042	3 398	257.03	21.95	0.624 6
122DR	2.38	2 826.91	4 080	3 394	242.67	23.10	0.571 7
123DL	11.04	6 898.72	4 627	3 400	177.86	26.17	0.553 1
124DL	5.06	4 673.76	4 634	3 421	259.53	28.52	0.461 9
125DR	7.88	5 953.57	4 304	3 394	152.85	18.72	0.624 3
126DR	20.50	10 595.21	4 780	3 418	128.55	20.46	0.542 9
127DL	6.11	4 745.46	4 642	3 434	254.56	28.03	0.479 6
128DL	4.86	4 938.38	4 593	3 417	238.13	27.87	0.449 0
129DL	6.55	5 135.00	4 740	3 432	254.72	27.28	0.448 8
130DR	2.24	3 025.56	4 081	3 414	220.46	17.66	0.602 6
131DR	6.76	4 443.32	4 203	3 487	161.14	14.41	0.608 0
132DL	13.91	7 008.49	4 821	3 421	199.76	24.14	0.432 8
133DL	2.13	2 498.79	4 093	3 456	254.92	24.88	0.472 4
134DL	14.90	8 182.24	4 996	3 434	190.90	26.78	0.437 4
135DL	72.19	19 319.63	5 003	3 427	81.58	25.51	0.489 7
136JL	2.24	2 513.25	4 334	3 509	328.26	28.69	0.569 7
137DR	35.25	10 605.13	4 818	3 521	122.30	17.14	0.550 1
138DR	2.93	3 282.28	4 195	3 488	215.40	20.11	0.562 9
139DR	2.85	2 792.32	4 112	3 479	226.69	17.11	0.566 0
140DR	88.45	17 234.72	4 810	3 429	80.13	14.52	0.439 6
141DR	39.28	7 799.63	4 443	3 540	115.77	13.46	0.448 8
142DL	2.08	2 577.42	4 308	3 600	274.69	22.07	0.603 6
143DR	21.63	9 482.39	4 988	3 380	169.58	21.84	0.488 0
144DL	56.79	13 116.11	4 881	3 427	110.86	18.83	0.446 8

流域编号	流域面积 /km²	主沟长度 /m	最高高程 /m	最低高程 /m	主沟比降 /‰	平均山坡坡度 /(°)	面积-高程积分
145DL	144.13	21 425.51	5 019	3 404	75.38	24.20	0.513 1
146DL	57.36	17 412.32	5 039	3 360	96.43	24.14	0.479 1
147DL	3.06	3 036.12	4 093	3 422	221.01	21.96	0.541 6
148DL	3.10	2 872.66	4 157	3 412	259.34	25.83	0.571 6
149DL	146.75	23 702.90	5 050	3 397	69.74	23.88	0.597 6
150DR	23.73	11 153.92	5 651	3 456	196.79	28.81	0.480 1
151DR	21.93	9 623.72	5 314	3 531	185.27	27.61	0.540 3
152DL	2.80	3 435.46	4 110	3 416	202.01	19.56	0.570 1
153DL	2.30	2 320.82	4 088	3 469	266.72	23.78	0.530 1
154DL	7.30	4 330.91	4 426	3 479	218.66	23.13	0.568 5
155DL	4.21	3 866.29	4 220	3 784	112.77	11.95	0.422 5
156DR	15.91	9 105.67	5 508	3 891	177.58	27.34	0.485 2
157DR	8.46	5 936.06	4 826	3 819	169.64	14.00	0.324 8
158DR	18.96	8 760.54	5 233	4 011	139.49	22.04	0.518 4
159JL	2.33	2 833.48	4 525	3 603	325.39	24.59	0.621 8
160JL	4.63	4 130.31	4 680	3 595	262.69	24.41	0.593 6
161DR	36.99	11 633.08	5 108	3 786	113.64	24.98	0.486 9
162DR	47.66	15 388.11	5 303	4 014	83.77	26.54	0.446 8
163DR	18.05	7 321.30	6 037	4 087	266.35	26.68	0.456 9
164DL	3.65	3 863.90	5 238	4 156	280.03	28.21	0.599 9
165DL	3.96	3 861.15	5 305	4 157	297.32	28.11	0.601 3
166DL	2.40	2 991.15	5 204	4 202	334.99	26.96	0.627 3
167DR	16.36	6 298.55	5 733	4 193	244.50	30.39	0.414 7
168DR	3.83	3 073.45	5 480	4 226	408.01	24.45	0.524 5
169DL	3.00	2 910.17	4 902	3 872	353.93	30.90	0.492 0
170DR	24.62	11 006.01	5 570	3 988	143.74	27.68	0.460 8
171DR	3.74	3 321.95	4 628	3 804	248.05	26.94	0.549 0
172DL	4.48	4 552.35	4 979	3 752	269.53	28.96	0.534 7
173DL	4.92	4 816.29	4 980	3 700	265.76	30.28	0.546 5
174DL	2.97	4 410.23	4 889	3 695	270.73	28.66	0.529 5
175DL	5.11	4 974.01	4 889	3 655	248.09	29.10	0.537 0
176DR	23.12	8 099.34	5 071	3 650	175.45	27.25	0.425 3
177DL	11.15	6 966.50	4 892	3 626	181.73	26.92	0.609 7
178DR	33.26	12 888.50	5 760	3 602	167.44	25.50	0.409 6
179DR	2.25	2 468.03	4 359	3 583	314.42	30.12	0.592 1
180DL	16.86	9 148.41	4 886	3 512	150.19	26.64	0.583 2

流域编号	流域面积 /km²	主沟长度 /m	最高高程 /m	最低高程 /m	主沟比降 /‰	平均山坡坡度 /(°)	面积 - 高程 积分
181DL	30.21	10 645.34	4 966	3 489	138.75	28.47	0.588 6
182DR	103.17	17 722.83	5 115	3 534	89.21	28.29	0.630 9
183DL	5.53	4 532.11	4 932	3 462	324.35	29.68	0.590 4
184DL	3.19	3 194.09	4 813	3 425	434.55	31.49	0.595 8
185DL	26.20	9 034.70	4 966	3 384	175.10	28.54	0.512 1
186DL	10.65	6 204.46	4 702	3 368	215.01	25.27	0.531 3
187DL	3.50	2 654.75	4 343	3 376	364.25	27.38	0.541 9
188DR	22.62	9 531.06	4 903	3 337	164.30	28.38	0.610 8
189DL	19.95	7 080.12	4 951	3 272	237.14	27.19	0.510 8
190DL	7.19	4 743.97	4 752	3 211	324.83	28.06	0.521 9
191DR	2.65	2 652.67	4 541	3 200	505.53	31.37	0.612 9
192DR	3.07	2 676.54	4 394	3 171	456.93	33.96	0.623 9
193DL	2.63	2 417.54	4 396	3 142	518.71	34.26	0.546 9
194DL	3.55	2 871.90	4 584	3 121	509.42	31.71	0.583 5
195DL	2.90	3 499.01	4 538	3 089	414.12	32.91	0.419 2
196DL	23.77	9 394.45	4 870	3 098	188.62	29.15	0.534 4
197DR	5.03	4 081.98	4 315	3 112	294.71	29.77	0.494 6
198DR	6.07	4 821.09	4 496	3 096	290.39	26.98	0.508 3
199DR	21.15	8 986.47	4 719	3 076	182.83	24.33	0.558 3
200DR	2.48	2 928.24	4 125	3 096	351.41	29.68	0.498 2
201DR	39.14	10 074.86	4 868	3 065	178.96	25.46	0.543 5
202DR	5.05	3 428.23	4 194	3 074	326.70	30.38	0.495 6
203DR	25.58	10 028.16	4 873	3 065	180.29	27.76	0.541 8
204DR	9.65	6 581.04	4 771	3 086	256.04	28.24	0.523 5
205DL	16.67	6 808.73	4 803	3 154	242.19	28.74	0.521 6
206DL	2.45	2 033.69	4 345	3 062	630.87	36.07	0.540 4
207DL	2.24	2 557.75	4 370	3 099	496.92	32.01	0.514 7
208DR	23.84	10 483.11	4 856	3 056	171.70	26.81	0.586 4
209DL	2.79	3 067.39	4 259	3 073	386.65	29.67	0.537 9
210DL	2.64	3 178.16	4 347	3 104	391.11	27.68	0.551 8
211DL	11.01	4 854.42	4 756	3 120	337.01	27.94	0.519 2
212DR	12.20	7 100.52	4 934	3 075	261.81	26.40	0.590 4
213DR	8.52	5 416.33	4 925	3 074	341.74	30.82	0.488 6
214DR	2.41	2 915.64	4 200	3 126	368.36	27.48	0.552 5
215DR	5.77	3 716.22	4 780	3 092	454.22	31.76	0.491 7
216DR	3.71	3 392.49	4 440	3 087	398.82	31.53	0.501 4

流域编号	流域面积 /km²	主沟长度 /m	最高高程 /m	最低高程 /m	主沟比降 /‰	平均山坡坡度 /(°)	面积-高程积分
217DL	4.83	3 822.24	4 518	3 402	291.98	25.94	0.468 7
218DL	2.77	2 994.35	4 545	3 620	308.92	28.13	0.489 7
219DL	2.73	2 633.59	4 541	3 649	338.70	25.18	0.537 7
220DL	14.12	6 785.28	5 044	3 184	274.12	30.31	0.549 4
221DL	11.61	6 301.31	4 946	3 188	278.99	30.60	0.462 4
222DL	16.69	6 586.96	4 926	3 338	241.08	31.95	0.542 7
223DR	7.89	4 776.83	4 995	3 873	234.88	26.27	0.602 5
224DL	43.23	10 911.11	4 994	3 349	150.76	26.33	0.537 3
225DL	37.10	9 792.27	4 842	3 385	148.79	24.40	0.487 4
226DL	7.17	3 498.64	4 759	3 483	364.71	26.21	0.392 9
227DR	2.25	2 903.37	4 310	3 363	326.17	32.28	0.535 1
228DR	12.83	6 309.62	4 824	3 381	228.70	27.03	0.573 6
229DL	6.14	4 051.75	4 735	3 378	334.92	30.35	0.478 4
230DR	13.54	5 637.98	4 886	3 382	266.76	28.27	0.490 9
231DR	13.42	7 220.65	4 976	3 339	226.71	30.04	0.545 8
232DL	10.74	7 568.65	4 825	3 357	193.96	24.75	0.625 5
233DL	28.74	9 016.09	5 003	3 391	178.79	26.21	0.555 5
234DL	18.60	8 038.11	4 997	3 434	194.45	26.83	0.551 2
235DR	16.24	6 701.27	4 979	3 460	226.67	29.94	0.573 0
236DR	6.80	4 996.80	4 907	3 503	280.98	30.43	0.547 7
237DL	4.19	3 682.54	4 633	3 515	303.59	29.67	0.547 6
238DL	4.43	3 902.10	4 710	3 525	303.68	30.67	0.577 6
239DR	71.11	19 375.77	5 148	3 536	83.20	26.27	0.598 5
240DL	26.38	7 742.40	4 920	3 513	181.73	26.96	0.533 8
241DL	111.28	16 563.88	4 919	3 556	82.29	22.62	0.492 1
242DL	5.29	4 102.25	4 464	3 618	206.23	22.86	0.519 7
243DL	6.50	4 166.39	4 551	3 649	216.49	23.92	0.498 1
244DL	4.99	3 665.68	4 617	3 680	255.61	24.74	0.578 2
245DL	25.52	7 983.76	4 627	3 823	100.70	23.65	0.446 6
246DR	20.03	7 568.67	4 727	3 848	116.14	21.40	0.501 6
247DR	12.14	5 658.28	4 698	3 757	166.31	24.33	0.487 8
248DR	2.37	2 271.40	4 451	3 761	303.78	25.13	0.434 7
249DR	2.12	2 089.53	4 519	3 689	397.22	26.07	0.511 6
250DR	3.75	4 004.42	4 667	3 718	236.99	24.26	0.519 4
251DR	2.20	3 160.31	4 655	3 729	293.01	25.82	0.403 7
252DR	5.11	4 841.92	4 870	3 768	227.60	22.23	0.462 6

流域编号	流域面积/km²	主沟长度/m	最高高程/m	最低高程/m	主沟比降/‰	平均山坡坡度/(°)	面积-高程积分
253DR	7.77	4 622.75	4 937	3 806	244.66	22.13	0.486 2
254DR	4.64	4 502.67	4 888	3 829	235.19	16.23	0.361 4
255DR	15.82	6 689.47	5 084	3 867	181.93	18.13	0.499 0
256DR	8.13	6 169.29	4 888	3 910	158.53	10.28	0.418 5
257DL	25.84	10 759.60	4 695	3 741	88.67	21.10	0.513 3
258DL	3.77	3 353.14	4 582	3 813	229.34	24.17	0.485 3
259DR	20.48	6 704.48	4 425	3 790	94.71	17.87	0.519 4
260DR	10.19	3 779.04	4 570	3 946	165.12	18.32	0.486 0
261DL	2.63	2 663.35	4 607	3 990	231.66	25.80	0.567 8
262DR	3.00	3 058.84	4 602	3 955	211.52	23.00	0.602 5
263DR	2.34	2 150.56	4 550	3 942	282.72	24.39	0.574 8
264DL	33.05	8 506.26	4 553	3 835	84.41	15.87	0.429 3
265DL	4.58	3 476.43	4 664	3 794	250.26	25.12	0.516 4
266DL	2.58	2 822.08	4 420	3 816	214.03	22.48	0.654 9
267DR	6.60	3 860.20	4 777	3 814	249.47	24.16	0.548 0
268DR	28.58	8 087.70	4 754	3 797	118.33	20.46	0.466 5
269DL	3.61	3 650.32	4 799	4 086	195.33	24.68	0.542 0
270DL	5.94	4 966.33	5 000	4 086	184.04	24.57	0.477 6
271DL	20.53	8 534.18	5 045	4 112	109.33	17.21	0.494 8
272DL	5.36	4 573.75	5 014	3 938	235.26	24.74	0.417 5
273DL	3.45	3 015.35	4 652	3 901	249.06	24.50	0.407 6
274DL	5.94	5 805.21	4 917	3 853	183.28	25.54	0.430 0
275DL	18.26	8 498.63	5 012	3 802	142.38	25.49	0.480 4
276DL	39.26	12 893.84	4 903	3 765	88.26	24.86	0.529 4
277DR	6.39	4 060.87	5 023	4 042	241.57	26.34	0.485 1
278DL	6.31	3 448.04	4 857	3 914	273.49	24.99	0.503 8
279DL	39.62	12 931.68	5 138	3 732	108.73	24.21	0.569 3
280DR	5.26	4 561.59	5 208	3 805	307.57	32.14	0.507 1
281DR	22.83	7 231.14	5 219	3 857	188.35	27.86	0.509 9
282DR	5.84	3 506.68	5 224	3 724	427.76	33.67	0.590 7
283DR	7.31	5 385.93	5 210	3 654	288.90	30.89	0.490 4
284DL	40.77	8 695.91	5 023	3 626	160.65	23.64	0.502 5
285DL	9.10	6 990.86	4 789	3 619	167.36	23.52	0.567 4
286DR	46.37	11 364.03	5 213	3 588	143.00	27.16	0.590 6
287DL	19.25	7 534.02	5 044	3 675	181.71	26.29	0.364 3
288DL	4.84	3 431.93	4 571	3 594	284.68	24.67	0.468 6

流域编号	流域面积/km²	主沟长度/m	最高高程/m	最低高程/m	主沟比降/‰	平均山坡坡度/(°)	面积-高程积分
289DL	10.94	6 387.08	4 822	3 636	185.69	24.22	0.543 8
290DR	9.84	5 929.11	5 095	3 624	248.10	25.31	0.565 8
291DR	3.25	4 269.80	4 792	3 521	297.67	26.62	0.517 0
292DR	51.28	12 260.45	5 158	3 519	133.68	25.04	0.501 7
293DR	40.77	18 021.05	5 148	3 538	89.34	23.01	0.662 7
294DL	82.28	17 808.95	5 121	3 446	94.05	26.36	0.485 4
295DR	16.04	7 994.07	4 785	3 483	162.87	25.19	0.463 5
296DR	44.59	16 060.28	5 155	3 373	110.96	25.67	0.492 9
297DL	4.48	3 572.46	4 504	3 416	304.55	29.78	0.483 0
298DL	2.57	4 123.85	4 508	3 429	261.65	24.95	0.536 8
299DL	2.63	3 114.82	4 369	3 421	304.35	16.94	0.507 2
300DL	15.21	6 014.95	4 702	3 410	214.80	22.90	0.586 0
301DR	8.78	5 551.77	4 447	3 387	190.93	29.24	0.536 8
302DL	8.69	4 148.28	4 573	3 459	268.55	28.06	0.548 5
303DL	5.34	4 019.62	4 359	3 415	234.85	28.88	0.500 4
304DL	12.76	6 958.47	4 559	3 382	169.15	28.44	0.515 2
305DR	19.85	8 951.38	4 868	3 332	171.59	25.33	0.478 8
306DL	13.58	8 776.80	5 123	3 352	201.78	30.51	0.445 1
307DL	9.16	7 085.74	5 108	3 391	242.32	29.60	0.569 9
308DR	17.93	9 288.10	4 887	3 333	167.31	28.01	0.456 1
309DR	4.28	4 134.45	4 251	3 352	217.44	28.79	0.458 9
310DL	130.57	17 959.65	5 144	3 316	101.78	26.51	0.506 1
311DR	6.89	5 808.98	4 344	3 315	177.14	26.41	0.532 4
312DL	29.97	10 246.39	4 645	3 320	129.31	26.39	0.563 0
313DL	4.25	3 836.21	4 298	3 327	253.11	27.50	0.539 8
314DR	14.82	9 574.23	5 292	3 303	207.75	27.62	0.465 5
315DL	14.35	6 971.62	4 616	3 330	184.46	29.17	0.533 1
316DR	16.42	7 563.37	5 090	3 318	234.29	25.21	0.519 4
317DR	3.66	4 518.85	4 599	3 340	278.61	24.23	0.535 5
318DR	3.70	4 733.70	4 721	3 337	292.37	18.61	0.471 3
319DR	2.85	2 975.80	4 148	3 303	283.96	17.84	0.600 6
320DR	11.51	5 861.62	5 065	3 308	299.75	24.99	0.466 6
321DR	10.03	5 969.51	4 629	3 307	221.46	28.78	0.580 9
322DR	4.70	4 596.29	4 442	3 299	248.68	27.10	0.644 6
323DL	8.78	6 560.25	4 629	3 332	197.71	27.82	0.599 7
324DR	2.78	2 379.76	4 227	3 321	380.71	31.45	0.473 9

流域编号	流域面积 /km²	主沟长度 /m	最高高程 /m	最低高程 /m	主沟比降 /‰	平均山坡坡度 /(°)	面积 - 高程 积分
325DL	108.68	15 313.06	5 026	3 249	116.04	26.70	0.515 8
326DL	8.28	6 708.21	4 598	3 264	198.86	27.18	0.531 4
327DR	7.04	5 312.96	4 347	3 263	204.03	28.88	0.482 0
328DL	16.28	8 565.49	4 576	3 274	152.01	28.90	0.490 8
329DL	31.97	10 678.08	5 066	3 297	165.67	27.52	0.447 6
330DR	5.65	5 370.81	4 579	3 322	234.04	28.95	0.539 0
331DR	35.83	10 436.89	4 912	3 279	156.46	28.93	0.540 7
332DR	12.44	8 611.95	4 819	3 259	181.14	27.16	0.457 5
333DR	7.11	5 060.07	4 460	3 247	239.72	30.33	0.425 5
334DL	18.42	9 315.78	4 762	3 255	161.77	22.46	0.490 8
335DL	27.17	9 886.13	4 788	3 247	155.87	24.57	0.518 5
336DL	6.55	5 870.09	4 286	3 238	178.53	28.41	0.448 1
337DR	94.76	17 245.74	5 147	3 207	112.49	27.38	0.530 8
338JR	115.97	18 803.50	5 372	3 207	115.14	28.08	0.496 1
339JL	4.12	4 263.14	4 092	3 251	197.27	29.51	0.514 6

附表 4　受泥石流影响的涵洞的结构参数（野外调查实测数据）

流域编号	相对于泥石流沟道位置	与沟道主流夹角 /(°)	涵洞跨径 /m	涵洞净空 /m	涵洞洞底纵坡降 /(°)
004DR	堆积扇顶，沟道上方	65	1.7	1.2	3.5
012DR	堆积扇顶，沟道上方	80	4.4	1.0	4.5
020DR	堆积扇腰，沟道上方	70	4.1	2.9	6.0
033DL	堆积扇顶，沟道上方	60	2.3	1.1	4.5
035DL	堆积扇顶，沟道上方	68	2.0	0.5	1.8
041DR	堆积扇缘，沟道上方	70	2.0	2.0	6.5
051DL	堆积扇顶，沟道上方	84	3.0	2.0	4.6
055DR	堆积扇腰，沟道上方	60	1.2	0.6	3.0
061DR	堆积扇顶，沟道上方	60	2.2	0.7	2.3
064DR	堆积扇缘，沟道上方	65	4.0	3.6	3.8
065DR	堆积扇顶，沟道上方	70	0.7	0.7	2.8
078DR	堆积扇缘，沟道上方	85	2.8	4.0	8.0
089DR	堆积扇顶，沟道上方	90	3.0	1.1	3.0
105DR	堆积扇腰，沟道上方	85	3.5	3.0	4.7
106DR	堆积扇缘，沟道上方	85	2.5	2.0	6.8
108DR	堆积扇缘，沟道上方	90	2.7	2.2	7.0
109DR	堆积扇腰，沟道上方	75	3.0	1.5	3.0
110DR	堆积扇缘，沟道上方	85	1.7	1.5	5.0

流域编号	相对于泥石流沟道位置	与沟道主流夹角/（°）	涵洞跨径/m	涵洞净空/m	涵洞洞底纵坡降/（°）
114DR	堆积扇顶，沟道上方	75	5.0	4.0	5.2
114DR	堆积扇顶，沟道上方	75	4.8	2.9	5.0
115DR	堆积扇腰，沟道上方	80	3.0	2.0	3.0
116DR	堆积扇腰，沟道上方	90	4.7	4.0	6.5
122DR	堆积扇顶，沟道上方	68	2.5	1.0	1.3
125DR	堆积扇顶，沟道上方	85	3.4	0.5	1.2
130DR	堆积扇顶，沟道上方	80	1.7	1.0	3.0
140DR	流通区	85	3.0	2.0	5.0
151DR	堆积扇腰，沟道上方	70	5.0	3.0	4.0
156DR	堆积扇缘，沟道上方	75	2.1	1.6	4.0
157DR	堆积扇缘，沟道上方	85	1.8	2.3	4.5
158DR	流通区	90	3.8	1.4	6.5
158DR	流通区	90	3.9	1.6	5.5
158DR	流通区	90	4.0	1.7	6.0
164DL	堆积扇腰，沟道上方	55	1.5	1.5	1.1
166DL	堆积扇缘，沟道上方	90	1.5	1.5	3.8
171DR	堆积扇缘，沟道上方	85	3.0	2.0	5.0
178DR	堆积扇缘，沟道上方	75	4.0	1.0	3.0
186DL	堆积扇缘，沟道上方	85	3.0	2.0	1.3
187DL	堆积扇缘，沟道上方	90	2.0	0.8	1.0
188DR	堆积扇缘，沟道上方	90	2.9	0.4	1.5
190DL	堆积扇缘，沟道上方	75	3.0	1.5	5.0
218DL	堆积扇顶，沟道上方	80	2.0	1.7	3.8
230DR	堆积扇缘，沟道上方	80	3.2	3.0	1.8
237DL	堆积扇缘，沟道上方	80	1.0	1.0	5.0
238DL	堆积扇缘，沟道上方	90	1.1	1.2	4.8
242DL	堆积扇缘，沟道上方	80	2.3	1.4	7.5
243DL	堆积扇缘，沟道上方	75	2.4	1.5	3.0
244DL	堆积扇腰，沟道上方	75	1.8	1.3	5.0
251DR	堆积扇缘，沟道上方	45	1.7	1.6	4.0
259DR	堆积扇缘，沟道上方	70	3.7	0.5	1.2
261DL	堆积扇腰，沟道上方	85	4.0	1.2	3.5
269DL	堆积扇腰，沟道上方	85	4.0	1.5	3.5
270DL	堆积扇缘，沟道上方	70	4.3	1.3	3.2
283DR	堆积扇缘，沟道上方	50	1.0	1.0	4.5
292DR	堆积扇缘，沟道上方	80	2.2	4.8	2.8

流域编号	相对于泥石流沟道位置	与沟道主流夹角 /（°）	涵洞跨径 /m	涵洞净空 /m	涵洞洞底纵坡降 /（°）
295DR	堆积扇顶，沟道上方	45	3.1	2.8	3.0
303DL	堆积扇顶，沟道上方	60	1.8	1.2	2.0
304DL	堆积扇腰，沟道上方	55	3.0	5.0	7.0
313DL	堆积扇缘，沟道上方	80	1.7	1.3	1.5
315DL	堆积扇顶，沟道上方	70	2.5	1.8	1.1
323DL	堆积扇顶，沟道上方	75	1.5	1.5	4.2

附表5　受泥石流影响的桥梁的结构参数（野外调查实测数据）

流域编号	相对于泥石流沟道的位置	与沟道主流方向夹角 /（°）	桥梁跨径 /m	桥梁净空 /m	桥梁类型	墩台基础
002DR	堆积扇腰，沟道上方	75	7.8	3.1	小型	未见破损
003DR	堆积扇腰，沟道上方	40	7.6	1.4	小型	未见破损
015DR	堆积扇缘，沟道上方	50	5.5	1.7	小型	桥台底部冲蚀
016DL	堆积扇缘，沟道上方	55	12.0	3.0	小型	未见破损
031DL	堆积扇顶，沟道上方	80	7.0	3.7	小型	未见破损
036DL	堆积扇顶，沟道上方	50	13.5	6.2	小型	未见破损
049DR	堆积扇顶，沟道上方	50	7.0	3.5	小型	未见破损
058DR	堆积扇腰，沟道上方	55	14.0	5.0	小型	未见破损
059DR	堆积扇顶，沟道上方	90	7.4	5.6	小型	未见破损
060DR	堆积扇缘，沟道上方	80	10.4	7.6	小型	未见破损
062DR	堆积扇缘，沟道上方	75	7.0	6.3	小型	未见破损
072DR	堆积扇顶，沟道上方	82	6.0	1.5	小型	桥台底部轻微磨蚀
073DR	堆积扇缘，沟道上方	50	4.3	7.8	小型	未见破损
074DR	堆积扇腰，沟道上方	65	7.0	6.4	小型	未见破损
079DR	堆积扇腰，沟道上方	78	6.0	1.0	小型	桥台底部轻微磨蚀
081DR	堆积扇腰，沟道上方	70	4.0	2.0	小型	未见破损
083DR	堆积扇腰，沟道上方	55	30.0	20.0	中型	方形实体墩
104DR	堆积扇腰，沟道上方	90	12.0	3.5	小型	桥台破损，护坡磨蚀
107DR	堆积扇腰，沟道上方	85	14.0	2.6	小型	未见破损
121DR	堆积扇缘，沟道上方	60	6.3	2.5	小型	未见破损
126DR	堆积扇缘，沟道上方	40	6.8	4.5	小型	未见破损
131DR	堆积扇缘，沟道上方	65	5.4	0.7	小型	桥台破损，护坡磨蚀
144DL	堆积扇缘，沟道上方	82	25.0	5.0	中型	未见破损
150DR	堆积扇缘，沟道上方	70	20.0	4.0	小型	未见破损
161DR	堆积扇腰，沟道上方	90	32.0	7.8	中型	圆形实体墩
165DL	堆积扇腰，沟道上方	85	19.0	8.0	小型	桥台底部轻微磨蚀

流域编号	相对于泥石流沟道的位置	与沟道主流方向夹角/(°)	桥梁跨径/m	桥梁净空/m	桥梁类型	墩台基础
170DR	堆积扇腰,沟道上方	45	20.0	7.0	小型	未见破损
176DR	堆积扇缘,沟道上方	80	11.0	3.5	小型	未见破损
180DL	堆积扇顶,沟道上方	40	30.0	1.0	中型	桥台部分损毁
181DL	堆积扇顶,沟道上方	65	5.0	1.8	小型	桥台底部轻微磨蚀
182DR	堆积扇缘,沟道上方	85	10.0	4.0	小型	桥台底部轻微磨蚀
185DL	堆积扇缘,沟道上方	80	20.0	3.0	小型	桥台底部冲蚀
219DL	堆积扇顶,沟道上方	75	15.0	3.0	小型	未见破损
223DR	堆积扇顶,沟道上方	60	11.0	5.0	小型	桥台部分损毁
224DL	流通区	50	11.0	8.0	小型	桥台底部冲磨损
224DL	流通区	70	9.0	3.0	小型	未见破损
231DR	堆积扇缘,沟道上方	90	8.0	2.0	小型	锥坡损毁
240DL	堆积扇腰,沟道上方	80	15.0	3.0	小型	圆形实体墩
241DL	堆积扇腰,沟道上方	75	13.0	3.0	小型	圆形实体墩
250DR	堆积扇缘,沟道上方	75	13.0	3.0	小型	未见破损
260DR	堆积扇腰,沟道上方	50	13.0	3.0	小型	桥台锥坡部分冲蚀
271DL	堆积扇腰,沟道上方	50	11.0	1.7	小型	桥台锥坡部分冲蚀
278DL	堆积扇缘,沟道上方	85	8.0	2.5	小型	桥台底部轻微磨蚀
279DL	堆积扇缘,沟道上方	45	8.0	4.0	小型	桥台底部磨蚀
286DR	堆积扇腰,沟道上方	80	16.0	5.0	小型	未见破损
293DR	堆积扇缘,沟道上方	85	6.0	3.0	小型	未见破损
296DR	堆积扇缘,沟道上方	80	6.5	1.8	小型	桥台底部轻微磨蚀
306DL	堆积扇腰,沟道上方	80	7.0	15.0	小型	未见破损
307DL	堆积扇缘,沟道上方	80	4.6	2.8	小型	未见破损
310DL	堆积扇缘,沟道上方	50	13.0	15.0	小型	未见破损
312DL	堆积扇顶,沟道上方	80	17.0	6.5	小型	圆形实体墩
325DL	堆积扇缘,沟道上方	85	6.5	1.9	小型	桥台底部轻微磨蚀
326DL	堆积扇顶,沟道上方	65	4.5	6.0	小型	未见破损

附表6 泥石流灾害点易损性指标赋值结果表

流域编号	影响计算单元	易损度	相对泥石流沟道位置	与沟道主流方向夹角	桥梁跨径	桥梁净空	墩台基础	涵洞跨径	涵洞净空	涵洞洞底纵坡降	路基距离河床高差	路面破损率	恢复成本	移动承灾体易损值
002DR	3	0.339	0.500	0.300	0.744	0.744	0.600	0	0	0	0	0	0.667	0.226
003DR	4	0.383	0.500	0.680	0.748	0.860	0.600	0	0	0	0	0	0.667	0.226
004DR	7	0.443	0.650	0.420	0	0	0	0.830	0.880	0.700	0	0	0.667	0.226
012DR	21	0.400	0.700	0.240	0	0	0	0.180	0.900	0.633	0	0	0.667	0.226
015DR	31	0.363	0.300	0.600	0.790	0.970	0.650	0	0	0	0	0	0.667	0.226

流域编号	影响计算单元	易损度	相对泥石流沟道位置	与沟道主流方向夹角	桥梁跨径	桥梁净空	墩台基础	涵洞跨径	涵洞净空	涵洞洞底纵坡降	路基距离河床高差	路面破损率	恢复成本	移动承灾体易损值
016DL	35	0.252	0.100	0.010	0.660	0.733	0.600	0	0	0	0	0	0.667	0.226
020DR	95	0.306	0.300	0.360	0	0	0	0.270	0.620	0.500	0	0	0.667	0.226
022DR	117	0.120	0	0	0	0	0	0	0	0	0.645	0	0.667	0.226
031DL	228	0.403	0.800	0.180	0.780	0.950	0.600	0	0	0	0	0	0.667	0.226
033DL	239	0.463	0.800	0.480	0	0	0	0.740	0.890	0.633	0	0	0.667	0.226
035DL	243	0.436	0.700	0	0	0	0	0.800	0.950	0.820	0	0	0.667	0.226
036DL	245	0.379	0.800	0.600	0.630	0.528	0.600	0	0	0	0	0	0.667	0.226
037DL	264	0.125	0	0	0	0	0	0	0	0	0.800	0	0.667	0.226
041DR	268	0.354	0.300	0.360	0	0	0	0.800	0.800	0.450	0	0	0.667	0.226
049DR	284	0.388	0.700	0.600	0.760	0.700	0.600	0	0	0	0	0	0.667	0.226
051DL	286	0.390	0.600	0.192	0	0	0	0.600	0.800	0.626	0	0	0.667	0.226
053DR	299	0.274	0.800	0.600	0	0	0	0	0	0	0	0.100	0.667	0.226
055DR	307	0.438	0.500	0.480	0	0	0	0.880	0.940	0.733	0	0	0.667	0.226
056DL	308	0.125	0	0	0	0	0	0	0	0	0.810	0	0.667	0.226
057DL	313	0.126	0	0	0	0	0	0	0	0	0.840	0	0.667	0.226
058DR	314	0.343	0.550	0.540	0.580	0.600	0.600	0	0	0	0	0	0.667	0.226
059DR	318	0.326	0.700	0.010	0.752	0.564	0.600	0	0	0	0	0	0.667	0.226
060DR	323	0.250	0.200	0.240	0.692	0.444	0.600	0	0	0	0	0	0.667	0.226
061DR	336	0.465	0.700	0.480	0	0	0	0.760	0.930	0.780	0	0	0.667	0.226
062DR	346	0.266	0.200	0.300	0.760	0.522	0.600	0	0	0	0	0	0.667	0.226
064DR	354	0.316	0.300	0.420	0	0	0	0.600	0.420	0.679	0	0	0.667	0.226
065DR	358	0.447	0.600	0.360	0	0	0	0.930	0.930	0.746	0	0	0.667	0.226
069DL	372	0.122	0	0	0	0	0	0	0	0	0.720	0	0.667	0.226
072DR	374	0.380	0.700	0.216	0.780	0.850	0.650	0	0	0	0	0	0.667	0.226
073DR	377	0.280	0.200	0.600	0.828	0.432	0.600	0	0	0	0	0	0.667	0.226
074DR	382	0.313	0.450	0.420	0.760	0.516	0.600	0	0	0	0	0	0.667	0.226
078DR	389	0.219	0.100	0.120	0	0	0	0.640	0.300	0.300	0	0	0.667	0.226
079DR	392	0.370	0.500	0.300	0.780	0.960	0.650	0	0	0	0	0	0.667	0.226
081DR	399	0.342	0.500	0.360	0.790	0.713	0.600	0	0	0	0	0	0.667	0.226
083DR	406	0.252	0.500	0.540	0.300	0.100	0.300	0	0	0	0	0	0.667	0.226
084DL	410	0.130	0	0	0	0	0	0	0	0	0.770	0.100	0.667	0.226
085DL	412	0.132	0	0	0	0	0	0	0	0	0.750	0.150	0.667	0.226
089DR	428	0.537	0.700	0.010	0	0	0	0.600	0.890	0.733	0	0	1.000	1.000
100DL	428	0.250	0	0	0	0	0	0	0	0	0.780	0	1.000	1.000
101DL	437	0.248	0	0	0	0	0	0	0	0	0.720	0	1.000	1.000

流域编号	影响计算单元	易损度	相对泥石流沟道位置	与沟道主流方向夹角	桥梁跨径	桥梁净空	墩台基础	涵洞跨径	涵洞净空	涵洞洞底纵坡降	路基距离河床高差	路面破损率	恢复成本	移动承灾体易损值
103DL	443	0.252	0	0	0	0	0	0	0	0	0.840	0	1.000	1.000
104DR	444	0.449	0.550	0.010	0.660	0.700	0.750	0	0	0	0	0	1.000	1.000
105DR	447	0.457	0.450	0.180	0	0	0	0.450	0.600	0.619	0	0	1.000	1.000
106DR	456	0.443	0.200	0.180	0	0	0	0.700	0.800	0.420	0	0	1.000	1.000
107DR	460	0.423	0.300	0.180	0.620	0.760	0.600	0	0	0	0	0	1.000	1.000
108DR	465	0.524	0.800	0.010	0	0	0	0.660	0.760	0.400	0	0.200	1.000	1.000
109DR	469	0.516	0.450	0.300	0	0	0	0.600	0.850	0.733	0	0	1.000	1.000
110DR	471	0.470	0.200	0.180	0	0	0	0.830	0.850	0.600	0	0	1.000	1.000
114DR	474	0.485	0.700	0.300	0	0	0	0.100	0.600	0.600	0	0	1.000	1.000
115DR	477	0.489	0.350	0.240	0	0	0	0.600	0.800	0.733	0	0	1.000	1.000
116DR	479	0.350	0.300	0.010	0	0	0	0.100	0.300	0.450	0	0	1.000	1.000
120DL	506	0.251	0	0	0	0	0	0	0	0	0.800	0	1.000	1.000
121DR	505	0.557	0.880	0.480	0.774	0.767	0.600	0	0	0	0	0.290	1.000	1.000
122DR	508	0.583	0.700	0.384	0	0	0	0.700	0.900	0.870	0	0	1.000	1.000
123DL	514	0.266	0	0	0	0	0	0	0	0	0.770	0.300	1.000	1.000
124DL	516	0.271	0	0	0	0	0	0	0	0	0.930	0.300	1.000	1.000
125DR	518	0.586	0.850	0.180	0	0	0	0.480	0.950	0.880	0	0	1.000	1.000
126DR	520	0.437	0.250	0.608	0.764	0.633	0.600	0	0	0	0	0	1.000	1.000
127DL	521	0.261	0	0	0	0	0	0	0	0	0.700	0.250	1.000	1.000
128DL	524	0.267	0	0	0	0	0	0	0	0	0.800	0.300	1.000	1.000
129DL	526	0.270	0	0	0	0	0	0	0	0	0.930	0.280	1.000	1.000
130DR	527	0.568	0.700	0.240	0	0	0	0.830	0.900	0.733	0	0	1.000	1.000
131DR	529	0.478	0.300	0.420	0.792	0.972	0.700	0	0	0	0	0	1.000	1.000
140DR	547	0.544	0.800	0.180	0	0	0	0.600	0.800	0.600	0	0	1.000	1.000
144DL	611	0.353	0.100	0.010	0.400	0.600	0.600	0	0	0	0	0	1.000	1.000
149DL	646	0.251	0	0	0	0	0	0	0	0	0.790	0	1.000	1.000
150DR	648	0.422	0.300	0.360	0.500	0.666	0.600	0	0	0	0	0	1.000	1.000
151DR	649	0.433	0.300	0.360	0	0	0	0.100	0.600	0.666	0	0	1.000	1.000
156DR	696	0.364	0.150	0.300	0	0	0	0.800	0.960	0.666	0	0	0.667	0.226
157DR	700	0.324	0.150	0.180	0	0	0	0.820	0.740	0.633	0	0	0.667	0.226
158DR	717	0.373	0.700	0.050	0	0	0	0.300	0.830	0.500	0	0	0.667	0.226
158DR	716	0.380	0.700	0.050	0	0	0	0.330	0.840	0.550	0	0	0.667	0.226
158DR	715	0.399	0.850	0.050	0	0	0	0.360	0.860	0.450	0	0	0.667	0.226
161DR	776	0.207	0.300	0.010	0.100	0.432	0.100	0	0	0	0	0	0.667	0.226
164DL	829	0.518	0.800	0.540	0	0	0	0.850	0.850	0.890	0	0.100	0.333	0.755

流域编号	影响计算单元	易损度	相对泥石流沟道位置	与沟道主流方向夹角	桥梁跨径	桥梁净空	墩台基础	涵洞跨径	涵洞净空	涵洞洞底纵坡降	路基距离河床高差	路面破损率	恢复成本	移动承灾体易损值
165DL	831	0.274	0.300	0.180	0.320	0.420	0.650	0	0	0	0	0	0.333	0.755
166DL	835	0.429	0.750	0.010	0	0	0	0.850	0.850	0.360	0	0.100	0.333	0.755
170DR	924	0.327	0.350	0.640	0.500	0.480	0.600	0	0	0	0	0	0.333	0.755
171DR	932	0.333	0.150	0.060	0	0	0	0.600	0.800	0.600	0	0	0.333	0.755
172DL	938	0.153	0	0	0	0	0	0	0	0	0.900	0	0.333	0.755
173DL	942	0.153	0	0	0	0	0	0	0	0	0.880	0	0.333	0.755
174DL	944	0.152	0	0	0	0	0	0	0	0	0.850	0	0.333	0.755
175DL	945	0.152	0	0	0	0	0	0	0	0	0.870	0	0.333	0.755
176DR	944	0.396	0.750	0.240	0.680	0.700	0.600	0	0	0	0	0.100	0.333	0.755
177DL	951	0.155	0	0	0	0	0	0	0	0	0.940	0	0.333	0.755
178DR	955	0.359	0.150	0.300	0	0	0	0.300	0.900	0.733	0	0	0.333	0.755
179DR	961	0.270	0.900	0	0	0	0	0	0	0	0	0.150	0.333	0.755
180DL	966	0.479	0.840	0.680	0.300	0.960	0.800	0	0	0	0	0.200	0.333	0.755
181DL	972	0.390	0.600	0.420	0.800	0.720	0.650	0	0	0	0	0	0.333	0.755
182DR	978	0.315	0.300	0.180	0.700	0.666	0.650	0	0	0	0	0	0.333	0.755
183DL	981	0.265	0.900	0	0	0	0	0	0	0	0	0.050	0.333	0.755
185DL	990	0.301	0.150	0.240	0.500	0.733	0.700	0	0	0	0	0	0.333	0.755
186DL	999	0.363	0.200	0.180	0	0	0	0.600	0.800	0.770	0	0	0.333	0.755
187DL	1002	0.499	0.850	0	0	0	0	0.800	0.920	0.900	0	0.250	0.333	0.755
188DR	1004	0.480	0.800	0	0	0	0	0.600	0.960	0.850	0	0.200	0.333	0.755
190DL	1034	0.335	0.800	0.300	0	0	0	0.600	0.850	0.600	0	0	0	0
192DR	1035	0.033	0	0	0	0	0	0	0	0	0.750	0.150	0	0
218DL	1098	0.463	0.800	0.240	0	0	0	0.800	0.830	0.612	0	0	0.333	0.755
219DL	1101	0.374	0.600	0.300	0.600	0.733	0.600	0	0	0	0	0	0.333	0.755
223DR	1110	0.398	0.700	0.480	0.680	0.600	0.800	0	0	0	0	0	0.333	0.755
224DL	1175	0.421	0.800	0.240	0.680	0.880	0.600	0	0	0	0	0	0.333	0.755
224DL	1174	0.401	0.800	0.600	0.720	0.420	0.800	0	0	0	0	0	0.333	0.755
230DR	1203	0.440	0.800	0.240	0	0	0	0.540	0.600	0.820	0	0.100	0.333	0.755
231DR	1207	0.292	0.100	0.010	0.740	0.800	0.700	0	0	0	0	0	0.333	0.755
237DL	1227	0.368	0.100	0.240	0	0	0	0.900	0.900	0.600	0	0	0.333	0.755
238DL	1229	0.461	0.900	0	0	0	0	0.890	0.880	0.412	0	0.100	0.333	0.755
240DL	1235	0.318	0.350	0.240	0.600	0.733	0.300	0	0	0	0	0	0.333	0.755
241DL	1243	0.313	0.280	0.300	0.640	0.733	0.300	0	0	0	0	0	0.333	0.755
242DL	1253	0.359	0.250	0.240	0	0	0	0.740	0.860	0.350	0	0	0.333	0.755
243DL	1259	0.390	0.250	0.300	0	0	0	0.720	0.850	0.733	0	0	0.333	0.755

流域编号	影响计算单元	易损度	相对泥石流沟道位置	与沟道主流方向夹角	桥梁跨径	桥梁净空	墩台基础	涵洞跨径	涵洞净空	涵洞洞底纵坡降	路基距离河床高差	路面破损率	恢复成本	移动承灾体易损值
244DL	1264	0.384	0.340	0.300	0	0	0	0.720	0.770	0.600	0	0	0.333	0.755
250DR	1272	0.321	0.250	0.300	0.640	0.733	0.600	0	0	0	0	0	0.333	0.755
251DR	1274	0.419	0.300	0.784	0	0	0	0.830	0.840	0.466	0	0	0.333	0.755
259DR	1289	0.400	0.300	0.240	0	0	0	0.390	0.950	0.880	0	0	0.333	0.755
260DR	1300	0.371	0.350	0.600	0.640	0.733	0.850	0	0	0	0	0	0.333	0.755
261DL	1368	0.368	0.300	0.180	0	0	0	0.300	0.880	0.700	0	0	0.333	0.755
269DL	1391	0.345	0.300	0.180	0	0	0	0.300	0.850	0.450	0	0	0.333	0.755
270DL	1395	0.377	0.300	0.360	0	0	0	0.210	0.870	0.720	0	0	0.333	0.755
271DL	1399	0.387	0.400	0.600	0.680	0.830	0.750	0	0	0	0	0	0.333	0.755
278DL	1486	0.321	0.250	0.180	0.740	0.767	0.650	0	0	0	0	0	0.333	0.755
279DL	1509	0.331	0.200	0.540	0.720	0.666	0.710	0	0	0	0	0	0.333	0.755
283DR	1525	0.406	0.150	0.600	0	0	0	0.900	0.900	0.633	0	0	0.333	0.755
286DR	1537	0.306	0.300	0.240	0.580	0.600	0.600	0	0	0	0	0	0.333	0.755
292DR	1557	0.294	0.300	0.240	0	0	0	0.760	0.060	0.746	0	0	0.333	0.755
293DR	1566	0.293	0.100	0.180	0.780	0.733	0.600	0	0	0	0	0	0.333	0.755
295DR	1576	0.458	0.750	0.640	0	0	0	0.570	0.640	0.733	0	0	0.333	0.755
296DR	1591	0.321	0.180	0.240	0.700	0.820	0.650	0	0	0	0	0	0.333	0.755
303DL	1604	0.503	0.800	0.480	0	0	0	0.820	0.880	0.800	0	0	0.333	0.755
304DL	1622	0.275	0.300	0.540	0	0	0	0.600	0.010	0.400	0	0	0.333	0.755
306DL	1624	0.235	0.300	0.240	0.700	0.001	0.600	0	0	0	0	0	0.333	0.755
307DL	1627	0.290	0.250	0.240	0.120	0.640	0.600	0	0	0	0	0	0.333	0.755
309DR	1636	0.155	0	0	0	0	0	0	0	0	0.740	0.130	0.333	0.755
310DL	1639	0.227	0.100	0.600	0.540	0.001	0.600	0	0	0	0	0	0.333	0.755
312DL	1644	0.321	0.600	0.240	0.560	0.510	0.150	0	0	0	0	0	0.333	0.755
313DL	1651	0.530	0.900	0.240	0	0	0	0.830	0.870	0.850	0	0.500	0.333	0.755
315DL	1665	0.483	0.800	0.240	0	0	0	0.700	0.820	0.890	0	0.100	0.333	0.755
323DL	1679	0.446	0.600	0.300	0	0	0	0.850	0.850	0.666	0	0	0.333	0.755
325DL	1686	0.321	0.150	0.280	0.770	0.820	0.650	0	0	0	0	0	0.333	0.755
326DL	1692	0.408	0.830	0.620	0.180	0.540	0.600	0	0	0	0	0.200	0.333	0.755

附　　图

一、地层

第四系
- Qh 全新统
- Qp 更新统
- Q 第四系

新近系
- Nl 拉屋拉组
- Nc 昌台组

古近系
- E_2y 始新统雅西错组
- $E_{1-2}g$ 古-始新统贡觉组
- Er 热鲁组
- Et 沱沱河组

白垩系
- K_2a 上统阿布山组
- K_1d 下统多尼组
- KX 香堆群

侏罗系
- $J_{2-3}l$ 中-上统拉贡唐群
- J_2m-s 中统马力一桑卡拉佣组
- JC 察雅群
- JY 雁石坪群

三叠系
- T_3BT 上统巴塘群
- T_3b 上统波里拉组
- T_3bd 上统宝顶组
- T_3bg 上统巴贡组
- T_3dk 上统洞卡组
- T_3g 上统公也弄组
- T_3gl 上统根隆组
- T_3yp 上统甲丕拉组
- T_3l 上统拉纳山组
- T_3lh 上统两河口组
- T_3m 上统喇嘛垭组
- T_3mg 上统勉戈组
- T_3q 上统曲嘎寺组
- T_3t 上统图姆沟组
- T_3xd 上统新都桥组
- T_3zz 上统杂谷脑组
- T_3yz 上统英珠娘阿组
- T_3zh 上统侏倭组
- $T_{2-3}d$-dk 中-上统东独-洞卡组
- $T_{2-3}Z$ 中-上统竹卡群
- $T_{2-3}J$ 中-上统结扎群
- $T_{2-3}Q$ 中-上统确哈卡群
- $T_{2-3}y$ 中-上统甲丕拉组
- $T_{2-3}zg$ 中-上统扎尕山组
- T_2zj 中统雷口坡组

- T_2w 中统瓦拉寺组
- $T_{1-2}m$ 下-中统马松多组
- $T_{1-2}Y$ 下-中统义敦群
- T_1l 下统领麦沟组
- T_1p 下统普水桥组
- T_1b 下统波茨沟组

二叠系
- P_2d 上统大石包组
- P_2g 上统冈达概组
- P_2k 上统卡翁组
- P_2t 上统妥坝组
- P_1e 下统额啊饮组
- P_1d 下统东坝组
- P_1gd 下统尕笛卡组
- P_1m 下统莽错组
- P_1j 下统交嘎组
- Pe 峨眉山玄武岩组
- Pl 梁山组

石炭系
- C_2xg 上统西沟组
- C_2lc 上统里查组
- C_2l 上统来姑组
- C_2aq 上统弩曲组
- C_1K 下统卡贡群
- C_1M 下统马查拉群
- C_1nc 下统诺错群
- Cdp 顶坡组
- Cm 岷河组

泥盆系
- D_3z 上统卓戈洞组
- $D_{2-3}S$ 中-上统松宗群
- D_2d 中统丁宗隆组
- $D_{1-2}h$ 下-中统海通组
- Dw 危关组
- Dg 格绒组

志留系
- S_3hx 上统回星哨组
- Sg-y 格扎底-雍忍组
- Sr 然西组

奥陶系
- $O_{2-3}wl$ 中-上统物洛吃普组
- O_1Q 下统青泥洞群

寒武系
- Cx-s 小坝冲-颂达沟组

震旦系
- Z_4m-sh 下统木座-水晶组
- ZC 查马贡群
- AnZJ 前震旦系嘉玉桥群

- AnZJT 前震旦系古塘群
- AnZJ 前震旦系嘉玉桥群
- AnZJT 前震旦系古塘群

元古宇
- Pt_3C 新元古界草曲群
- $Pt_{2-3}N$ 中-新元古界宁多群
- $Pt_{1-2}C$ 古-中元古界下村岩群
- Pt_1K 古元古界康定岩群
- Ptp 普水桥组
- PtL 理塘群

二、岩浆岩

新近纪
- γN 花岗岩
- ηγN 二长花岗岩
- ταμN 粗面安山玢岩

古近纪
- ηγE 二长花岗岩
- γπE 花岗斑岩
- ξγπE 正长花岗斑岩
- ηγπE 二长花岗斑岩
- ηοE 石英二长岩
- ηπE 二长斑岩
- γδE 花岗闪长岩
- γδπE 花岗闪长斑岩
- ξE 正长岩
- ξπE 正长斑岩
- δμE 闪长玢岩

白垩纪
- γK 花岗岩
- ξγK 正长花岗岩
- ηγK 二长花岗岩
- ηγπK 二长花岗斑岩
- γδK 花岗闪长岩
- ξπK 正长斑岩
- δοK 石英闪长岩

侏罗纪
- γJ 花岗岩
- ξγJ 正长花岗岩
- ξοJ 石英正长岩
- ηγJ 二长花岗岩
- γδJ 花岗闪长岩
- δοJ 石英闪长岩
- γοJ 斜长花岗岩
- δJ 闪长岩
- kyJ 碱长花岗岩
- βμJ 辉绿岩
- vJ 辉长岩

三叠纪
- γT 花岗岩
- ξγT 正长花岗岩
- ηγT 二长花岗岩
- ηοT 石英二长岩
- ηT 二长岩
- δηT 二长闪长岩
- γοT 斜长花岗岩
- δηοT 石英二长闪长岩
- δοT 石英闪长岩
- δT 闪长岩
- δμT 闪长玢岩
- γδT 花岗闪长岩
- βμT 辉绿岩
- vT 辉长岩
- ΣT 未分超基性岩

二叠纪
- γP 花岗岩
- ηγP 二长花岗岩
- ξοP 石英正长岩
- δοP 石英闪长岩
- ΣP 未分超基性岩

石炭纪
- γδC 花岗闪长岩
- βμC 辉绿岩

奥陶纪
- γοO 斜长花岗岩
- δοO 石英闪长岩

元古宇
- γοPt 斜长花岗岩

岩脉
- βμ 辉绿岩脉
- v 辉长岩脉

附图1 地质图统一图例

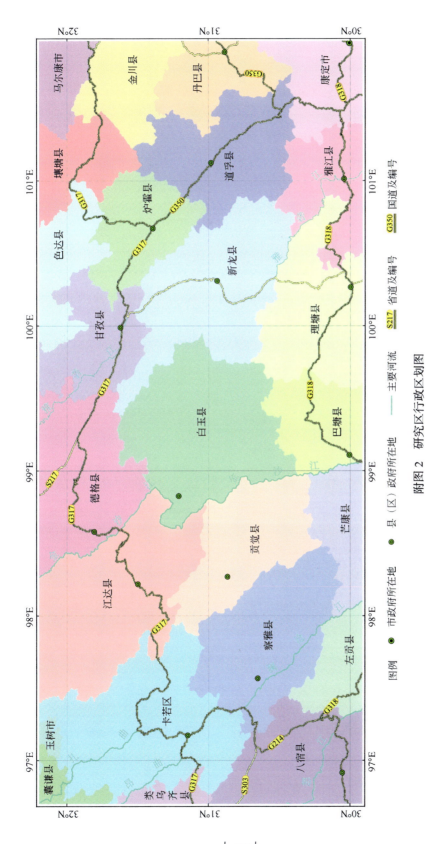

附图 2　研究区行政区划图

图例　⊙ 市政府所在地　◎ 县（区）政府所在地　—— 主要河流　S217 省道及编号　G350 国道及编号

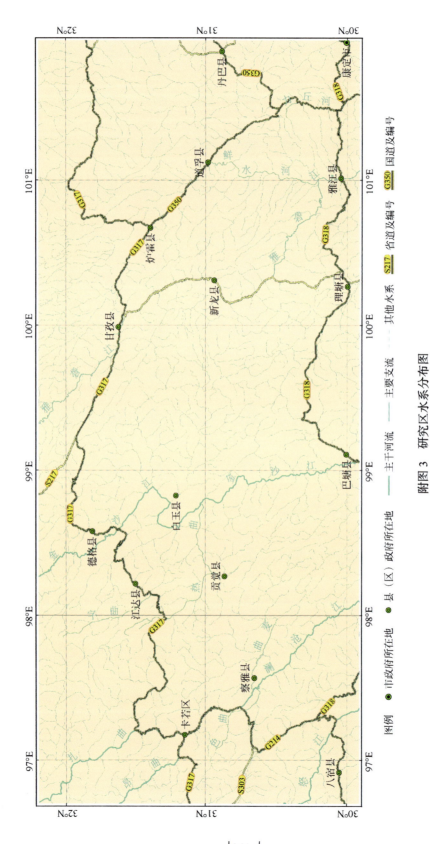

附图 3 研究区水系分布图

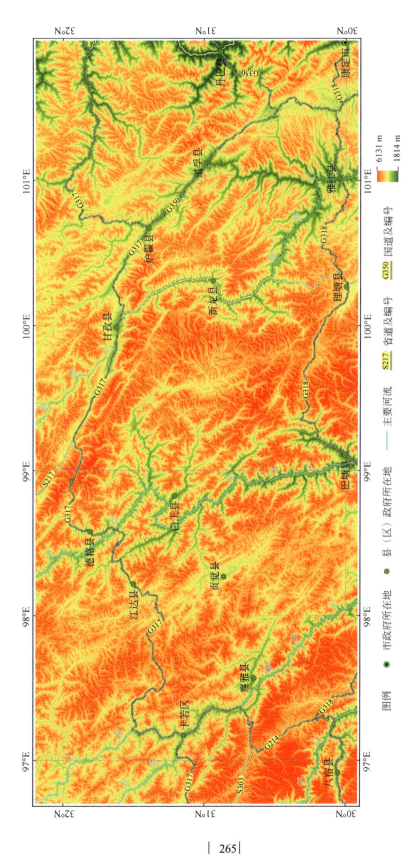

附图 4　研究区地形地势图

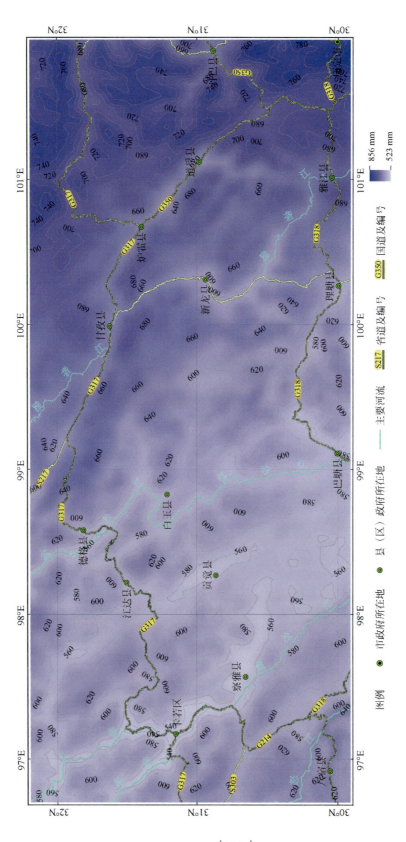

附图 5 研究区年均降水量图

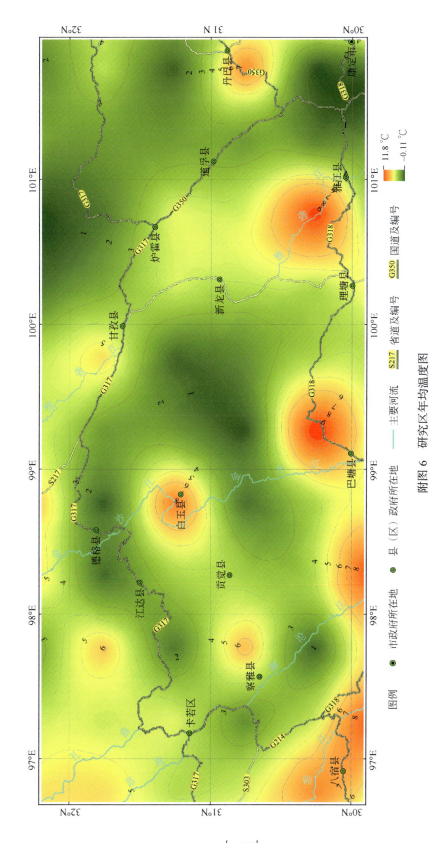

附图 6　研究区年均温度图

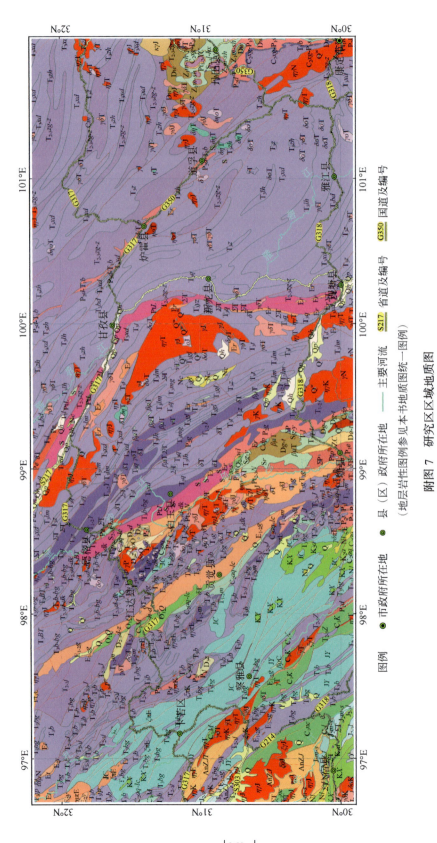

图例　⊙ 市政府所在地　● 县（区）政府所在地　—— 主要河流　**S217** 省道及编号　**G350** 国道及编号

（地层岩性图例参见本书地质图统一图例）

附图 7　研究区区域地质图

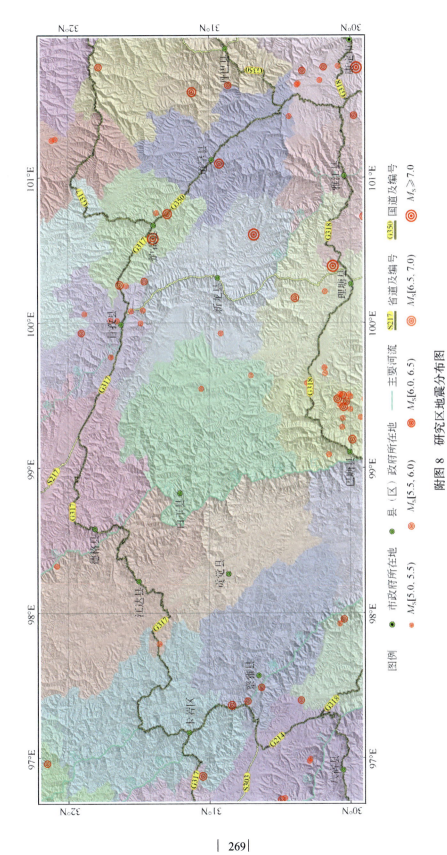

附图 8　研究区地震分布图

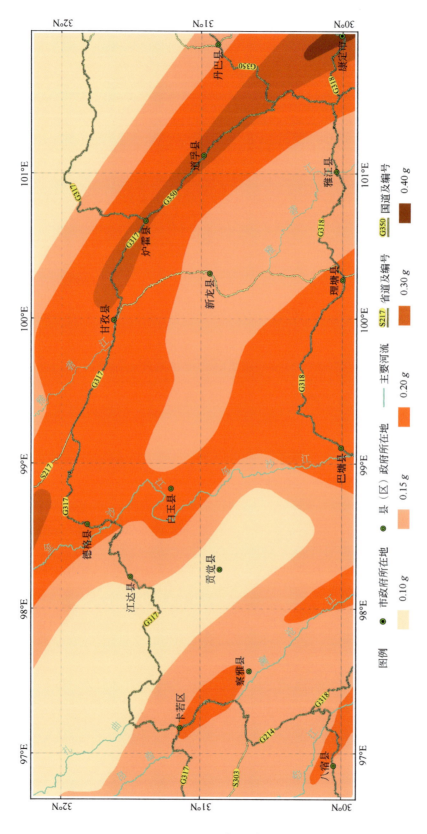

附图 9　研究区地震动峰值加速度图

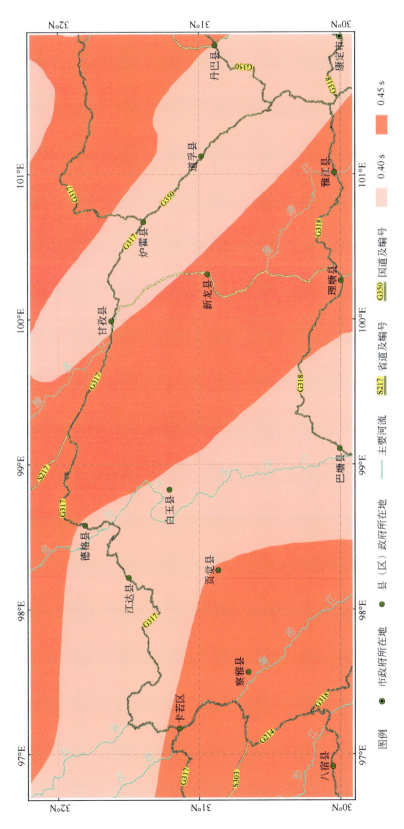

附图 10　研究区地震动反应谱特征周期图

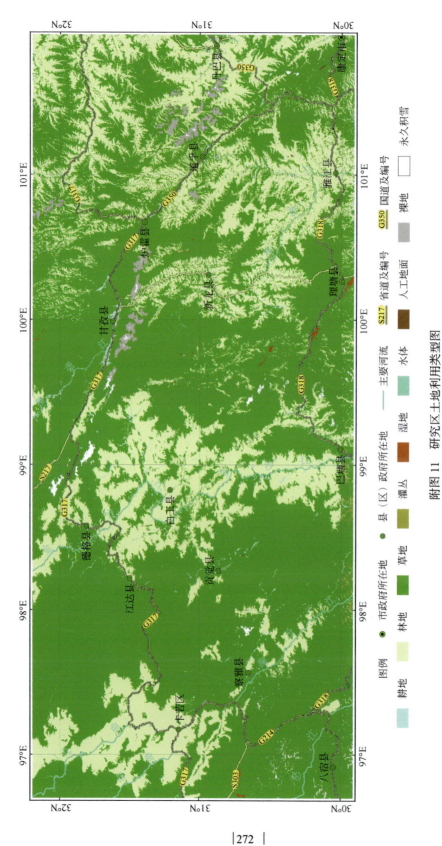

附图 11　研究区土地利用类型图

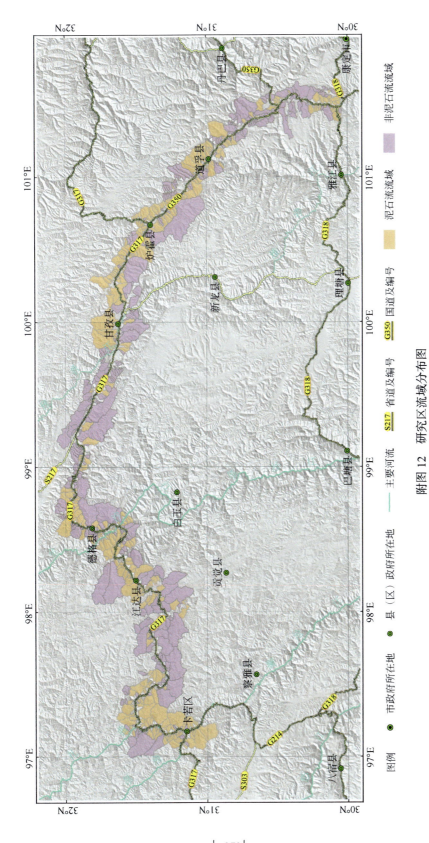

附图 12　研究区流域分布图

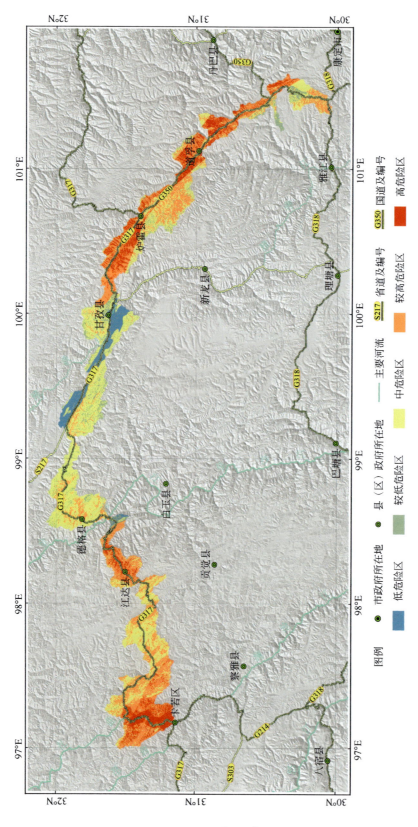

附图 13　研究区泥石流危险性评价结果图

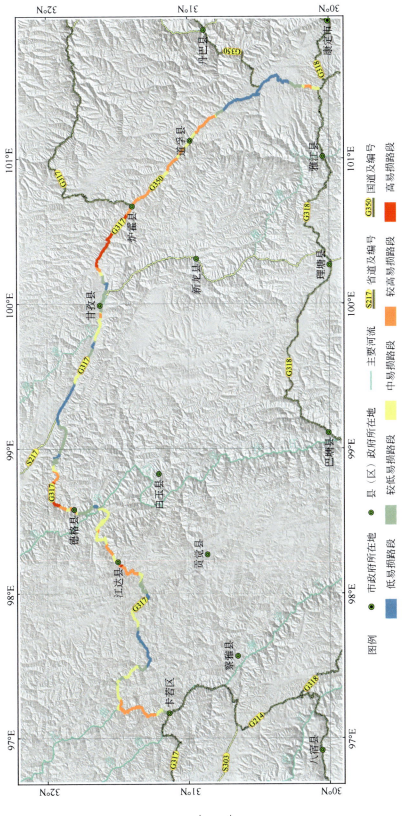

图例

- ◎ 市政府所在地
- ◉ 县（区）政府所在地
- —— 主要河流
- G350 国道及编号
- S217 省道及编号
- 中易损路段
- 较低易损路段
- 低易损路段
- 高易损路段
- 较高易损路段

附图 14　研究区公路泥石流易损性评价结果图

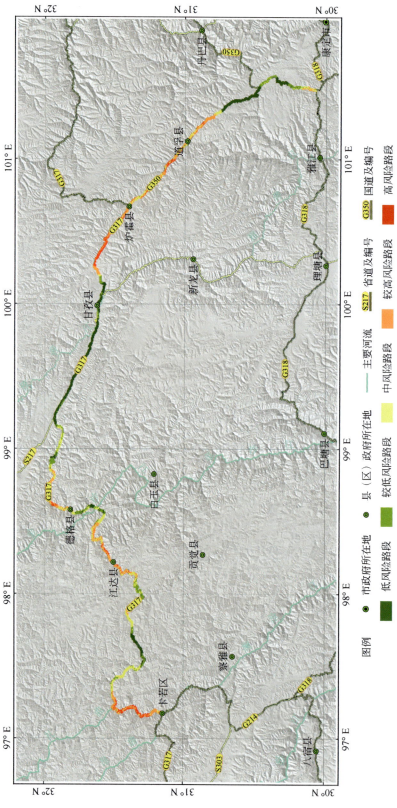

附图 15　研究区公路泥石流风险性评价结果图